인문학 사진여행

백제의 미소를 찾아서

인문학 사진여행
백제의 미소를 찾아서

구기동 지음

(학)신구학원 신구문화사

머리말

책 속의 사진, 삽화와 만화는 현상을 이해하는데 많은 도움을 준다. 그중에서 사진은 쉽게 현상을 설명하면서 시간과 공간의 변화를 데이터로 저장한다. 일제강점기에 제작된 '조선고적도보'와 1970년대 길창덕의 '선달이 여행기'는 국내의 지리와 역사를 사진과 만화로 설명하였다. '국화와 칼'은 저자가 일본에 한 번도 가지 않고, 관련된 빅데이터만으로 일본의 현상을 분석하였다.

사진은 예술적인 속성(사진작가)과 일정 시점의 현장 정보(포토저널리즘)로 사건과 현장을 이해하면서 그 변화를 확인할 수 있고, 현재와 과거의 관계에 대한 유사성과 추론에 필요한 정보를 제공한다. 일반적인 사건은 오래된 사료, 유물과 유적으로 쉽게 추정할 수 있지만, 우연한 사건은 상상과 추론의 과정을 거쳐야 이해할 수 있는데 사진은 그 상상의 시작이다.

사진 여행의 대상인 동아시아는 중화주의와 한자문화로 통합되어 있어서 사건 이전이나 이후의 연결고리를 찾기가 쉽지 않다. 중국은 중원을 중심으로 사이를 나누고, 중원과 제후국을 구분하여 국제질서를 확립하였다. 각 국가는 도교와 무속, 불교를 들여와서 지배세력의 권력을 강화하고, 유교가 정치와 사회를 이념적으로 통합했다. 그리고 유목민족의 이동과 농경민족의 정착 속에서 융합이 자연스럽게 이루어졌기 때문에 민족으로 고대 사회를 설명하는데 문제점과 한계를 가진다.

유목민족은 유라시아의 북쪽에서 시작하여 동아시아에서 동유럽에 이르는 지역의 패권을 차지했었다. 일부 부족은 초원을 가로질러 만주에 정착하였고, 전쟁과 기후변화에 유럽으로 이동하였다. 그들은 샤머니즘과 자연사상으로 하늘과 땅을 연결하면서 천신께 안전과 평안을 기원하는 천제를 올렸다.

만주의 부여는 유목민족의 전통과 농경 민족의 유산을 혼합하면서 사회적 발전을 이끌었다. 그 일파인 온조가 만주 졸본에서 남하하여 백제를 세워 토착 문화, 유목 문화와 한족 문화의 다문화 사회를 형성했다. 백제는 율령을 반포하고 불교를 수용하면서 고대국가로 발전했지만, 고구려의 남하정책과 당과 신라의 협공에 700년 역사를 마감하고, 의자왕은 그 책임으로 무능하고 향락에 빠진 이미지를 남겼다. 백제의 유민들은 새로운 세상을 꿈꾸며 아스카에서 나라백제를 일으켰고, 견훤은 옛 백제 지역 사람들의 신뢰 속에 후백제를 세웠다.

백제인들이 아스카문화를 꽃피우고 지배계급으로 성장하면서 한반도와 일본열도는 문화적인 단절 속에 서로 독자적인 발전을 추구하였다. 여몽연합군이 두 차례 일본을 정벌하면서 농촌경제가 피폐해져 카마쿠라 막부가 무너졌고, 농경지와 터전을 잃은 사람들이 왜구로 변하여 노략질과 전쟁을 일으켜서 고려의 멸망을 재촉하였다.

새롭게 건국된 조선과 무로마치 막부가 명나라의 책봉을 받고, 양국의 필요성으로 백제멸망 이후 600여 년 만에 정식 외교관계를 수립하였다. 조선은 16세기부터 당파싸움이 시작되면서 국론 분열과 외교활동의 실패로 혼란기에 들어갔다. 도요토미 히데요시가 전국시대를 마감하면서 임진왜란을 일으켰고, 누르하치가 여진족을 통일하고 병자호란을 일으켰다. 조선과 명나라는 임진왜란에서 국력의 소진으로 누르하치에게 모두 항복하였고, 일본도 임진왜란의 실패로 막부가 바뀌었다.

인조반정 이후 조선은 왕권의 정통성 문제와 붕당정치로 쇠퇴하였지만, 청나라는 강희제, 옹정제, 건륭제를 거치면서 강력한 권력으로 광대한 영토를 다스렸다. 일본은 인구의 증가와 자본의 축적으로 성장하고 있었다. 19세기 국학운동과 메이지유신으로 국가발전의 전기를 마련하고 동아시아의 패권에 재도전하였다.

일본은 청일전쟁과 러일전쟁에 승리하면서 동아시아의 강자로 등장하여 대한제국의 주권을 박탈하였다. 일제강점기에 토지 수탈, 강제 동원과 문화재 반출의 인적·물적 손실 속에서, 해방 후 불분명한 친일청산은 가해자와 피해자를 바꾸면서 내부적인 혼란을 더 키웠다. 기회 독점주위와 지역 패권주의가 불안요인으로 우리의 사회 속에 잠재되어 있다.

백제 말기에 사택지적은 몸이 날로 쉬이 가고 달로 쉽게 돌아오기 어려움을 한탄하면서 슬퍼하였다. 마지막 왕들의 무덤은 패자의 운명과 세월의 무상을 생각하게 만드는데 최치원과 김시습은 풍류적 사고로 현실의 문제에 대한 해답을 찾으려고 했다. '삼국사기'는 고구려와 신라보다 백제를 홀대하였고, '택리지'는 백제와 후백제, 고구려를 낮게 평가하면서 패자의 서러움을 더하고 있다.

'일본서기'는 가장 많은 백제 기록을 갖고 있지만 '삼국사기'에 더 많은 신뢰성을 부여하고, 오랜 기간 백제 유물의 소실과 유출로 역사적 사실도 찾기가 쉽지 않았다. 그동안 축적된 백제의 유물과 일본 내 백제문화를 확인하면서 동아시아의 백제 네트워크를 추정해 볼 수 있었다. 무령왕릉과 백제금동대향로는 잃어버린 백제의 역사와 인식을 새롭게 하는 계기가 되었다.

일본에서 시시하고 하찮은 '구다라나이(下らない)'는 백제문화를 우수한 선진 문화로 인식하는 표현이다. 옛 백제 지역의 여행은 백제문화를 흡수한 일본문화가 왜 섬세하고 세밀하게 되었는지 이해하는 출발점이 되었다. 여행에서 만주, 한반도와 일본열도로 이어지는 백제인의 미소를 찾을 수 있기를 기대하였다.

여행의 출발은 서천 시문중학교 이형숙 선생님의 안내로 시작하여 백제의 역사와 문화에서 많은 사실과 교훈을 얻을 수 있었다. 여행 중에 도움을 주신 분들에게 이 자리를 빌어 감사드리며, 가족들의 격려와 응원은 책이 나올 수 있는 원동력이었다.

이 책의 자료와 사진은 신구대학교 글로벌프로그램(SGLT)과 해외 연수의 지원으로 국내외를 탐방하면서 수집할 수 있었다. 신구대학교는 2024년 개교 50주년으로 고등직업 분야의 전문가를 양성하여 왔고, 설립자 우촌 이종익 선생은 80년대 일본의 백제 유적을 답사하면서 동아시아 관계사에 깊은 관심을 나타냈다. 프로그램을 지원하여 주신 이승겸 총장님과 신영수 처장님께 감사드리며, 책이 나올 수 있도록 배려해 주신 신구문화사 임미영 대표님과 최승복 부장님께도 고마움을 전한다.

2024년 4월

저자 씀

차례

제1장

동아시아의 사고와 지식

우주와 세상의 해석, 주역과 천원지방

태(太)라는 원초적인 혼돈 상태에서 우주(宇宙)가 탄생했다. 전국시대 말기의 시자(尸子)는 하늘과 땅 사이 공간을 '우(宇)'라 하고, 새롭게 오는 것을 '주(宙)'라고 했다. 우주는 시간에 따른 변화량을 측정할 때 최소 단위가 원자이며, 원자는 현상적인 모습이 아니라 보이지 않는 근원적인 집합으로 물리적인 법칙이 존재한다. 그 속에 연속적이고 지수적인 비트(bit)단위의 전자(electron)와 불연속적이고 다항 함수적인 큐비트(cubit)단위의 양자(quantum)가 있다.

핵융합은 수소에서 헬륨, 헬륨에서 탄소로 변화시키면서 다양한 물질을 생성한다. 별은 자체 핵융합으로 점점 커져서 적색 거성이 되고, 내부의 핵연료를 소모하여 응축되면 성운(planetary nebula)으로 변한다. 성운의 원자핵이 서로 부딪치고 외곽이 전자로 덮이면서 백색왜성(white dwarf)이 되었다가 백색왜성이 자체 중력으로 더 큰 별을 흡수하여 커지면서 그 무게를 견디지 못하여 부서지고 최후에 중성자(neutron star)만

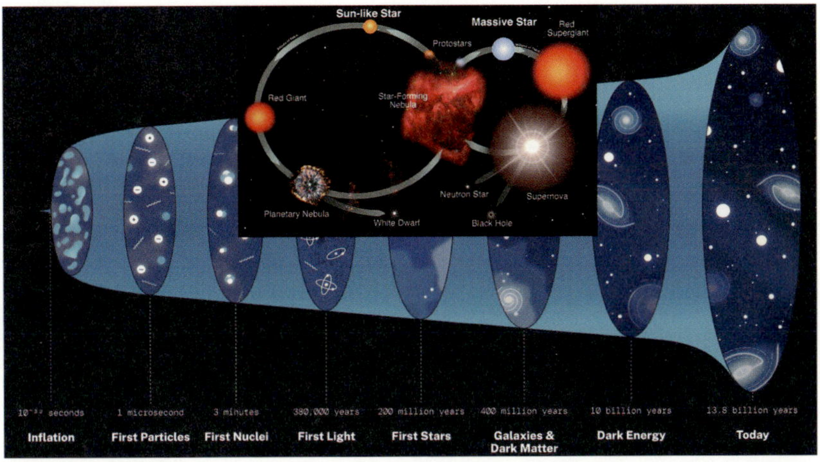

별의 일생 핵융합으로 적색 거성이 되었다가 백색 왜성으로 변한 후 부서지고 중성자로 남거나 블랙홀이 된다. NASA

남는다. 이러한 현상들이 대폭발(Big Bang)과정에서 무수히 반복되면서 별과 우주가 탄생한다.

별은 에너지가 크고 빛을 내는 초신성(supernova)이 되었다가 블랙홀(black hole)이 된다. 천문학자들이 우주의 분화인 팽창 속도를 확인하기 위하여 시간이 갈수록 더 어두워지는 초신성을 관측해왔다. 그 결과 우주는 초기 가속 팽창의 인플레이션으로 매우 평탄하게 바뀐 것으로 밝혀졌고, 허블(Hubble)은 "은하계의 거리와 우주의 팽창 속도가 비례하고, 우주가 약 45억 년 전부터 가속 팽창했다."는 가설을 제시했다.

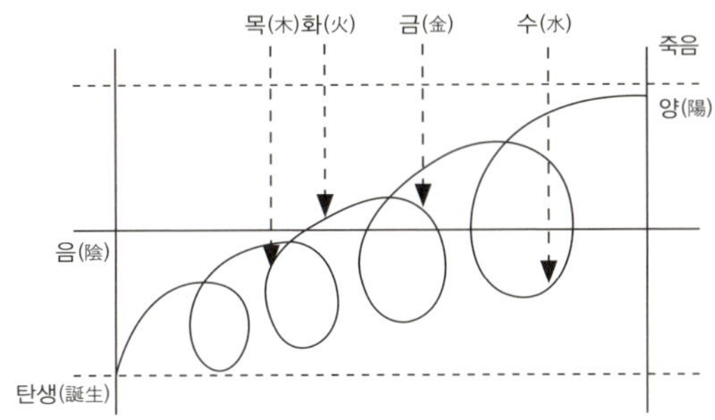

음양오행설 계절의 변화와 초목의 생장은 오행의 시간성과 변화 과정에서 이루어진다.

동아시아에서 우주의 질서는 스스로 존재하

는 오행과 사계절의 순환으로 설명하는 음양오행설을 중시하였다. 모든 만물은 기(氣)에 의하여 구성되며 움직임이 큰 양기(陽氣)와 작은 음기(陰氣)로 구분하고, 음기가 극에 달하면 양기로 변하고 양기가 극에 달하면 음기로 변한다. 인간은 음양의 질서 속에서 스스로 자연의 순리를 따르는 정도(正道)를 찾고, 시간의 변화에 따라서 만들어지는 질서를 따라간다.

주역(周易)은 주(周)의 역(易)으로 자연의 운행과 역사의 원리를 설명하면서 헛된 탐욕과 불필요한 노력을 줄이는 정도를 제시하고 있다. 그 방법인 팔괘(八卦)는 복희씨(伏羲氏)가 처음 그었고, 괘사(卦辭)는 주나라 문왕(文王)이 감옥에서 썼으며. 효사(爻辭)는 무왕의 아들인 주공(周公)이 지었다. 역전(易傳)은 경문을 보조하는 '열 개의 날개'이고, 계사전(繫辭傳)은 공자의 저작으로 알려져 있다.

'주역'은 초연수의 역림(易林) 16권과 비직의 역림 2권이 기록되어 있지만 비직의 역림은 소실되었고 초연수의 역림만 전한다. 초연수의 역림은 8괘, 64괘, 4096괘로 확장하여 오행(五行), 간지(干支), 역률(歷律) 등을 포함시켰다. 괘마다 있는 6개의 효사는 우주의 진리를 복제해 놓은 만물의 기준(척도)을 의미한다.

$$8\text{괘} = 2^3,\ 64\text{괘} = 2^6,\ 384\text{爻} = 2^7 \times 3$$

주역을 활용한 점(占)은 인간의 지혜를 초월하는 하늘의 수(數)를 얻어 그 수(得卦)를 해석하려는 시도로서 술수자(術者)가 음양오행의 상생과 상극의 원리를 이용하여 점을 쳤다. 점쟁이인 일자(日者)와 일관(日官)이 정치에서 일상 생활까지 거의 모든 영역을 주도하면서 시일(時日)을 예측하고, 자연과 기상(공간)으로 길흉을 예단(式占)했다.

천원지방 원형의 하늘과 네모의 땅인 천원지방의 원리를 반영하였다.

가장 오래된 골복점(骨卜占)에 사용된 갑골문(甲骨文)은 거북이 등뼈나 소뼈에 새겼다. 그 후 나타난 식점(式占)은 식반(式盤)을 이용하였는데 천반(天盤)의 중앙에 북두칠성, 그 아래에 12지신상과 28수를 그리고, 지반(地盤)에 안쪽 8천 4위, 중간 12지, 외각 28수를 새겨넣었다.

백제는 음양오행설을 이해하고 의약, 복서, 점상의 술을 알았고, 비유왕이 송에 사신을 파견하여 역림(易林)과 식점(式占)을 들여왔다. 역(易)박사가 주역을 연구하여 전수했고, 일자는 국가의 중대사를 정당화하거나 합리화시켰다. 무령왕릉 지석의 십간십이지(十干十二支)로 점술이 백제에서 유행했던 것을 확인할 수 있다.

세상, 시간과 공간의 질서

동아시아의 사람들은 하루(day), 일상(season) 및 일생(life)을 보낸다. 하루는 아침부터 저녁까지 의식주 활동과 생업을 영위하는 삶으로 구성되고, 일상은 사계절의 순환을 따라 풍습과 문화를 이루면서 자연에 순응한다. 일생은 개인이 태어나서 결혼하고 죽을 때까지 겪는 통과의례로 구성되는데 시간과 공간 속에서 동일한 과정을 반복하면서 변하는 특성을 가지고 있다.

공간에 대하여 개천설(蓋天說)은 하늘이 둥글고 땅이 네모라는 천원지방(天圓地方), 사람이 삼각형의 인각(人角)이라는 천지인(天地人)으로 표현한다. 한나라의 왕충(27~97)도 하늘 원, 땅 네모로 표현하면서 하늘이 북극성을 중심으로 동심원을 그리고, 땅이 동서남북의 네 방향으로 이어진다고 했다.

천원지방에 따라 원형의 제단은 하늘에 천제(天祭)를 드리고, 방형 제단은 땅에 지제(地祭)를 지내는 장소가 되었다. 서양의 사고는 이러한 외형보다 사물의 균형(대칭)과 비례(황금비)를 중시한다. 천원지방은 동전과 천제단, 연못에서 네모의 둘레와 원형의 섬으로 표현되었다. 경주 첨성대는 361개의 돌로 사각형의 2중 기단과 원형의 27단을 쌓고, 꼭대기에 방형(井)으로 돌을 엮었다.

개인이나 민족이 이동한 경로를 좌표로 나타내서 특정 좌표의 과거 공간을 분석하면 지역, 국가, 지방 등을 이해할 수 있다. 지역(region)은 국가간 네트워크로 이웃한 국가의 차이를 최소화하고, 멀리 떨어진 국가간 차이를 최대화하여 구분한다. 지방(local)은 어떤 고유한 독창성에 의

창경궁 궁원과 홍릉 연지 원형의 섬에 삼신산을 만들고, 네모 모양으로 연못을 조성했다.

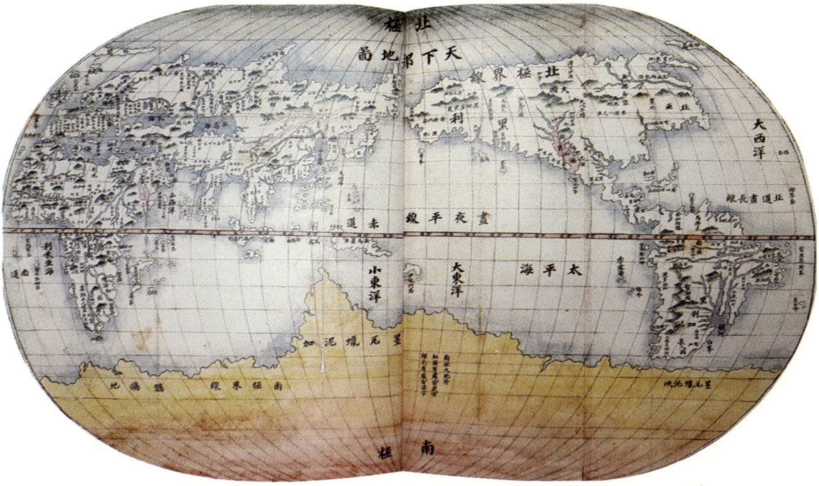

천하도 조선은 다른 세계지도를 참고하여 18세기 후반에 만들었다. 서울대 규장각한국학연구원

해 인적, 문화적 네트워크로 형성된다. 토인비(A. Toynbee, 1889~1975)는 인류가 이룩한 문명공간을 대략 30개 내외로 추정했는데 21개가 성장하여 황하문명, 인도문명, 이슬람문명, 비잔틴문명, 남동유럽문명, 그리스정교문명, 서구문명으로 발전했다.

동양(東洋)과 서양(西洋)은 원나라 시대에 큰 바다를 기준으로 중국의 광주, 보르네오, 자바까지의 동쪽 바다와 인도양 지역의 서쪽 바다를 의미했다. 명(明)나라의 정화가 7차례(1405~1433)의 원정에서 서양을 아프리카 동부까지 확대하였고, 동남아시아는 남양(南洋)으로 불렀다. 선교사들이 중국에서 사용하던 대양 중심의 구획법을 유럽에 전파하면서 동서양의 개념이 정착되었다. 한자 표기는 대동양(大東洋, Pacific Ocean), 소서양(小西洋, Indian Ocean), 대서양(大西洋, Atlantic Ocean)으로 구분한다.

그리스인들이 기원전 13세기 에게해 동쪽의 앗수바(Assuva)를 정복하면서 이 지역을 '아시아'로 발음했다. 서양인들이 18세기 이후 동쪽을 의

미하는 '아시아'를 동양의 표기로 사용했고, 영국은 자국에서 가까운 동쪽을 근동(近東), 중동(中東), 원동(遠東) 또는 극동(極東)으로 구분했다. 일본의 니시지마 사다오는 한자문화, 유교사상, 대승불교, 율령제의 국가인 중국, 한국, 일본, 베트남을 극동에 포함시켰다.

뉴턴(I. Newton)은 시간(time)과 공간(space)을 서로 분리된 독립적인 관계로 보았다. 공간은 무한의 컨테이너 박스로 어떤 물체가 존재하기 이전부터 있었고, 물체가 운동을 해도 바뀌지 않는 절대적인 상태였다. 칸트(I. Kant)는 뉴턴 역학을 기반으로 시간과 공간을 변하지 않는 절대적인 틀로 간주했다. 그러나 아인슈타인(A. Einstein)은 운동의 형태에 따라

시간과 공간의 행렬

지역 / 시간	R_0	R_1	…	R_N
T_0	R_0*T_0	R_1*T_0	…	R_N*T_0
T_1	R_0*T_1	R_1*T_1	…	R_N*T_1
:	:	:	…	:
T_N	R_0*T_N	R_1*T_N	…	R_N*T_N

한국역사지리(2010)

서 공간이 수축되고 시간도 늘어날 수 있는 상대적인 것으로 판단했다.

이집트인들은 태양을 관찰해서 달력을 만들었고, 농사 활동에 따라서 1년을 파종기, 생장기, 수확기, 휴경기로 나누었다. 지구가 태양을 한 바퀴 도는데 365.25일 걸려서 4년마다 하루 차이가 발생하기 때문에 로마인들은 윤년을 추가해서 문제를 해결했다. 그리고 지리는 시간과 공간이 만나는 좌표에서 모든 사물과 현상을 선(線) 또는 지대(地帶)의 형태로 표현하였다.

원근법적 사고는 입체적인 공간을 2차원 평면의 소실점을 통하여 인

간의 시각을 무한하게 확장했다. 공간에 대한 사고는 동서 교류 속에서도 통합되지 못하고 오랜 기간 독자적으로 유지되었다. 사진은 지리의 평면적인 재현뿐 아니라 입체적으로 과거를 재현하고, 위성 사진이나 드론 사진으로 평면에서 관측하기 어려운 공간 배치를 표현한다.

지리, 암각화·벽화·천문도·지도

지리의 표현은 암각화, 벽화, 천문도와 지도로 발전하여 왔다. 암각화는 암석에 생활이나 환경을 표시하여 믿음이나 신앙의 표현으로 그 자체가 종교의식의 대상이었다. 평야에 홀로 솟은 산(별봉), 물과 가깝거나 볕이 잘 드는 동남쪽의 바위에 그렸고, 그림의 동물들 중에 소멸된 동물들도 있다. 몽골이나 시베리아는 사라진 맘모스, 기린, 사자 등을 표현하고 있다. 울주 반구대와 천전리 암각화는 탈 쓴 무당, 사냥하는 사냥꾼, 고래를 잡는 어부 등을 사실적으로 표현했다.

벽화는 지형 지세를 회화식으로 산줄기는 겹쳐서 곡선미를 강조하고, 북극성이 포함된 북두칠성을 하늘의 중심으로 그렸다. 계절에 따라 달라지는 태양과 다르게 항상 고정된 위치를 차지하는 북극성을 하늘의 중심으로 삼았다. 태양은 삼족오(三足烏)로 표현되었는데 농사의 시기와 계절의 변화를 알려주는 중요한 상징물이었다.

천문도(天文圖)는 하늘을 생명체로 보고 하늘의 권위를 얻으려는 도구였다. 천상열차분야지도(天象列次分野之圖)는 조선 초기에 이성계가 성리학을 통치 이념으로 하늘의 뜻인 천명(天命)을 받고 건국하였음을 강조하기 위해 제작했다(1395). 왕권의 정통성을 인정받기 위하여 하늘에서 일어나는 모든 천체 현상을 선후 순서와 하늘 법칙에 따라 분류했다. 옛

반구대 암각화와 덕흥리 고분벽화 지도가 없던 시대에 시간과 공간을 표현하는 수단이었다. 국립중앙박물관

고구려의 평양성 돌판에 새긴 천문도를 바탕으로 295좌 1,467성의 별자리를 그렸다. 국가가 천상(天象)을 지속적으로 살펴서 천심(天心)을 읽겠다는 의지를 알리려고 각석(刻石)으로도 제작했다.

혼천전도(渾天全圖)는 천문학의 원리와 다소 떨어진 형태로 제작자와 제작년도가 정확하게 알려지지 않은 19세기 목판 천문도이다. 김정호의 대동여지도와 한 세트로 제작되어 보급되었다. 총 336좌 별자리에 1,449개 별이 그려져 있는데 볼 수 없는 남반구 하늘의 33좌 121개의 별을 포함시켰다. 상단에 칠정주천도(七政周天圖), 일월교식도(日月交食圖), 24절태양출입시각(二十四節太陽出入時刻) 표가 있다. 하단에 24절신혼중성(二十四節晨昏中星), 칠정신도(七政新圖), 칠정고도(七政古圖), 중간에 현망회삭도(弦望晦朔圖)가 있다.

지도(地圖)는 조약 체결에서 중요한 근거 자료로 영토를 나타내며, 그림 지도인 암각화와 벽화가 발전하여 등고선식 지도로 발전했다. 고대 지도인 '마파문디'는 그리스, 로마시대에 기술했던 역사와 여행가들이 알려준 정보를 기록하고 있다.

한반도가 등장하는 최초 서양 지도는 자바인 지도로 로드리게스(F.

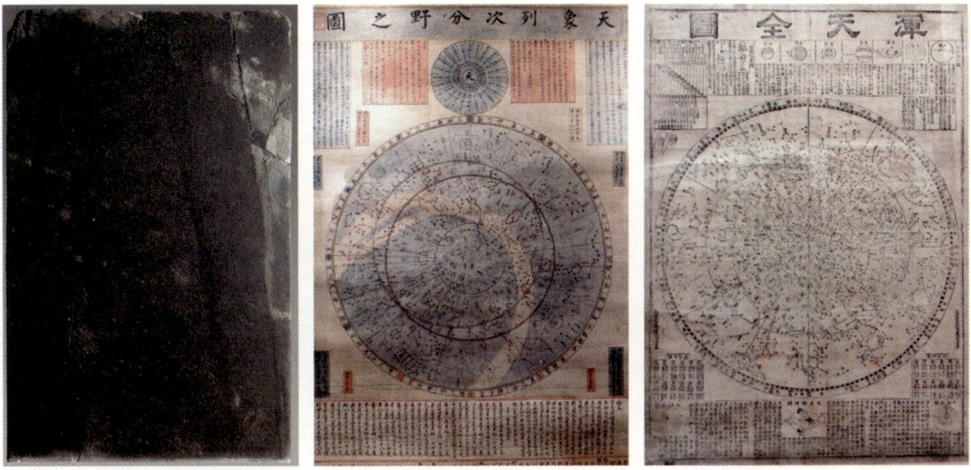

천상열차분야각석과 지도, 혼천전도 혼천전도는 천상열차분야지도에 유럽의 별자리 표기를 절충하였다. 국립중앙박물관

Rodrigues)가 서양에 소개했다(1513). 호멘(L. Homen) 지도는 한반도로 인지할 수 있는 땅이 있고(1554), 벨류(B. Velho) 해도는 한반도로 보이는 반도를 표시했다(1561). 포르투갈 '수로지'에 북위 30도와 40도 사이를 코리아(Corea)로 표기하였고, 예수회 선교사들이 한반도를 포함한 규슈 지역의 정보를 유럽에 전달하였다.

상상의 세계지도인 '천하도'는 조선과 가상의 국가들을 수록했고, '혼일강리역대국도지도(混一疆理歷代國都之圖)'는 원나라 때 제작된 세계지도에 조선과 일본을 붙였다(1402). 유학자들은 중국과 그 혜택을 받는 조공국에 대한 직방세계를 중시하여 지리서인 '산해경'을 따라서 만든 천하도를 몸에 지녔다.

최초 조선의 전도(全圖)는 '신증동국여지승람(新增東國輿地勝覽)'에 수록된 팔도총도(八道總圖)이다. 동국지도(東國地圖)는 한반도만 표시한 지도로 백두산 등의 북부지방을 정확히 표현했고, 울릉도인 우산도(于山島)와 두만강 하구의 녹둔도(鹿島)를 표기하였다. 축척은 백리척(100리 1척)

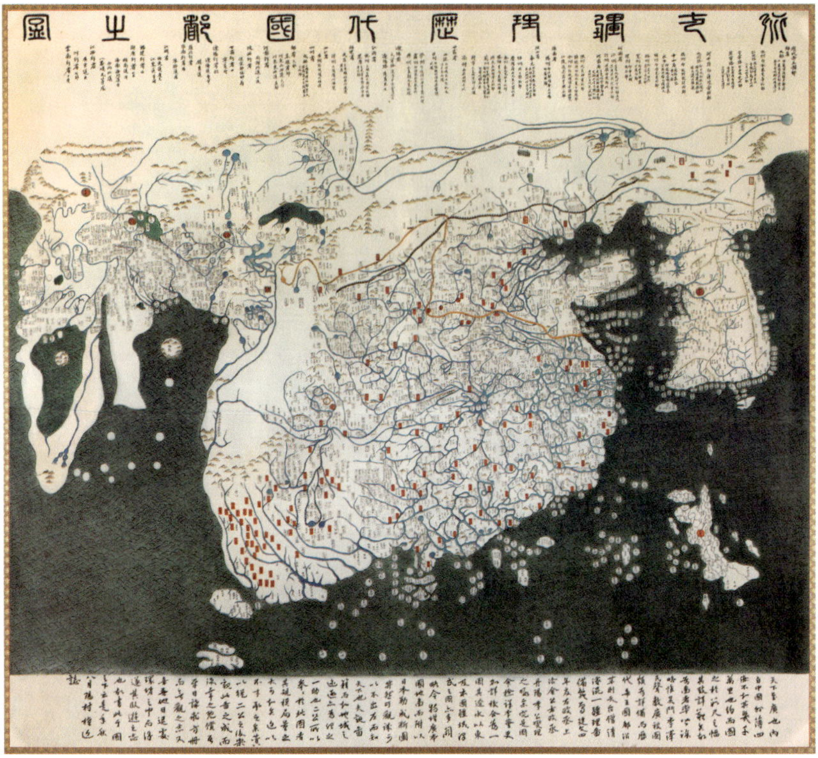

혼일강리역대국도지도 최초의 세계지도로 중국과 일본의 지도를 참고하였다. 국립중앙박물관

으로 2,200여 개의 지명과 육로·해로·수로를 표시했다. 초기 지도는 세종 때 처음 만들어졌고 영조 때 정상기가 제작했지만 필사본인 대동국지도(大東國地圖)만 전하고 있다.

김정호(1804~1866)는 전국을 돌아다니면서 기존 지도 및 지리지를 고증하는 방법으로 지리를 정리한 뒤에 대동국지도를 바탕으로 대동여지도(大東輿地圖)를 편찬했다. 대동여지도는 영토를 남북 120리 간격의 120개 도판을 22층으로 나누어서 세로 약 6.7m, 가로 약 3.8m가 된다(1861). 교통로는 10리마다 점을 찍어서 산세를 연맥(連脈)으로 그리고, 산줄기를 용맥(龍脈)으로 그렸다.

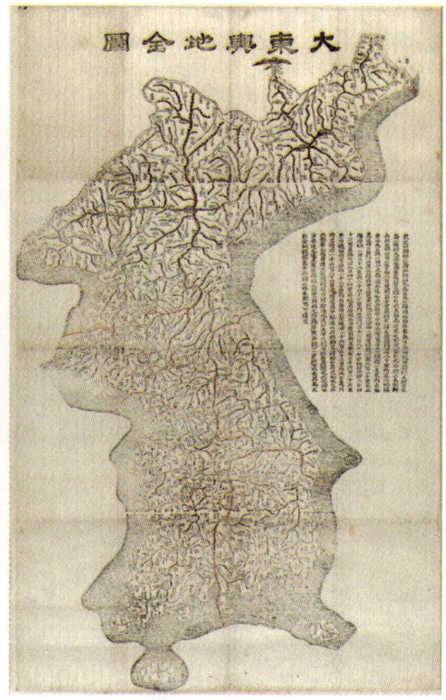

동국대지도와 대동여지도 김정호는 동국대지도를 바탕으로 대동여지도를 작성했다. 국립중앙박물관

도교, 산악신앙과 신선사상

도교는 무위자연(無爲自然)의 신선사상과 노장사상·유교·불교 등을 결합하여 불로장생과 현세의 축복을 추구하였다. 원초적 질서인 기(氣)에서 나오는 '도(道)'가 시공을 초월하여 만물과 우주의 근원으로 본다. 상제(上帝)는 초월적이고 절대적인 존재로서 인간과 만물을 주제하고 천지와 길흉화복을 점지한다. 초제(醮祭)는 자연 재난과 질병을 다스리는 태일(太一)을 비롯한 별에 대한 숭상의 표현이고, 주문은 상급 귀신과 하급 귀신을 구별한다.

상제와 신선이 사는 삼신산(三神山)은 발해의 봉래산(蓬萊山), 방장산(方丈山), 영주산(瀛州山)으로 사람이 가까이 가면 바람을 일으켜 배를 멀리 보내서 도달할 수 없는 산이다. 주위가 3만 리, 꼭대기가 사방 9천 리, 산과 산 사이가 7만 리 떨어져 있고, 정상에 선인(仙人)들이 사는 어

중국 태항산과 쿠알라룸푸르 도관 신을 모시는 사원으로 중국인들이 밀집된 지역에 많이 분포하고 있다.

전(御殿)과 불로불사(不老不死)의 과일나무가 있다. 삼신산으로 알려진 금강산(봉래), 지리산(방장), 한라산(영주)은 이중환의 '택리지(擇里志)' 기록에서 시작되었다.

서복은 진시황의 방사로 불로초를 얻으려 3천여 명을 이끌고 영주산(한라산)을 찾았지만 찾지 못하자 정방폭포 인근에서 다시 항해를 시작했다. 정방폭포에 "서복이 지나갔다(徐市過之)"는 각문이 있는데 선계의 산수를 가진 제주 금당포의 마애각, 남해 금산의 암각(岩刻)과 서리곶의 마애각, 거제 갈곶의 마애각, 소매물도의 마애각 등에도 이러한 전설이 전한다.

진시황과 한무제는 궁궐에 상림원(上林苑)을 조성하고 연못 가운데 봉래산과 영주산을 축조했다. 한나라 때 신선이 좋아하고 머물 수 있는 곳에 누각을 세우고 경양산(景陽山)을 조성했다. 계룡산 천황봉과 월출산 천황봉은 삼신산처럼 우주의 기운이 모인다고 믿어 많은 무인들의 기도처가 되었다.

도교에서 사람이 수련을 쌓아서 득도하면 진인(眞人), 성인(成人) 또는 신인(神人)이 될 수 있다고 믿었다. 신선이 되는 방법으로 비승(飛升)은 신선이 되어서 죽지 않고 천상 선계로 올라가고, 비천(飛天)은 하늘을

삼신산 삼신산은 금강산(봉래산), 지리산(방장산), 한라산(영주산)을 말한다.

마음대로 날아다니면서 죽지 않고 하늘로 가며, 은화(隱化)는 죽는 형식만 취하여 신선이 되지만 세상에 드러내지 않는다. 그리고 시해(尸解)는 오행에 따라서 각기 다른 방법으로 신선이 될 수 있는데 검시해(劍尸解)는 사용하던 검을 세워서 신선이 되고 가족이 그 검을 매장한다.

도교는 5세기에 경전인 도장(道藏), 사원인 도관(道觀), 사제인 도사(道士)를 확립했다. 남조의 육수정(陸修靜)이 경전을 정리하였고, 의식으로 배례(拜禮)·통경(誦經)·사신(思神)을 제시했다. 도교는 서진(西晉)과 동진(東晉), 남북조시대를 거쳐서 일반 민중에 전파되었고, 남조의 영향을 받은 백제에서 도교가 유행하여 무령왕릉의 유물과 백제대향로를 통하여 그 흔적을 찾을 수 있다.

고려시대의 팔관회는 특정한 날 착한 일을 하고 복을 베풀어서 흉사를 피하기 위하여 명산대천의 신에게 제사하고, 전쟁에서 죽은 사람의 위령제를 지냈다. 이날 사찰은 살생 금지, 도둑 금지, 음란 금지, 거짓말 금지, 술금기, 몸장식·향사용·노래와 춤금지, 낮은 자세, 정규 식사의 8가지 계를 지켜야 했다.

도교 행사가 남용되면서 국가의 재정 손실을 일으키자 조선에서 도관을 정리하면서 행사도 축소했다. 성리학이 도교를 이단으로 간주하여 관청인 소격서를 폐지하면서 하늘에 대한 초제를 중지하였고, 팔관회가 주관하던 산천 신앙을 유교 제례에 포함시켰다.

남묘와 동묘 임진왜란 때 명나라 군사들의 요청으로 한양에 무신인 관우의 남묘와 동묘를 세웠다.

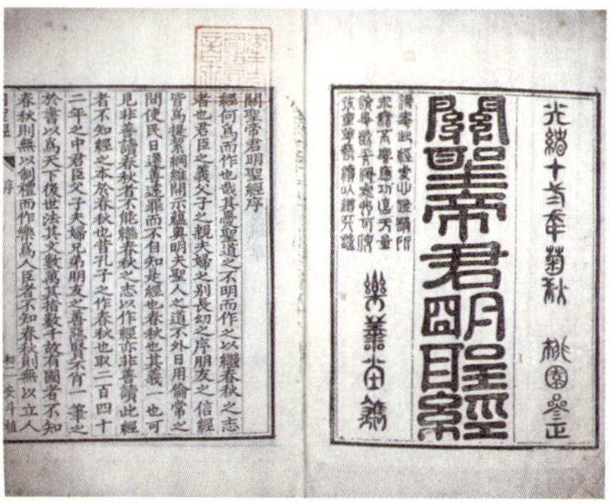

명성경과 관성묘 관성교는 관우를 신격화하여 경전인 명성경과 사당인 관성묘를 세워서 숭배했다.

임진왜란 때 명나라 군사들의 요청으로 도관인 관왕묘(關王廟)가 남관왕묘와 동관왕묘, 성주·강진·안동·남원 등에 건립되었다. 관우는 병마와 재앙을 없애면서 무속의 장군신인 관성제군(關聖帝君)으로 국가제례와 민간 제재초복의 중심이었다. 박기홍과 김용식이 관우 숭배단체와 무속인들을 모아서 관성교(關聖教)를 조직하고(1924), 본부인 '동묘(東廟)'와 공주 계룡산의 '무량천도(無量天道)'를 중심으로 활동했다. 음력 초하루와 보름에 관왕묘에 참배하고, 관우의 출생일인 5월 13일과 사망일인 6월 24일에 제사를 지냈다.

풍수지리설, 산수에 대한 해석과 비보

산수(山水)는 산세가 바위로 수려하고 강과 바다가 섞이면서 모여야 큰 역량을 갖춘 형세이다. 풍수(風水)는 풍향과 수문을 고려하여 인간의 생존과 발전에 유리한 최적의 장소로서 들판, 산 모양, 흙 빛깔, 수리, 조산과 조수로 판단한다(택리지). 풍수설은 전쟁으로 어수선했던 전국시대 말기와 어지러웠던 신라 말기에 활용되었다. 땅의 정기가 개인과 집단의 운명을 결정한다고 믿었기 때문에 지형을 입체적으로 파악하였다.

조산(祖山)은 혈의 중심으로 주변 산들을 통제하는 소조산, 중조산, 태조산 등으로 구성된다. 종산(宗山)은 가장 가까이 있는 산이고, 주산(主山)은 혈을 만들어서 주변의 산을 주관한다. 좋은 풍수는 조산과 종산이 위로 솟구치면서 주산이 수려하고 단정하며, 주변의 산들이 물과 어우러져서 생성과 화육을 주관할 수 있어야 한다. 이러한 산이 개성 오관산(五冠山), 한양 삼각산(三角山), 진잠 계룡산(鷄龍山), 나주 월출산(月出山), 문화 구월산(九月山)이었다.

한성, 웅진과 사비는 한산(漢山)과 계룡산(鷄龍山)을 조산으로 북쪽에 큰 강이 흐르고 남쪽에 평야가 펼쳐져 있고, 국내성과 평양성, 개경, 한양

계룡산과 월출산 조산의 조건을 갖춘 산들로 주봉인 천황봉(또는 천왕봉)에서 천제를 지냈다.

은 북쪽의 큰 산과 남쪽의 큰 강이 있다. 그리고 경주와 남도 사찰은 분지형의 평야나 침식 분지에 위치하여 하천에서 이탈하여 있다.

조수(潮水)는 큰 하천과 큰 강의 물을 역으로 받아들여서는 안된다. 순역은 바라보는 쪽으로 산이 동그랗게 감싸는 모습이지만, 배역은 바라보는 쪽으로 산줄기와 물줄기가 휘몰아쳐서 달려온다. 물이 휘몰아치는 곳은 선돌이나 돌탑을 세워서 재앙과 액운을 막았다.

순천의 선암사(仙巖寺)는 사찰을 감아 도는 개울이 양쪽으로 갈라지면서 기가 빠지는 것을 비보하도록 강선루(降仙樓)를 세웠다. 실상사는 지리산과 덕유산의 기운이 모이는 곳으로 대웅전의 입구를 동쪽의 지리산 천왕봉을 향하도록 했다. 산천 정기가 일본으로 빠져나가지 않도록 동대문을 세우고, 철종과 철불을 크게 만들었다.

도선은 용건에게 집터를 정해주면서 왕건의 탄생을 예언하고, 왕건에게 땅의 왕지(旺地)와 순지(順地)를 택하여 거주할 것을 제안했다. 왕건은 서남해 해양 세력의 후원으로 후삼국을 통일하였지만, 풍수지리를 따라서 개경에 왕도를 건설했다. 개경은 조산인 송악산 주변에 지네산, 부흥산 또는 부소산, 봉명산, 오관산으로 이루어진 명당이다. 도성이 첩첩

선암사 강선루와 실상사 철불 남도의 분지에 비보 사찰을 세워서 반란의 기운을 제어했다.

도선대사 수미비 수미비는 도선의 수행 과정을 기록하고 있다.

산중으로 물이 모여서 피해를 줄 수 있기 때문에 많은 탑을 세워서 비보했다.

고려시대는 전국의 산천을 비보하는 '산청비보도감'을 두고 국토의 균형적 발전에 풍수를 활용하였다. 초기 송악과 서경의 길지설에 따라서 북방 영토의 확장을 추진했다. 중기에 한강 지역이 주도권을 잡으면서 한성(한양) 명당설이 확산되자 문종이 한양을 남경(南京)으로 승격시켜서 숙종 때 궁궐을 지었다.

한양도 왕건과 도선의 만남처럼 무학대사가 이성계의 꿈을 푼 인연으로 이루어졌다. 정도전은 개성이 좁아서 도읍으로 마땅하지 못하다고 천도를 계획하면서 개국 후에 계룡산 신도안에 도성을 건설했다. 도중에 도성이 더 넓은 한양으로 바뀌면서 삼각산(三角山), 타락산(駝駱山, 낙산), 인왕산(仁王山), 목멱산(木覓山, 남산) 중심으로 궁궐을 배치했다.

관악산이 정남(正南)이 되면 궁성(宮城)을 위압하기 때문에 무학대사는 인왕산을 주산으로 백악과 남산을 용호(龍虎)가 되도록 궁궐의 배치를 주장했다. 관악산과 삼성산은 불산이기 때문에 화기를 끊기 위하여

관악산 연주대와 남대문 화재 연주대 부근에 우물을 파고 숭례문의 현판을 거꾸로 달았지만 임진왜란과 남대문 화재를 막지 못했다(2008년 2월 10일).

경복궁 건축물 경복궁은 전각인 근정전, 누각인 경회루, 정자인 향원정, 망루인 동십자각을 볼 수 있다.

숭례문 앞에 연못을 만들고, 숭례문 현판도 불을 상징하는 상형문자를 쓰고 세로로 세웠다. 흥선대원군은 관악산의 화기를 극복하기 위하여 물

짐승인 해치상을 광화문 앞에 배치하고, 관악산 정상에 우물을 파서 구리로 만든 용을 넣고 화기를 진압하였다. 경회루도 불을 억제하기 위하여 청동으로 용을 만들어서 연못에 넣고 비를 기원하였다.

조선시대는 풍수가 좋은 곳에 전각, 누각, 정자, 망루 등을 세웠다. 전각(殿閣)은 주로 궁궐이나 사찰의 주요 건물이고, 누각(樓閣)은 연회나 유흥을 위해 사방이 탁 트인 곳에 문과 벽없이 높게 지었다. 정자(亭子)는 주변 경관을 볼 수 있도록 방이나 문없이 탁 트인 곳에 작게 짓고, 망루(望樓)는 군사적으로 주변을 감시하기 위해 세웠다.

음양오행과 오방위신, 십이지신

음양오행설(陰陽五行說)은 살아 있는 하늘과 땅, 사람의 음양과 오행이 만나서 평화적인 상생(相生)과 경쟁적인 상극(相克)을 이루고 생명의 탄생과 번성을 이룬다. 하늘은 음양(달과 해)과 오행(수성, 목성, 화성, 토성, 금성)이 있고, 땅은 음양(강과 산)과 오행(물, 불, 나무, 금속, 흙)이 있다. 사람도 음양(여자와 남자)과 오행(심장, 폐장, 간장, 신장, 비장)이 있다.

오행은 방위를 가지면서 동방 나무, 서방 금, 남방 불, 북방 물, 중앙 흙으로 표현된다. 한양은 4대문에 인의예지(興仁之門, 敦義門, 崇禮門, 炤智門)를 넣고, 중앙에 신(普信閣)으로 오상(仁義禮智信)을 배치하였다. 오방위신(五方位神)은 오방색으로 동방 청룡(靑龍, 청색), 서방 백호(白虎, 흰색), 남방 주작(朱雀, 붉은색), 북방 현무(玄武, 검은색), 중앙 황룡(黃龍, 노란색)이다.

사신은 신령스런 모습으로 쌍을 이뤄서 음양의 조화를 표현하였다. 청룡은 나쁜 기운을 물리치는 영물로 도깨비 모양이다. 백호는 넓은 혀

강서대묘 사신도와 목관 장식구 사후 풍수는 사방위신인 청룡, 백호, 주작, 현무를 무덤에 배치했고, 고려시대는 현실이 없어지면서 목관에 약식으로 사신을 장식하였다. 국립중앙박물관

와 호피무늬의 형상으로 나쁜 기운을 물리친다. 주작은 닭, 학, 꿩, 공작 등을 융합하여 바람과 역법을 주관한다. 현무는 한 쌍의 암거북과 숫뱀이 서로 엉켜서 있다.

십이지(十二支)의 각 글자는 시간의 흐름에 따른 지상의 변화를 나타내는 문자 부호로 자(子, 쥐), 축(丑, 소), 인(寅, 범), 묘(卯, 토끼), 진(辰, 용), 사(巳, 뱀), 오(午, 말), 미(未, 양), 신(申, 원숭이), 유(酉, 닭), 술(戌, 개), 해(亥, 돼지)를 상징했다. 베트남의 고양이, 인도의 사자와 공작새, 이집트의 산양·당나귀·고양이·악어·홍학·매 등은 약간 다른 모습을 보여주는데 어떤 특정 동물보다 지역에 분포하는 종(種)이나 각 민족의 동물에 대한 태도, 관념, 선호도 등을 반영하였다.

십이지신은 시간과 방향을 동시에 나타내는 수호신으로 모두 짐승의 얼굴과 사람의 모습에 무사복을 입고 왕릉을 지킨다. 한나라 이후 무덤에 토우를 부장하고 12지신을 배치하여 권위를 나타냈다. 김유신 묘는 왕릉이 아니면서도 흥무대왕으로 추존되어 십이지신으로 왕릉에 준하는 장엄을 하였다.

봉은사 사천왕상 사천왕은 동방 지국천·서방 광목천·남방 증장천·북방 다문천이다.

사천왕(四天王)은 수미산(須彌山) 중턱에 살면서 동서남북에서 불법을 수호하고 대중을 보호한다. 고대 인도에서 귀신들의 왕이었지만 동방 지국천왕(持國天王), 남방 증장천왕(增長天王), 서방 광목천왕(廣目天王), 북방 다문천왕(多聞天王)이 불교에 귀의하여 부처와 불법을 지키는 수호신이 되었다. 사천왕상은 갑옷 입은 무장의 모습으로 석굴의 연도·탑신부·사천왕문을 장식하면서 사후적인 의미보다 불교 시설의 장엄을 위하여 제작되었다.

군주의 천제, 봉선과 사직

흉노는 성산(聖山) 숭배의 산악 신앙으로 천산산맥의 절라만산(折羅漫山)에서 천제를 지냈다. 오환의 적산(赤山), 선비의 탄한산(彈汗山), 돌궐의 어도근산(於都斤山), 거란의 흑산(黑山), 몽골과 한반도의 불함산(不咸山)도 숭배의 대상이었다.

중국의 제왕과 제사장들이 성산에서 계절의 운행과 기후의 변화에 대한 하늘의 계시를 받았다. 천자는 교(郊)에서 상제(上帝)에게 교제(郊祭)

를 지내고, 사직단(社稷壇)에서 사직신에게 사직제(社稷祭)를 드렸다. 하(夏)·은(殷)·주(周)의 왕은 태산(泰山)에 흙단을 쌓고 천제를 지냈다.

봉선(封禪)은 하늘에 치적을 보고하는 '봉(封)', 땅에 치적을 보고하는 '선(禪)'을 말한다. 제나라와 노나라가 태산에서 봉선을 지냈고, 진시황이 제국의 망제(望祭)로 확대했다. 제사의 집행자는 하늘의 신인 '제'였다가 주나라 이후 하늘의 명을 받드는 '천자'로 바뀌었다.

오악(五岳)은 동서남북과 중앙을 대표하는 산으로 봉선을 지내던 동악 태산(泰山), 남악 형산(衡山), 중악 숭산(嵩山), 서악 화산(華山), 북악 항산(恒山)이다. 주로 태산이 우두머리인 대종(宗)으로 정상에서 천제(封)와 지제(禪)를 행했다. 천자는 새로운 왕조를 열고 태평성대를 이루면 태산에서 봉제(封祭)를 지내거나 양부산에서 선제를 드렸다(오경통의).

봉선은 훌륭한 정치를 한 천자만이 할 수 있었기 때문에 자신감을 갖는 군주만이 가능했다. 진시황과 2세 황제, 한의 무제(7번), 광무제와 장제, 안제, 당의 고종과 측천무후, 현종, 북송의 진종과 휘종, 원의 쿠빌라이, 청의 강희제와 건륭제(6번) 등이 지냈는데 측천무후는 태산이 아닌 숭산에서 봉선을 행했다.

태산에 가지 않은 신나라 왕망은 동지에 남교(南郊)에서 천신에게 제사하고, 하지에 북교(北郊)에서 토지신에 제사했다. 백제 온조왕은 도성 남쪽에 남단(南壇)을 쌓고 2월에 교사(郊祀)를 지냈지만, 대부분 숭산(崇山)인 하남 검단산에서 하늘에 제사를 지냈다. 신라와 고려는 토함산(동악), 계룡산(서악), 지리산(남악), 태백산(북악), 팔공산(중악)에서 산천제를 지냈고, 조선은 금강산(동악), 묘향산(서악), 지리산(남악), 백두산(북악), 삼각산(중앙)에서 제사했다. 성리학의 주도로 제단이 모두 없어지고, 명성황후가 계룡산에 중악단을 세웠다(1876).

천제단은 청나라에서 9개 제단인 경성구단(京城九坛)으로 환구단(圜

서악 화산의 도관 서악묘와 화산은 비를 관장하는 신이다.

계룡산 중악단과 지리산 노고단 중악단은 명성황후에 의하여 세워졌고, 노고단은 남악단이 있던 곳이다.

丘坛), 방택단(方泽坛), 기곡단(祈谷坛), 조일단(朝日坛), 석월단(夕月坛), 태세단(太岁坛), 선농단(先农坛), 선잠단(先蚕坛), 사직단(社稷坛)으로 구성되었다. 고종은 황제로서 환구단을 설치하고 천제와 초제를 지내면서 자연 재난과 질병을 다스리려고 했다(1898).

제후국은 봉선의 금지로 사직과 지신에게만 제사할 수 있었다. 신라는 당에 가서 봉선에 참여하면서 산천에 산천단(山川壇)과 신사(神祠)를 설치했다. 무당들이 조선 초기까지 산천제를 주도하다가 유교식으로 바

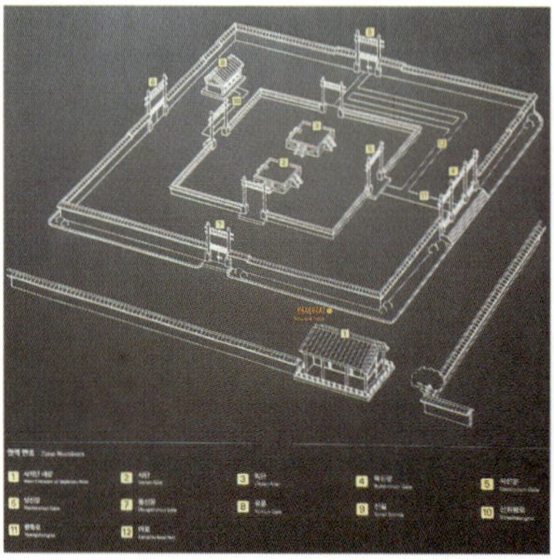

사직단 지신과 오곡신에게 제사를 지냈다.

꾸었다.

신라 선덕왕이 토지신 사(社)와 곡식신 직(稷)에게 농사의 성공을 기원하는 사직단을 설치하였다. 조선은 경복궁보다 약간 아래에 사직단을 설치하였고, 동쪽의 사단에서 봄에 지신에게 제사하고, 서쪽의 직단에서 가을에 오곡신에게 곡식을 바쳤다. 일제가 1910년 전후에 제사를 폐지하면서 부속 건물들도 철거했다.

천하와 중원, 사이의 역학관계

천하도(天下圖)는 중앙의 대륙이 외내해(外內海)에 둘러싸여 있고, 내해(內海)가 다시 환대륙을 둘러싸면서 환대륙을 외해가 둘러싼다. 중국은 원으로 중심에 있고, 내대륙에 조선·일본, 환대륙에 군자국·삼수국 등을 직사각형으로 나타냈다. 모든 지명들은 고대 중국의 상상적 지리서인 산해경(山海經)에서 가져왔다.

필성오복도(弼成五服圖)는 중심에 작은 직사각형을 놓고, 바깥에 더

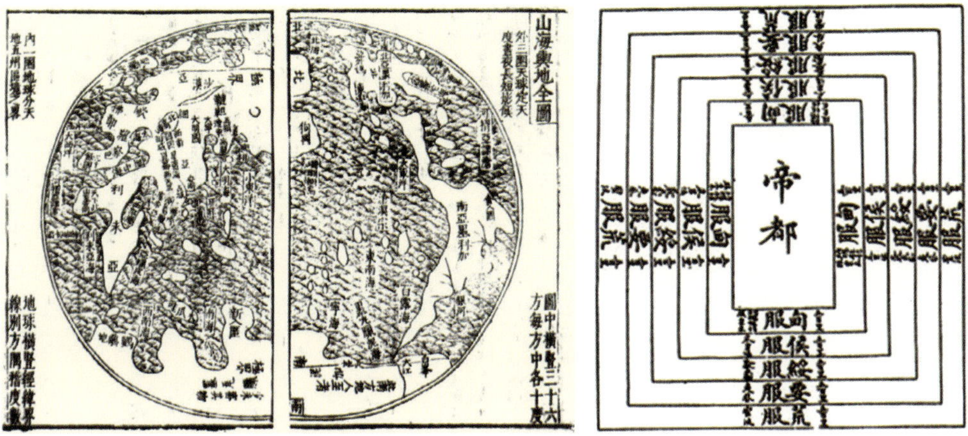

천하도와 필성오복도 천하도는 원형으로 중국중심의 세계를 나타내고, 필성오복도는 직사각형으로 중화와 주변을 표시하였다. 钦定书经图说(1905), 三才图会(1609)

큰 직사각형을 배치하는 방법으로 중국과 주변을 표시했다. 직사각형은 중심에 도성인 제도(帝都), 직할지인 전복(甸服), 경대부와 제후의 후복(侯服), 문무의 수복(綏服), 동쪽 오랑캐의 요복(要服)과 남쪽 오랑캐의 황복(荒服)을 배치했다.

황제가 통치하는 제도인 중원(中原)은 수없이 많은 민족을 흡수하고 동화시키는 터전이 되었다. 중원의 주인은 특정 민족이 아니고 차지하면 이민족이라도 정통성을 인정받아서 중원의 왕조인지 변방의 왕조인지 중요하지 않았다. 수나라와 당나라는 유목민족인 북주계(北周系)의 호족 세력에 의하여 건국되었다.

이민족인 사이(四夷)는 중화의 주변에 동이(東夷), 서융(西戎), 남만(南蠻), 북적(北狄)을 배치했다. 동이는 춘추전국시대에 동쪽의 이민족에서 한나라부터 요동, 한반도, 일본열도 등으로 구체화되었다. 동이는 동예·부여·고구려·옥저·왜(삼국지), 부여·마한·진한·숙신·왜인(진서), 고구려·백제·신라(구당서, 신당서) 등을 포함시켰다. 중원고구려비는 신라를

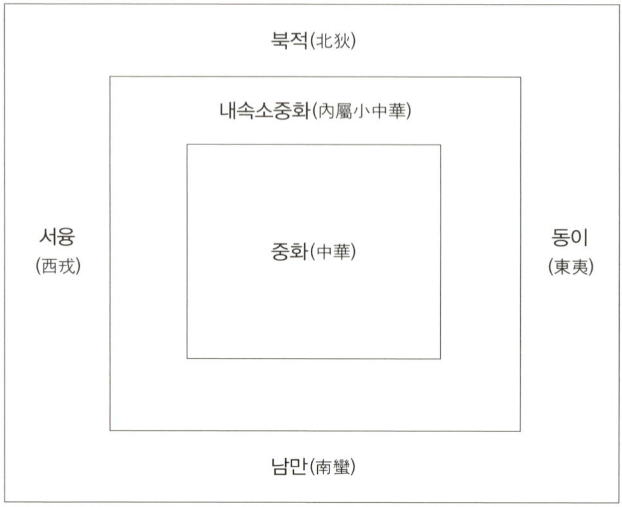

중화와 사이 중화를 중심으로 사방에 4개의 오랑캐를 배치했다.

동이로 칭했고, 조선은 일본을 동이로 불렀다. 일본도 아이누족을 에조(蝦夷)라 하면서 토벌 대장을 세이타이쇼군(征夷大将軍)으로 불렀다.

오랑캐 중에서 동호와 여진은 대륙을 경영하는 황제의 지위에 올랐지만 남만은 그 역할을 해보지 못했다(택리지). 고려시대에 오랑캐가 등장하였고, 조선 초기에 만주 일대의 거주자를 오랑캐로 불렀다. 그 후 여진족들이 끊임없이 침입하여 괴롭히면서 오랑캐는 야만과 폭력의 상징이 되었다.

조상 제사, 종묘와 문묘

중국은 상고 신앙을 중심으로 조상신 및 귀신 숭배 사상이 성행하였다. 공자는 은나라의 귀신 중심 문화와 주나라의 사람 중심 문화에서 천명사상(天命思想)을 실현하고자 했다. 사람이 해결해야 할 일을 '인

(仁)'이라 하고, 그 실천 방법인 '예(禮)'로 관혼상제(冠婚喪祭)를 제시하였다. 제사가 유교 문화로 정착되었지만 조상 귀신의 존재는 알 수 없다고 하였다.

제사는 축(祝)으로 신에게 복을 구하고, 주(呪)로 신과 인간이 감응하여 귀신을 몰아내던 의식이다. 천자는 천지, 사방, 산천, 오사에 제사하고, 대부는 오사에 제사하며 선비는 조상에게 제사한다(예기). 국가 제사가 천지의 신과 조상을 포함하지만 가정 제사는 조상에게만 지낸다. 무속은 재수굿, 천도굿, 내림굿, 마을굿 등에서 천지 신과 조상 신을 대상으로 한다.

수나라는 국가 제사를 대사(大祀), 중사(中祀), 소사(小祀)로 구분했다. 제후는 고조 이하와 시조를 합쳐서 5묘제, 천자는 7묘제로 규정했다(예기). 종묘제는 봄 약제(礿祭), 여름 체제(禘祭), 가을 상제(嘗祭), 겨울 증제(烝祭) 등의 1년 4시제(時祭), 3년 주기 협제(祫祭), 5년 주기 대제(大祭), 그리고 사시맹월제는 정해진 기일없이 길일에 거행했다.

종묘(宗廟)는 묘에 조상의 신주를 두고, 침(寢)에 조상의 의관과 생활용구를 두었다. 종묘제는 정기 정제(正祭)와 비정기 고제(告祭)로 연 6회 정도를 지냈는데, 정제는 대제와 시제로 구분하고 고제는 왕의 즉위나 전쟁의 출정 등이 있을 때 행했다. 종묘는 신라 문무왕 시기에 시작하여 시조묘, 별묘(무열왕, 문무왕), 그리고 4친묘(親廟)로 구성했다. 시조묘 제

무속 제사와 종교 제사

무속	유교	불교
택일·금기 청신(請神) 대접·기원 송신(送神) 금기	강신(降神), 참신(參神), 초헌(初獻), 독축(讀祝), 아헌(亞獻), 종헌(終獻), 삽시(插匙), 유식(侑食), 헌다(獻茶), 사신(辭神), 납주(納主), 철상(撤床), 음복(飮福)	개식(開式), 삼귀의례(三歸依禮), 독경(讀經), 묵도(默禱), 추도문낭독(追悼文 朗讀), 추도사(追悼辭), 감상(感想), 분향(焚香), 답사(答辭), 폐식(閉式)

계림비각과 종묘 종묘는 신주를 두는 정전, 위패를 두는 공신당과 신전인 칠사당을 배치한다.

시제와 오묘제 각 성씨들은 시조묘제로 시제와 오묘제를 실시하고 있다.

사는 박혁거세를 대상으로 했고, 신궁제사는 김씨 왕실의 혈족제사였다.

조선은 처음 태조의 4대 조상들에 대한 위패를 두었고, 그 이후 왕과 왕비, 왕자들의 위패를 봉안했다. 선왕(先王)이 현재 왕의 직계 존속이라는 전제로 이루어졌고, 새로운 왕의 직계존속이 왕위에 오른 적이 없다면 왕의 부친을 대왕에 추존하였다.

가정의 오묘제는 직계 조상인 4대조(부, 조, 증조, 고조)까지 제사로 지내고, 5대조부터 봄, 가을에 시제로 지낸다. 큰 집은 조상 방을 두고, 가능한 이곳에 거처하지 않았다. 일부 가정은 나무로 다락을 만들어서 독을 놓고 독 안에 위패를 두었다.

한자와 차자표기의 의사소통

동아시아는 서로 다른 언어 체계에서도 한자를 사용하여 거의 동일한 의미로 해석했다. 한자는 문법적인 형식을 따르지 않기 때문에 중국어를 몰라도 읽고 쓸 수 있었기 때문에 뜻과 소리를 표기하는 수단이었다. 진시황이 한자 체계를 통일하면서 중화사상(유교 이념)을 확산시키고 지역 내 동질성을 형성하는 데 기여했다.

갑골문(기원전 1400년경)은 거북의 복부 껍질이나 소의 어깨 뼈를 사용하여 점을 치고 그 내용과 결과를 새겨넣은 글자였다. 발견된 약 4,500여 개의 기호 중에서 1,000여 개만 판독이 되었다. 금문(金文)은 상나라 때 청동 솥이나 그릇에 개인의 공적과 수상, 관직을 새긴 명문이다. 주나라에서 직선적인 글자는 부드러운 형태로 변형되었고, 총 3천여 자 중에서 2천여 자가 판독되었다.

춘추전국시대에 한자가 확립되면서 사상과 역사를 기록했다. 진시황

청동기 금문 초기 한자는 청동기에 쓴 금문에 남아 있고, 종이가 발견되면서 일반화되었다.

은 한자쓰는 법인 '대전'과 더 간결한 '소전'으로 발전시키고, 다른 제후국의 문자를 소전으로 통일했다. 일반인들은 더 간결한 '예서'를 사용하면서 한나라 때 정방형의 '해서체'와 휘갈겨 쓰는 '초서체'로 발전했다. 청나라 강희제는 모든 자전을 종합하여 49,000여 자의 강희자전(康熙字典, 1716)을 편찬했다. 한자의 간략화에 대한 요구로 중국은 1949년부터 간체자(簡體字)로 바꾸었고, 다른 한자 문화권은 기존 번체자(繁體字)를 사용하고 있다.

한자는 형상으로 의미를 전달하는 표의문자로 뜻없이 음만 전달하는 표음문자에 부적당했다. 동아시아는 중국을 제외하고 한자의 음과 뜻을 동시에 사용하는 차자(借字)표기법을 활용했다. 차자표기법은 마한(馬韓)의 54개 국명과 변진(弁辰)의 24개 국명으로, 개별 명칭에서 '국(國)'을 제외하면 순수한 고유어로 실제 지명을 표기하고 있다.

乙卯年國崗上廣開土地好太王壺杅十

"415년(을묘년)에 광개토왕을 기리며 10번째 만든 그릇이다."

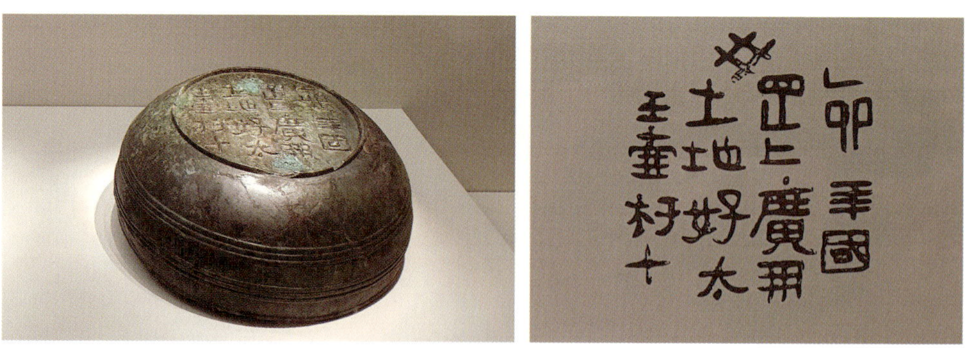

호우총 청동그릇 고구려에서 만든 그릇으로 광개왕릉비문과 동일한 서체의 금문이 있다. 국립중앙박물관

능사지와 숙세가 목간 숙세가는 백제인들의 생각을 담은 차자표기의 글로 능사지 목간에서 발견했다. 국립중앙박물관

한자 차용에서 하나의 차자가 둘 이상의 훈으로 읽힐 수 있고, 둘 이상의 차자가 하나의 훈으로 읽힐 수도 있다. 음독(音讀)은 음으로 읽고 뜻도 살려서 차용하며, 음가(音假)는 음으로 읽되 뜻은 버리고 음만 차용한다. 훈독(訓讀)은 훈으로 읽고 뜻도 살려서 차용하고, 훈가(訓假)는 훈으로 읽되 뜻은 버리고 음만 차용한다.

광개토왕비문, 중국의 외래어, 일본의 초기 고유명사가 가차자표기로 고유 지명의 발음이나 의미를 한자로 적는 이두식(吏讀式)표현과 유사하다. 능사지 목간(木簡)의 숙세가(宿世歌)는 사언사구(四言四句)의 차자표기로 불교적인 내세관을 담고 있다.

宿世結業 同生一處 是非相問 上拜白來

"전생에 맺은 인연으로 이 세상에 함께 났으니 시비를 서로 물어서 하늘에 배향하고 오십시오."

한글은 소리글자로 음운을 좇지만 한자는 음운을 좇지 않아서 '조선지지자료'에 한자와 한글을 병기하여 현지의 원음을 재현해 놓았다. 발음과 의미가 일치하는 한자로 표기되지 못한 지명의 경우 본래의 발음과 의미를 무시했기 때문에 한자 표기시 과거 흔적을 찾기 어렵다.

도성과 경기 중심의 통치구조

도성은 통치자의 집무실과 관저를 포함한 주요한 국가 기구들이 밀집되어 있다. '주례(周禮)'와 '고공기(考工記)'는 왕궁(왕성)을 기준으로 형태, 규모, 공간구조, 도로망 등을 규정하고, 사방 9리의 정방형에 기본 공간구조를 격자형으로 구성하였다. 4개 기본 방위를 중심으로 성벽을 쌓고, 궁궐의 남문을 기준으로 중앙에 대로를 만들었다(주작대로). 각 방위마다 3개씩 모두 12개의 성문을 만들면서 중앙에 궁궐, 전면에 관청, 후면에 시장을 배치했다. 궁궐 좌측은 왕의 조상을 모신 종묘를 두고 우측은 지신을 모신 사직을 두었다. 궁궐 내부는 전면에 정치 공간인 조정, 후면에 거처 공간인 침전을 배치했다.

도성의 위치는 거중(거점지 중심)과 관중(관할지 중심)의 역할을 하면서 국내의 반란 진압과 외적의 침입에 항거하기 좋아야 한다. 정치와 경제에서 월등한 힘을 가지고 타 지역을 통제할 수 있는 곳이다. 도성이 지역적인 규모의 한계로 증가된 인구를 부양할 수 있는 생산력을 뒷받침하지 못하면 이전해야 한다.

중국은 주나라에서 당나라까지 장안(長安), 송나라에서 개봉(開封), 원나라에서 청나라까지 북경(北京)을 도성으로 삼았다. 장안은 자연적인 분지형으로 국가가 강할 때 천하를 통일할 수 있었고, 국력이 약해져도 도성과 직할지를 중심으로 방어하기 쉬웠다. 장안은 사방에 관문을 가진 천혜의 '산하의 험'을 가진 직할지 중앙에 위치하여 서북방의 투르크와 대치할 수 있었다.

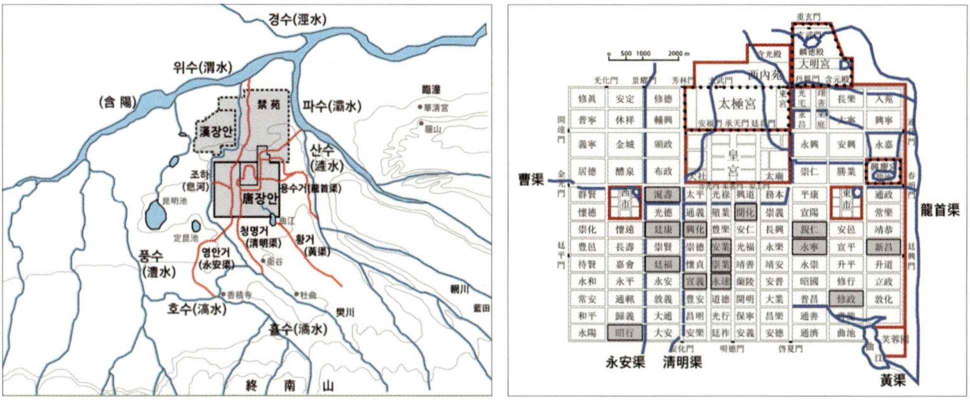

장안성 구조 분지형의 구조에 인공수로(渠)를 건설하여 지류의 물을 도성에 유입하였다. 佟裕哲(2001), 周維權(1999)

개봉은 사방이 공개된 평원형으로 강자가 등장하면 기존 국가가 멸망하면서 새로운 세력으로 대체되었다. 개봉은 육로와 수로의 중심지로 주변에 4개의 하천이 흘러서 도성 자체가 방어의 거점으로 경기 지역에 의존하지 않았다. 도성인 개봉(개봉부), 서경(하남부), 북경(대명부), 남경(응천부)이 환상적으로 위치하여 배후 도시들이 일정한 역할만 담당하고 도성에 경제력을 집중시켰다. 개봉은 전국시대의 위, 후량, 후진, 후한, 후주, 북송 및 금나라에서 수도로 삼았다.

도성 중심으로 주변국은 내속(內屬)으로 편입했는데 서주(西周)의 봉건제(封建制), 진(秦)과 초(楚)의 군현제(郡縣制), 한(漢)의 군국제(郡國制)와 주제(州制), 당(唐)의 기미제(羈縻制)와 3성 6부제, 청(淸)의 이번제(理藩制)로 발전했다(쉬줘윈).

봉건제는 중앙 정부에서 수도와 일부만 직접 통치하고 다른 지방은 제후나 영주에게 하사하였다. 제후들이 왕권에 도전하면서 주나라가 멸망하자 진시황은 봉건제를 폐지했다. 유럽의 봉건제는 장원(莊園)을 기초로 영주(기사)와 상위 영주, 더 상위 영주, 국왕 또는 황제로 이어지는 쌍무적 계약 관계였다. 일본 봉건제는 쇼군의 막부와 다이묘의 번간 충

중국의 내속제도

제도	황제(제국, 세습)	왕(왕국, 세습)	군(태수, 임명)	현(현령, 임명)
봉건제	○	○	–	–
군현제	○	–	○	○
군국제	○	○	○	○

성과 복종의 관계로 맺어졌다.

진시황은 중앙 정부가 지방에 행정관을 파견하여 통치하는 중앙 집권적인 군현제를 실시하여 전국을 36군으로 나누고 군에 현을 설치하여 군수(郡守)와 현령(縣令)을 파견했다. 군현은 각 지역의 고유한 질서를 유지하면서 자치활동을 보장받으면서 지금도 동아시아 행정 제도의 기본을 형성하고 있다.

전한 초기의 군국제는 도성과 가까운 지역에 군현제를 시행하고, 나머지 지역은 제후의 국(國)으로 두는 군현제와 봉건제의 혼합제도였다. 황제가 거주하는 경기 지역을 제외한 나머지 지역을 왕국(王國), 후국(侯國), 공국(公國), 주(州), 군(郡), 현(縣)으로 구분했다.

한무제(漢武帝)는 왕과 제후들의 실권을 빼앗아서 전국을 13주로 나누고 자사(刺史)를 파견했고, 자사가 임기 동안에 해당 지역을 다스렸다.

제후의 조공과 중원의 책봉

제후국이나 주변국은 자치권이나 주체성보다 전체에 대한 조화와 균형 속에서 그 존재를 찾았다. 중원은 조공(朝貢), 책봉(冊封), 견사(遣使), 청구(請求), 전쟁(戰爭), 회맹(會盟) 등을 맺어서 제후국과 이민족을 통제했다. 동아시아의 조공과 책봉은 주변 지역을 종속화하면서도 반란이나 분국의 발생을 억제했다.

제후국의 통치자가 먼저 조공을 보내면 중원에서 책봉으로 정통성을 인정했다. 조공은 중심국(종주국)에 대하여 제후국(번국)인 속국의 충성으로 이루어졌다. 황제는 조공을 통하여 제후국의 통치권을 인정받았고, 제후는 지배 영역의 종주권에 대한 확인을 받았다.

제후국들은 통치자가 바뀔 때마다 황제의 책봉을 받으면서 정기적인 조공으로 친선관계를 확인했고, 지리적으로 가까울수록 밀접한 관계를 가졌다. 한무제 시기에 베트남 북부지역, 인도와 동남아 국가, 그리고 2세기 후한 때 천축, 대진(동로마제국), 단국, 엽조 등이 조공을 바쳤다.

책봉(冊封)은 천자(天子)가 주변 국가나 이민족의 통치자에게 칭호·임명장·인장을 수여하여 군신관계(종주국과 종속국)를 맺은 방법이다. 중국의 역대 왕조는 무력보다 책봉으로 왕(王), 후(侯)의 작위나 장군(將軍)의 관직을 부여하면서 국제질서를 실현하였다. 서양에서도 교황청이 국왕의 정통성을 입증하고, 국왕이 상대의 어깨에 검을 올린 후 작위를 수여했다.

수나라는 백제에 대방군공(帶方郡公), 고구려에 요동군공(遼東郡公), 신라에 낙랑군공(樂浪郡公)을 책봉했다. 왜의 히미코 여왕(2~3세기)과

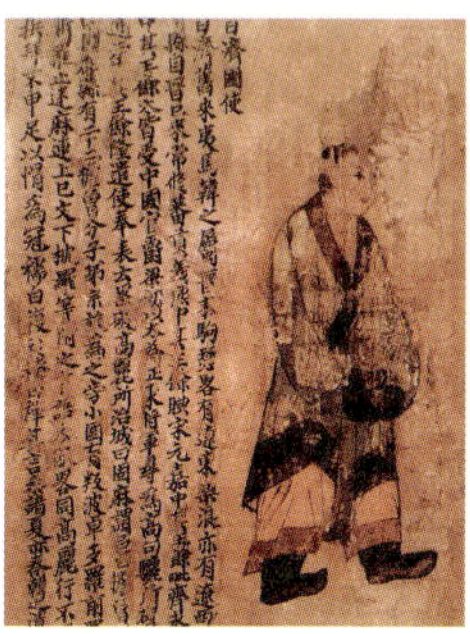

양직공도 양나라에서 그린 6세기 전반의 그림으로 백제국사 옆에 이미 소멸된 낙랑을 표기하고 있다. 한성백제박물관

일제강점기 작위제도

<table>
<tr><td colspan="4">천황</td></tr>
<tr><td colspan="4">황족</td></tr>
<tr><td colspan="4">조선왕공족</td></tr>
<tr><td rowspan="4">신민</td><td rowspan="2">귀족</td><td colspan="2">화족</td></tr>
<tr><td colspan="2">조선귀족</td></tr>
<tr><td rowspan="2">시민</td><td colspan="2">내지신민</td></tr>
<tr><td>외지신민</td><td>대만인, 조선인, 화태토인</td></tr>
</table>

무로마치 막부의 아시카가 요시미쯔시기에 책봉을 받았다. 발해(渤海)도 당나라에서 발해군왕의 책봉을 받았고, 고려의 충선왕(1308)은 요동의 심양왕으로 책봉되었다. 조선은 명나라와 청나라에서 조선왕, 조선후, 조선공, 조선국공, 조선군공 등을 받았다. 조선은 소중화 의식을 얻어서 주변 민족과 차별화하려는 태도를 취했다.

19세기 말 제후국과 주변국이 청나라에 편입되거나 독립하면서 책봉과 조공제도가 소멸되었다. 대한제국은 의민 황태자를 영친왕으로 부르면서 왕족들에게 개국공(開國公), 개국백(開國佰), 개국자(開國子), 개국남(開國男)의 작위를 부여했다. 일본은 조선귀족령(황실령)에서 공작·후작·백작·자작·남작의 오작(五爵)으로 작위를 수여하다가 공화정 체제에서 폐지되었다(1945).

토지와 작위의 세습

고대 사회에서 개인의 신분은 토지의 소유와 계급의 획득으로 결정되었다. 토지는 사람의 지위와 활동을 제한하는 척도로서 개간하거나 국가에서 받은 식읍과 사전을 소유할 수 있었다.

정전제 토지를 '井'자로 9등분하여 8호가 경작하고, 중앙 1호는 공동으로 경작하였다.

정전제(井田制)는 '정(井)'자로 토지를 9등분하여 가운데 공전으로 하고, 나머지 사전으로 삼았다. 8호(戶)의 농가가 주위의 구역을 각각 경작하면서 중앙 1구역을 공동 경작하여 그 수확물을 바쳤다. 사전 경작자는 자신이 경작한 면적에서 1/8만큼 노동력의 부담으로 세금을 안정적으로 납부하고 사생활을 영위할 수 있었다.

고조선은 정전제를 실시하였고, 신라도 8세기 초 정전을 지급하였지만, 고려시대의 전시과(田柴科)는 국가에 대한 공로와 관료의 품계에 따라서 농지와 산지를 분배하면서 불균형이 발생하였다. 조선 초기에도 토지의 사유를 인정하면서 매매와 상속, 자율 경영을 했다. 토지 제도가 임진왜란과 병자호란으로 무너지면서 사회적 혼란이 일어났다.

토지가 일부 계층에 집중되면서 빈농이 늘어나자 16세기 이후 정전론에 대한 논의가 활발하게 전개되었다. 유형원과 정약용이 토지 집중의 문제를 정전법으로 해결할 수 있다고 주장했다. 그러나 조선 후기에 많은 농민이 소작농으로 전락하면서 사회적 혼란을 초래하였고, 1910~1918년까지 토지 조사에서 무연고 토지가 일본인들에게 수탈되었다.

제후들은 천자에게 공물을 바치거나 군사를 파견하여 충성을 맹세할 경우 작위와 토지를 받았다. 한나라는 귀족에게 최상위 20급 철후(徹侯)에서 9급 오대부(五大夫)까지 하사했고, 백성에게 8급 공승(公乘), 7급

토기와 비석의 대부 표기 동아시아에 유행했던 작위로 비석에 써서 가문의 권위를 나타냈다.

공대부(公大夫), 6급 관대부(官大夫), 5급 대부(大夫), 4급 불갱(不更), 3급 잠요(簪裊), 2급 상조(上造), 최하위 1급 공사(公士)를 수여했다.

수나라는 국왕(國王), 군왕(郡王), 국공(國公), 군공(郡公), 현공(縣公), 후(侯), 백(伯), 자(子), 남(男)의 9등작을 수여하다가 제후(諸侯), 경(卿), 대부(大夫), 사(士)로 더욱 세분화했다. 3세기 제작된 '도(道)'가 새겨진 벽돌과 대부(大夫)가 새겨진 백제의 토기가 풍납토성에서 출토하여 중국의 작위제도가 한반도에도 영향을 미쳤음을 볼 수 있다.

송나라 때 사와 대부를 통합하여 사대부(士大夫)가 되었는데 벼슬에 관계없이 선비로 사는 사람의 명칭이 되었다. 고려에서 신진사대부(新進士大夫)가 국가 개혁을 주장하면서 신흥 무장세력을 후원하여 위화도회군으로 조선을 탄생시켰다.

문화의 동화와 사회적 신용

근대국가 이전에 지배세력의 가치가 국가의 성격을 규정하였지만 민족의식이나 단일 민족은 존재하지 않았다. 50만 년 전부터 한반도에 인간이 거주했지만 현재 한반도인들과 거리가 있다. 5천 년 전 북방 민족이 추위를 피하여 이동하면서 동아시아에 집단을 형성했다. 각 집단 내 분화가 신석기시대에 일어나면서 언어와 문화의 공동체인 '민족(民族)'을 형성했다. 부족의 이동에서 이주자는 거주지역의 주류 사회에 동화되면서 살아왔다.

동화(assimilation)는 한 소수 민족이나 그 구성원이 주류 계층의 가치를 받아들여 그 사회에 편입되는 과정이다. 어떤 민족이 이주국의 문화와 언어를 습득하고 경제적 부를 쌓으면 지배세력 집단에 접근한다. 처음 동족 집단의 사람들과 유대하다가 사회 경제적인 지위가 향상되고 신용이 쌓이면 주류사회에 들어간다. 초기에 단순하고 동질적으로 적응하다가 후기에 사회가 복잡해지면 다시 이질적으로 분화된다.

유목민족은 거친 초원에서 이동생활을 하다가 정착지 선주민 집단의 문화를 받아들이면서 동화되었다. 언어와 문화가 다른 소수민족으로 남기보다 거주지역의 언어와 역사를 공유하면서 살아간다. 개인이나 민족이 이동한 경로를 좌표로 나타내서 특정 좌표의 과거 공간을 분석하면 현재 현상을 이해할 수 있다.

민족은 오랜 동안 서로 융·복합된 가상의 집단이면서 언어가 대체로 일치하기 때문에 주변 민족과 자국의 언어를 비교하면 의미 있는 유사점을 발견할 수 있다. 한 민족이 살았던 지역의 고고학과 민속학적 특징으로 민족간 공통점과 차이점을 알 수 있다.

진(秦)나라는 북방민족의 기마

신용 인류의 약속으로 상호나 표어에 사용되고 있다.

第一千二百七號 皇城新聞 (二)

別報

度量衡規則

雜報

척관법 측정 단위의 표준으로 길이의 척, 용적의 되, 무게의 근을 사용하였다. 황성신문

전법과 법가를 토대로 부국강병을 실현하면서 만리장성을 축조하였지만 분서갱유(焚書坑儒)를 일으켰다. 진나라 시기의 중국인은 진인(秦人)으로 불렸고, 이후 한인(漢人)·당인(唐人)·송인(宋人)·명인(明人)·청인(靑人)이라 했다. 19세기 말 장병린이 만주족에 대한 반감으로 최초 통일국가인 진나라보다 한나라를 선호하여 한인(漢人)을 사용했다.

진시황은 황제 칭호, 화폐와 도량형 통일, 문자 제정 등으로 국가의 표준을 제정하였다. 도량형은 도(度, 길이), 양(量, 부피), 형(衡, 무게)을 재는 단위로 불규칙한 측정 단위를 악용하던 지방 관리의 부정부패에서 백성을 구제했다. 그의 개혁정책은 국가의 조세 징수와 중앙의 통제력 강화에 활용되었다.

광장의 여론과 시장의 화폐

광장(廣場)은 공동체 모임에 쓰이는 열린 공간으로 기원전 3500년 무렵 메소포타미아에서 농업을 기반으로 하는 정착 촌락들에서 시작되었다. 노동의 분업화로 생산력이 늘면서 인구가 증가하였고, 사람들이 모이는 신전과 광장의 건축양식이 생겨났다.

기원전 9~7세기 무렵 아테네 시민들은 병력 소집에 동원되거나 정치인들의 연설을 듣기 위하여 '아고라 (agora)'에 모였다. 아고라는 '시장에 나오다', '물건을 사다'는 의미로서 약 600에서 750 야드의 정사각형 야외 공간으로 일반 건물들과 분리되어 있었다. 이에 비하여 신전(神殿)은 특정한 목적을 가진 신자들이 집회, 예배, 수행 등을 행하는 폐쇄적인 장소였다.

아테네 사람들은 아고라에서 민회(시민총회)를 열었고, 바울은 대중들에게 예수의 생애와 재림을 설파하였다. 시민은 누구든지 연단에서 자유롭게 자신의 의사를 표현하고 문화행사와 공연을 진행할 수 있었다. 아고라는 사회의 발전과 도시의 성장으로 통치자의 권위 과시, 신무기의 공개, 포로 및 전리품 과시, 공개처형 등을 하는 광장으로 변화되었다.

광장에서 상품과 서비스의 교환이 증가하자 정기적으로 만나거나 상설화된 시장(市場)이 탄생하였다. 시장이 상업활동과 문화생활의 중심지로 활용되면서 중세 유럽 도시는 외부의 침략과 약탈에서 광장, 시장과 주거지를 보호하는 성곽을 쌓았다. 농촌이 식량을 공급하면 도시에서 농산물을 판매하면서 시장이 주변 농촌의 경제를 장악하고 지역경제의 구심점으로 성장했다.

우리나라는 삼국시대나 고려시대의 시장 기록이 많지 않지만 농업생산의 증가로 16세기 후반에 5일장이 확산되었다. 대동법이 시행되면서

스페인 말라가 아고라와 산티아고성당 광장 고대의 아고라는 중세에 광장으로 진화했다.

독점판매권을 부여 받은 '육의전'을 설치하였고, 정조가 시전들에 자유판매를 허락하면서 사설시장도 발달하였다.

시장이 주로 신용화폐를 매개로 움직이므로 진시황은 전국의 화폐를 반량전으로 통일하고 국가에서 발행했다. 그러나 한나라 유방이 민간의 반량전 발행을 허용하자 물가가 폭등했었다. 가장 오래된 화폐인 명도전(明刀錢)과 포전(布錢)은 춘추전국시대(기원전 770~221)에 사용되었다.

반량전(半兩錢)은 천원지방을 기초로 원형에 사각형의 구멍을 뚫고 반량(半兩)을 새긴 주조 화폐였다. 동아시아의 화폐는 모두 반량전의 형태를 따랐으며, 오수전(五銖錢)은 오수(3.35g)의 동전으로 기원전 2세기부터 기원후 7세기까지 약 900여 년간 사용되었다.

16세기 중국이 세금 징수를 은으로 표준화하면서 중국을 단일 시장으로 통합했다. 임진왜란 때 명나라가 파병한 군대의 유지 비용으로 은을 보내면서 조선에서도 은 유통이 확산되었다. 조선 상인이 일본 상인에게 은화를 받고 중국 비단을 팔면서 은화 유입이 늘어났다. 일본은 남아메리카 다음으로 은을 많이 생산하던 국가로 1684년부터 1697년까지 연평균 234,900냥(8.8톤)을 조선에 들여왔다.

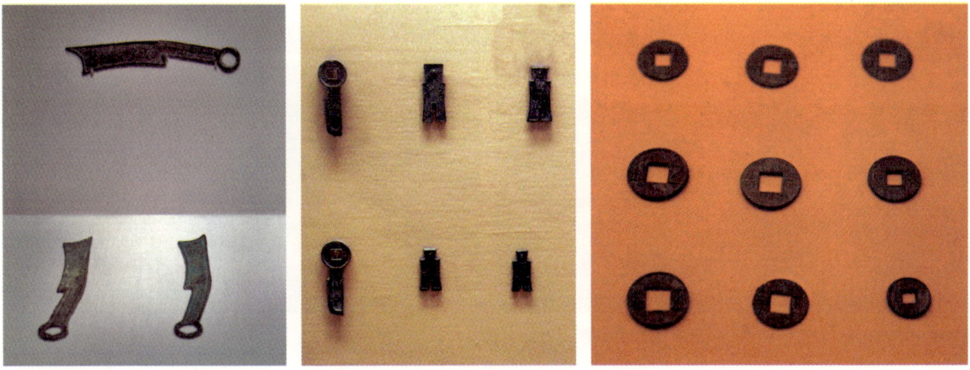

고대 중국 화폐 명도전, 포전, 반량전과 오수전이 오랫동안 동아시아에서 유통되었다.

디아스포라 공동체, 화교와 유대인

디아스포라(diasporas)는 원래 태어난 국가나 공동체를 떠나서 살아가는 중국인, 인도인, 유대인, 아라비아인과 이탈리아인 등에서 볼 수 있다. 특히 화교는 민족공동체로 전세계에 네트워크와 차이나타운을 건설하여 현지화하였고, 유대인은 유대경전과 탈무드를 중심으로 지식과 자본의 공동체를 형성하였다.

중국인들은 고대의 반란과 전쟁을 피해서 동아시아 지역으로 이동하였고, 송나라가 멸망하자 대규모 유민이 동남아 지역으로 피난했다. 화교는 현지에서 자생적인 방(幇)을 형성하여 생명과 재산을 보호하고, 지역 내 종친회·향우회·상조회·동창회 등을 중심으로 움직였다. 차이나타운은 광범위한 물적, 인적네트워크의 거점으로 새로운 이주자의 결속력을 지탱하는 근거지였다.

화교는 현지에서 노동으로 자본을 축적한 뒤에 소규모 상업으로 영역을 확대하였다. 재산은 초기 부동산 투자로 시작하여 신용사업과 금융활

차이나타운과 화교협회 차이나타운과 화교협회를 세워서 동질성과 공동체를 형성한다.

동으로 확장하면서 축적했다. 동남아 국가들이 1950년대 화교를 정치적으로 압박하면서 1970년대 홍콩과 대만에 투자를 집중하였다. 1980년대 중국 본토에 직접 투자하여 중국의 초기 근대화에도 기여하였다.

글로벌 상호 교류가 커지면서 화교도 민족적인 정체성이나 동질성보다 다원적인 목표를 추구하게 되었다. 생산기지인 동남아시아, 금융센터인 홍콩과 싱가포르, 기타 모든 국가를 소비지로 글로벌 전략을 진행하고, 세계화상대회(1991)를 창설하여 서구중심의 세계주의(WTO)와 지역주의(EU 등)에 맞섰다.

한편, 조로아스터교는 천사와 악마, 심판과 영생, 천국과 지옥의 개념을 가지고 있는데 아브라함계 종교인 유대교, 기독교, 이슬람교, 바하이교 등이 그 영향을 받았다. 유대교(יהדות, Judaism)는 이스라엘인들이 기원전 5세기 바빌론에서 돌아와 성전을 재건하면서 시작되었다. 사두개파가 제사장인 레위지파를 몰아내고 제사장의 직분을 차지했고, 기원전 3~2세기경 바리새파와 에세네파가 형성되었다. 유대교는 로마제국이 예루살렘 성전을 파괴하면서 바리새파로 통합되었고(70), 바리새파는 경전과 회당을 중심으로 운영되었다.

유대경전은 율법서·역사서·성문서의 24권으로 주석서인 '탈무드

스페인 톨레도 유대인지구와 체코 유대인기념물 유대인들은 집단거주지에서 신앙적 정체성을 지키며 살았다.

(תלמוד, Talmud)'에서 율법, 윤리, 철학, 관습 및 역사 등을 다루고 있다. 예루살렘 교회가 유대교에 소속되기를 원했지만 예루살렘 성전의 파괴로 분리되었고(70), 바리새파가 유대교의 '얍니아회의'에서 기독교와 완전한 단절을 결정했다(90). 유대교 종파는 정통파 유대교, 보수파 유대교와 개혁파 유대교로 분류되고 있다.

유대인들은 유대집안에서 태어난 사람들과 개종자들을 포함하는 다민족 종교 집단이다. 조부모가 유대인 또는 유대교로 개종하였거나 모친이 유대인이면 될 수 있다. '아슈케나짐'은 네덜란드와 독일, 동유럽 등에 살고, '스파라딤'은 스페인과 포르투갈, 프랑스, 터키, 북아프리카 등에 거주한다. '미즈라힘'은 중앙아시아와 남아시아에 있고, '베타 이스라엘'은 에티오피아의 흑인 유대인(Falasha)이다.

로마 제국이 유다 지방을 지배하면서 세계 여러 지역으로 흩어지면서 종교와 문화에 영향을 끼쳤다. 중세에 문맹률이 98% 이상일 때 글을 쓰면서 금융활동으로 풍요로운 생활을 누렸다. 유대인은 예수를 죽였기 때문에 기독교의 경계 속에 기피 사업인 사채업, 상업과 광업 등으로 자본을 축적했다.

한나라와 당나라 시기에 유대인이 실크로드를 이용하여 중국에 들어와서 낙양의 히브리어 비석, 개봉의 유대인 정착촌과 회당이 있었다. 유대인들은 리(李), 장(张), 안(俺), 진(金) 등의 성씨를 사용했고, 원나라 태종(쿠빌라이 칸) 왕비의 소원이 예루살렘가는 것이었다(동방견문록).

화교는 임오군란(1882) 때 광동성 오장경의 군대를 따라서 중국 상인 40여 명이 입국하여 항구를 중심으로 경제 공동체를 이루었다. 지리적으로 많이 떨어진 유대인에 대한 기록은 없지만 송나라에서 유대인들 중 일부가 고려에 들어온 것으로 알려져 있다.

한민족도 스탈린의 명령으로 중앙아시아에 집단 이주하면서 디아스포라가 발생하였다(1937). 극동 지역의 고려인이 열악한 시베리아 횡단 열차에 실려서 카자흐공화국 95,427명, 우즈베크공화국 73,990명, 타지크공화국 89명, 키르기즈공화국 421명 등이 배치되었다. 고려인들이 농경지 개간과 농업 활동에 투입되어 정착하면서, 한민족네트워크를 확장시키는 계기를 마련했다.

지식의 역사, 피타고라스 학파와 스콜라 철학

지식은 맥락을 이해하는 과정으로 개념간 특수성과 유사성을 인정하면서 과거를 말하는 철학, 미래를 이야기하는 과학, 인간의 본능과 경험(실험, 관찰 등) 등을 통합한다. 초기 값이 지식을 결정하는 출발점이지만 첫 정보를 알 수 없기 때문에 정확하게 지식을 정의하기는 어려울 수 있다.

수학은 기원전 6세기 피타고라스부터 17세기 뉴턴과 라이프니츠까지 약 2천 년의 성과를 정리하고 있다. 피라미드와 같이 거대한 건축물은 작은 실수도 큰 문제를 발생시키기 때문에 건물의 면적이나 부피, 벽돌의 크기까지 정확히 수학적으로 계산했다. 기원전 1600년 전 '린드 파피루스'는 피라미드의 부피를 구하는 방법을 비롯해서 총 87개 수학 문제의 풀이를 기록하고 있다.

피타고라스(Pythagoras)는 이집트에서 22년간 공부한 후에 크로토네에 학교를 세우고, 숫자가 지배하는 정돈된 세계에서 상호 조화를 찾았다. 그 핵심인 삼각형(pyramid)은 지구의 중력에 가장 잘 대응하는 조화로운 구조이면서 세 변의 길이가 정해지면 자동으로 각도를 결정한다. 그의 정리는 "어떤 직각삼각형에서 빗변이 한 변인 정사각형의 넓이는 다른 두 변으로 만든 정사각형 넓이의 합과 같다."이다.

피타고라스 학파(Pythagoreans)는 자연철학으로 사회질서를 확립하려고 했다. 그들은 윤회와 사후의 응보를 믿으면서 금욕적이고 계율에 의한 조화로운 공동체 생활을 추구했다. 16세기 말 프리메이슨(Freemasonry)도 피타고라스 학파처럼 엄격한 조직체계, 회원 간 형제애와 비밀 체험을 강조하였고, 이들은 상대주의, 도덕성, 박애 및 준법을 중시하였다.

중세 스콜라 철학(Scholasticism)은 초기 기독교의 교리(教理)를 그리스 철학에 기초하여 설명하였다. 신학원 교수(doctores scholastici)들이 수도

c^2(c사각형면적) = a^2(a사각형면적) + b^2(b사각형면적)

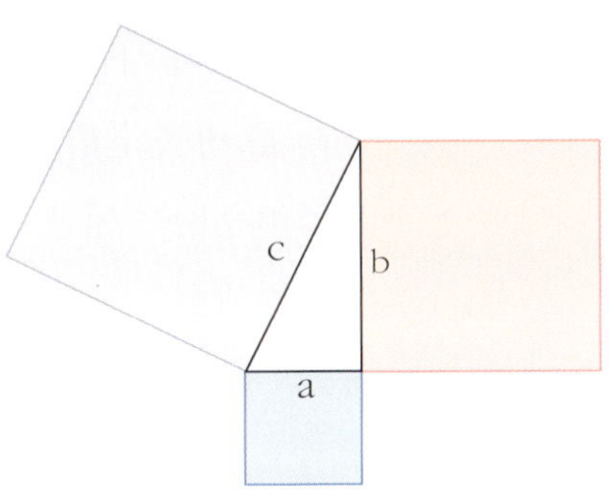

피타고라스 정리와 프리메이슨 로지 고대 피타고라스 학파가 존속하여 프리메이슨이 되었다는 설이 있다.

원과 주교좌 성당의 부속학교에서 아리스토텔레스(Aristoteles)의 사상을 토대로 스콜라 철학을 조직화했다. 토마스 아퀴나스가 합리적인 추론으로도 신의 존재를 알아낼 수 있는 스콜라 철학을 완성하였다.

스콜라철학은 국제법, 식민주의, 정부에 대한 저항, 세계 공동체 등의 문제에도 관심을 가졌다. 연구자들은 기존 자료를 분류하고, 원문과 문제에 대한 포괄적 견해(Summa)를 제시했다. 옥스퍼드대와 캠브리지대는 스콜라 철학의 본거지로 그리스 자연철학을 전파하면서 인류의 숙제들에 대한 해답을 찾았다.

옥스퍼드대 출신의 베이컨(F. Bacon)은 '신기관(Novum Organum, 1620)'에서 인간이 버려야 할 우상(Idol)을 제시하고, 우상 타파의 대안으로 귀납법을 제시했다. 어떤 사건이 과거에 일어났다면 미래에도 일어날 것이라고 가정하였다. 기독교 중심의 절대적인 지식 추구에서 인간중심의 상대적인 지식 추구로 인류의 사고를 전환시켰다.

캠브리지 출신의 뉴턴(I. Newton)은 '자연철학의 수학적 원리(Principia)'에서 고전역학과 만유인력의 원리를 제시하였다(1687). 그는 "다른 사람들도 나처럼 열심히 생각하면 비슷한 결과를 얻을 수 있다."고 했다. 다윈(C. Darwin)은 '종의 기원(The Origin of Species)'에서 인위적인 선택인 교배와 생존경쟁에서 이루어지는 자연선택을 발표했다(1859).

지식은 미래의 불확실성을 극복하기 위하여 어떤 사건이나 사물의 특징을 반복적으로 측정해서 얻는다. 베르누이(Bernoulli)는 반복 실험에서 얻은 경험 확률로 미지의 기대값을 계산했다. 베이즈(Bayes)는 이론 확률(사전 확률)에 추가 정보를 반영하여 확률(사후 확률)을 계산했다. 베르누이 확률과 베이즈 확률은 이용할 정보가 많아지는 빅데이터에서 서로 수렴하여 그 구분이 모호해진다.

역사는 유물, 유적과 사건들의 빅데이터에서 그 원인이나 현상을 찾

옥스퍼드대 크라이스트처치와 캠브리지대 트리니티 헨리 8세가 양 칼리지를 설립하였고 크라이스트처치에서 영국 수상 13명과 트리니티에서 노벨상 수상자 34명을 배출했다.

을 수 있다. 그러나 우연히 발생하는 사건도 존재하기 때문에 근본적인 실체를 찾기는 어렵다. 인류는 불확실성에 확률을 부여하고 시간과 공간의 인과관계나 종속관계에서 진실과 사실에 대한 확률을 추정한다.

네트워크분석은 시간과 공간의 한계를 극복하고 상호 연결성을 확인하여 지식을 찾는다. 네트워크는 복수의 노드(node)를 잇는 연결(tie)을 대상으로 사실관계를 확인한다. 강한 연결(strong tie)은 서로 유사성을 확인하기 쉽지만, 약한 연결(weak tie)은 관계성이 낮은 정보로 유사성을 찾기 어렵다. 서로 연결되지 못한 구조적 틈새(structural hole)는 정보의 단절로 불확실한 지식을 만들기 때문에 매개와 중재가 필요하다.

역사는 복수의 노드를 연결하는 관계에서 유사성을 확인하거나 구조적 틈새를 찾아서 지식을 연결한다. 1940년대부터 인류학자들이 아프리카 등에서 친족네트워크(kinship network)를 연구하였고, 화이트(H. White)가 1960년대 네트워크를 활용하여

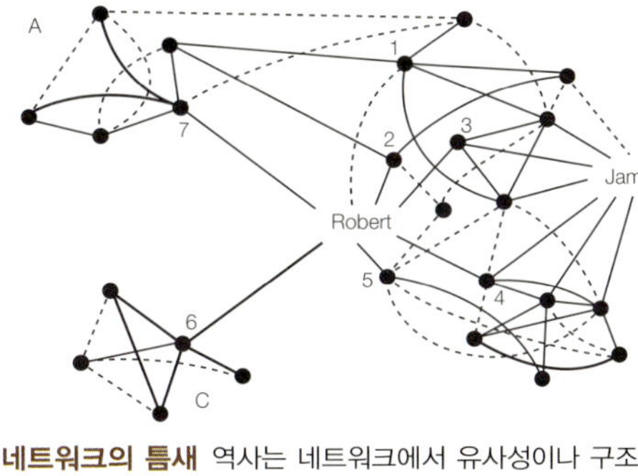

네트워크의 틈새 역사는 네트워크에서 유사성이나 구조적인 틈새를 찾는다. R. S. Burt(2007)

조직과 사회, 경제, 문화 현상을 설명했다.

교육의 통치, 대학의 엘리트 양성

중세 대학은 원할 때 개강하지 않는 '강의 정지권'과 대학의 이전에 대한 '이주권'을 얻었다. 대항해 시대가 시작되면서 국가경영과 식민지 관리에 필요한 인재 양성의 목적으로 대학을 설립하였다. 식민지 관리와 경제개발에 필요한 인재는 본국의 대학에서 육성하고, 식민지의 자제와 토착민은 현지에 대학을 설립하여 운영했다.

스페인 살라망카대학(Universidad de Salamanca)은 알폰소 9세에 의해 최초 '대학(University)'의 명칭으로 설립되었다(1218). 여기 출신의 에르난 코르테스가 남아메리카에 식민지를 건설하였고, 도미니코 수도회와 가르멜회가 신학·철학·법학을 연구하면서 유럽 카톨릭의 중심이 되었다. 스페인은 페루에 세계 최초의 식민지 대학인 산마르코스대(1551), 콜롬비아에 성토마스아퀴나스대, 도미니카에 산토도밍고대를 설립했다.

영국은 옥스퍼드대와 캠브리지대, 에딘버러대에서 고급관리자를 양

살라망카대와 옥스퍼드대 살라망카대는 스페인의 대항해시대를 이끌었고, 옥스퍼드대는 대영제국의 관리자를 양성했다.

성하였고, 런던대와 빅토리아대(리버풀, 리즈, 맨체스터) 등의 시민대학에서 중간관리자를 육성했다. 오픈대(Open University)는 모든 영국인들과 식민지 거주자들에 대한 최초의 공개 대학이었다. 영국은 인도에 라호르대, 알라하바드대, 캘커타대, 마드라스대, 봄베이대를 설립했다.

프랑스는 중세 도시의 번영과 팽창 속에서 정치적 의도와 전략적 투자로 파리대를 설립했고, 소르본느대는 도서관과 기숙사를 갖춘 교육의 중심이었다(1257). 엘리트 교육기관인 '그랑제콜(Grandes Écoles)'은 교사나 교수, 고급간부 및 엔지니어를 양성하고, 에콜은 사진, 영화, 요리, 제빵 등의 직업 교육을 제공한다.

일본은 엘리트 양성의 제국대학인 도쿄대(1877)·교토대(1897)·도호쿠대(1907)·규슈대(1911)·홋카이도대(1918)·오사카대(1931)·나고야대(1939)를 세우고, 식민지 대학인 경성대(1924), 대만대(1928), 만주 건국대(1938)를 개교했다.

미국은 하버드대(1636)를 시작으로 수많은 대학들을 설립하여 자국

시민대 리버풀대와 주립대 위스콘신대 영국의 시민대학교와 미국의 주립대학교는 고등교육 기관으로 국가에 필요한 산업인력을 양성하고 있다

내 혁신을 주도하였다. 주립대는 주민들에게 공평한 교육의 기회를 제공하면서 산업인력을 양성하고, 사립대는 혁신적이고 창의적인 엘리트와 전문가를 육성하고 있다. 미국은 2차 세계대전이 종료된 후 해외에 대학을 설립하기 보다 각국의 우수한 인재를 끌어와서 교육시키고 현지에서 활용하고 있다.

제2장

동아시아의 무속과 풍속

신화의 발달, 민족신화와 단군신화

신화(神話)는 계급사회가 형성되기 이전에 만들어진 신과 인간을 둘러싼 이야기이다. 신이 초현실적인 시간과 공간에서 합리화되고, 인간은 신의 통제 하에서 예정된 일을 하며 살아간다. 인류는 신화의 보편성을 활용하여 역사를 해석하면서 축제·무용·음악·문화·교양으로 계승하였다.

'산해경(山海經)'은 선진(先秦) 시대에 저술된 신화집 및 지리서이다. 많은 사람들이 내용을 추가하여 남산경(南山經)에서 해내경(海內經)까지 총 18권이며 진(晋)나라의 곽박이 주(註)를 달았다. 전국시대에 연(燕), 제(齊), 초(楚) 지역의 샤먼과 일관·일자들이 내용을 추가하였고, 고구려 고분에서 사람 얼굴의 만년사는 만세(萬歲)와 악몽을 꾸지 않게 해주는 염유어(冉遺魚) 등으로 표현되고 있다.

신화적 사고는 우두머리나 집권세력의 정당성을 뒷받침하는 수단이었다. 단군신화는 종교의 제사장과 정치적 군장의 존재인 단군을 불교

단군 성지 삼성사는 세 임금(환인, 환웅, 단군)의 사당이고, 천제단과 참성단에서 삼신에 대한 제사를 지낸다.

(환웅, 환인 등)와 도교(풍백, 우사, 운사 등)적 사고로 표현했다. 조선시대의 '청학집(靑鶴集)'은 도인들의 행적과 담론에서 도교의 근원을 환인, 환웅, 단군으로 제시하고 있다.

신라 말기에 중앙집권 체계가 약해지면서 삼국의 유민 의식을 앞세운 반란과 부흥운동이 일어났다. 고려는 그 당시 잠재되었던 백제, 고구려, 신라의 유민 의식을 '단군의 후예'와 '배달민족'으로 통합했다. 단군 유적지가 묘향산 단군굴과 석주석(石柱石), 강동읍 단군릉과 단군묘, 신천 어천대(御天臺)와 구월산 삼성사(三聖祠), 마니산 참성단(塹星壇)과 삼랑성(三郎城), 태백산 천제단(天祭壇) 등에 설치되었다.

구월산 삼성사는 '아사달산'의 삼신인 환인·환웅·환검(단군)의 제사를 지내는 곳으로 '택리지'에 "구월산에 단군왕검이 도읍지를 삼았다."고 기록되어 있다. 마니산 참성단은 고려시대부터 매년 봄과 가을에 초제를 지내는 방형(네모)의 단으로 1270년 수리했고, 1639년과 1700년에 보수하였다. 태백산 천제단은 천제를 지내는 '천왕단(天王壇)'을 중심으로 북쪽에 장군단(將軍壇), 남쪽에 하단(下壇)을 배치했다. 천왕단은 타원형으로 중앙에 칠성기와 현무기, 주변에 33천기와 28수기를 꽂고 개천제를 지낸다.

국가의 시조 제사는 고려시대에 기자와 동명왕뿐이었으나 세종은 평양에 단군 사당을 지어서 동명왕과 함께 제사를 지냈다. 조선은 단군의

인왕산 단군성전 대종교는 단군을 숭배하는 사당을 설치하였다.

숭령전, 기자의 숭의전, 삼신의 삼성사, 온조의 숭렬전 등을 세웠다. 구한 말 나철은 단군 숭배의 대종교(大倧教)를 창시하여 민족 의식을 고취시켰다(1809).

일제강점기에 최남선은 신화를 통해서 역사(문화사)를 해석했고, 신채호는 역사를 통하여 현상을 설명했다. 단군릉이 파괴되자 전국 각지의 성금을 모아서 평양에 단군릉 기적비(紀績碑)를 세웠다. 광복과 함께 건국 시조로 '단군기원(檀君紀元)'이 국회에서 결의되고, 각 정권의 정당성을 강조하려는 의도에서 역사화되어 사실로 인정받고 있다.

건국 시조의 사당

명칭	위치	배향자
숭령전	평남 평양	고조선 단군, 고구려 동명성왕
숭인전	평남 평양	고조선 기자
숭렬전	경기 광주	백제 온조왕
숭덕전	경북 경주	신라 박혁거세 거서간
숭신전	경북 경주	신라 석탈해 이사금
숭혜전	경북 경주	신라 미추 이사금, 문무왕, 경순왕
숭선전	경남 김해	가야 김수로왕
숭의전	경기 연천	고려 태조, 혜종, 성종, 문종, 원종, 충렬왕, 공민왕

암석숭배의 거석문화

인류는 하늘에 모든 것을 맡기면서 생육 주관의 태양을 가장 중요한 존재로 여겼다. 거석이 하늘과 태양에 이르는 매개체로 숭배대상과 제단으로 활용되었다. 19세기 말 맨체스터학파(E. Smith)는 인류 문명의 기원을 태양과 거석의 분포로 설명했고, 기원전 4500년 전후의 거석문화는 선돌(menhir), 돌멘(dolmen), 스톤서클(stone circle), 스톤얼라인먼트(stone alignment)와 적석총을 남겼다.

선돌은 긴 기둥 모양의 자연석이나 일부 가공한 돌을 수직으로 세운 것이다. 사슴 돌은 시공간적인 인식 체계인 해와 달을 상징하면서 유목민들의 안내자 역할을 했다. 그 모양이 남성의 생식기를 닮아서 풍년·다산·기원(장수 등)·수호신·무덤을 상징했다.

오벨리스크(Obelisk)는 기원전 2000년경 이집트 신전의 탑문(pylon)에 세웠는데, 매년 나일강 홍수 후에 나타나는 새싹이 돋는 언덕인 벤벤(Benben)을 형상화했다. 꼭대기는 피라미드 모양에 금과 은의 합금인 일

선돌과 오벨리스크 거석은 남근을 상징하면서 풍요를 기원하는 신앙의 대상이었다.

렉트룸을 덮었다. 로마제국이 오벨리스크를 가져다가 전차 경주장이나 신전 앞 광장에 세우기 시작하여 가장 큰 오벨리스크가 바티칸 교황청의 광장에 서있다. 미국의 워싱턴 기념탑이나 보스턴의 벙커힐 기념탑은 오벨리스크를 모방한 기념물이다.

돌멘은 여러 개의 돌기둥 또는 지석 위에 한 개의 판석을 올린 것으로 켈트어에서 탁자인 'Dol'과 돌인 'Men'의 합성어에서 유래한다. 트릴리톤(trilithon)은 두 개의 돌기둥 위에 평평한 돌을 얹은 거석이다. 돌멘이나 트릴리톤 형태의 고인돌(支石墓)이 전 세계 55,000개 중에서 4만여 개가 요동반도와 강남지방, 한반도, 규슈에 걸친 황해문화권에 분포되어 있다.

기원전 4세기의 남방식 고인돌이 김해 구지봉 정상부에 있는데 그 덮개 돌에 한석봉의 '구지봉석(龜旨峰石)' 명문이 있다. 윗돌은 거북 바위로 북두칠성 별자리를 밝기에 따라서 다르게 표현했다. 백성들이 수로왕을 맞이하기 위해서 춤추며 구지가(龜旨歌)를 불렀다.

龜何龜何 首其現也 若不現也 燔灼而喫也.

"거북아 거북아 머리를 내어라. 내어놓지 않으면 구워서 먹으리"

강화 고인돌과 영국 스톤헨지 고인돌은 트릴리톤형식의 무덤이면서 제단이고, 스톤헨지는 중앙의 제단을 중심으로 돌기둥을 배치하였다.

스톤서클은 중앙의 제단을 중심으로 주변에 돌기둥을 원형으로 배치했다. 스톤헨지(Stonehenge)는 흙을 쌓은 제방 위에 높이 8m, 무게 50톤에 달하는 80여 개의 거석에 덮개 돌을 얹고, 셰일 서클과 블루스톤 서클을 원으로 구성했다. 프랑스 카르나크 열석은 선돌 2,000여 개가 3개 열로 약 4km에 걸쳐서 분포한다.

초원길 어워의 당산신앙

마을 입구는 장승·솟대·돌무더기·신목(神木)·서낭당·선돌(立石) 등으로 공동체 문화를 구성했다. 돌무더기는 지나가는 사람들도 돌을 쌓으면서 안전과 소망을 기원하는 대상이었다. 그 기원인 몽골의 '어워(Овоо)'는 광활한 초원의 이정표이면서 지나는 사람의 안전을 기원하는 곳이었다. 오방색의 천이 돌무데기를 감싸고 나무기둥의 깃발로 영역을 표시했다. 어워는 대지모신의 자궁인 수메루와 우주의 중심인 북극성(北極星)이 만나서 천상으로 이동하는 힌두신화에 기원하고 있다.

돌무데기는 냇가의 자갈이나 산의 돌을 이용하여 둥근 형태로 쌓아

바래봉과 화양계곡 서낭당 서낭당은 중국의 성황묘설과 몽골 초원의 오보 전래설로 기원이 나뉘어 있다.

올린 후 정상부에 신줏돌을 세워서 마을의 길흉화복을 빌고 마을 사람들의 불행이나 악귀를 막았다. 이와 유사한 돌무지는 산길이나 들길에 쌓아서 지나가는 사람들의 안전과 안내를 표시하였다.

마을 입구나 고갯마루는 신령이 보호하는 마을 안과 보호받지 못하는 마을 밖을 연결하였기 때문에 선돌, 돌무지, 장승 등을 세워서 안전을 기원하였다. 당산(堂山)은 마을의 수호신이 머무는 산이나 언덕, 나무, 바위 등이다. 뒷산이나 부근의 산은 우주를 관장하는 상당신(上堂神, 산신당)을 모시고, 마을 입구는 동네를 지키는 하당신(下堂神, 서낭당)을 세웠다. 산신당은 산신을 모시는 곳으로 개인이나 가족 단위의 기도처였고, 서낭당은 서낭신을 숭배하는 장소로 서낭나무와 당집을 설치했다.

양주 산신단과 백장암 산신각 산신단과 산신각은 상당신인 산신에게 제사하는 곳이다.

두타산 성황당과 오대산 성황각 성황당과 성황각은 하당신인 거리신에게 제사하는 곳이다.

장승은 나무 기둥이나 돌 기둥에 사람 또는 신장(神將)의 얼굴을 그리거나 조각하여, 한 쌍의 천하대장군(天下大將軍)과 지하대장군(地下大將軍) 등으로 세우고, 동제(洞祭)의 주신(主神) 또는 하위신(下位神)으로 신앙의 대상이었다. 당산나무(우주목, 생명수)는 신이 지상에 내려오는 통로로 하늘과 지상, 그 뿌리로 지하를 연결했다. 하늘의 신성을 받은 시조는 당산나무가 있는 숲이나 나무로 내려와서 한 씨족을 시작했다. 마을 공동체가 당산나무 앞에서 농악을 시작하여 동네를 돌고, 당산나무(당산

실상사 장승과 아스카 장승 장승은 부정이 마을에 들어오는 것을 막고 마을을 지켰다.

당산나무와 선돌 당산은 당산나무로 하늘과 마을을 연결하고, 선돌에 금줄을 걸어서 부정을 막았다.

제)와 선돌(입석제)에 금줄을 걸어서 마을에 들어오는 부정(不淨)을 막았다. 1960년대 '신생활운동'과 1970년대 '새마을운동'은 미신 타파의 명분으로 장승과 서낭당 등을 강제로 철거했다.

태양숭배의 삼종신기

태양숭배는 영농에 필요한 긴 일조량과 따뜻한 기후를 소망하면서 나타났다. 무속인들은 태양을 상징하는 곡옥, 동검과 동경으로 사람들을 현혹시켰다. 곡옥은 왕권 혹은 지배계급의 권위를 나타내는 장식품이다. 동경은 태양을 상징하며 자연과 교감할 수 있는 신비한 능력을 가졌다. 그리고 검은 힘의 상징이었다.

곡옥(曲玉)은 힘의 상징이나 장신구, 호부(護符)나 주술적 의식용구, 초승달 숭배의 반달장식설이 있다. 문양은 반월형에서 두툼한 초승달 형태로 변화되었고, 시신을 보호하는 힘을 가졌다고 믿고 부장했다. 합옥은 부활, 색옥은 육체의 정기, 옥돈은 내세의 식량을 상징했다.

동검은 기원전 13세기 유럽에서 시작하여 중앙아시아, 요서, 한반도,

곡옥 머리 부분에 1개의 구멍을 뚫은 부장품이나 제사의 공헌물로 태양을 상징했다. 국립중앙박물관

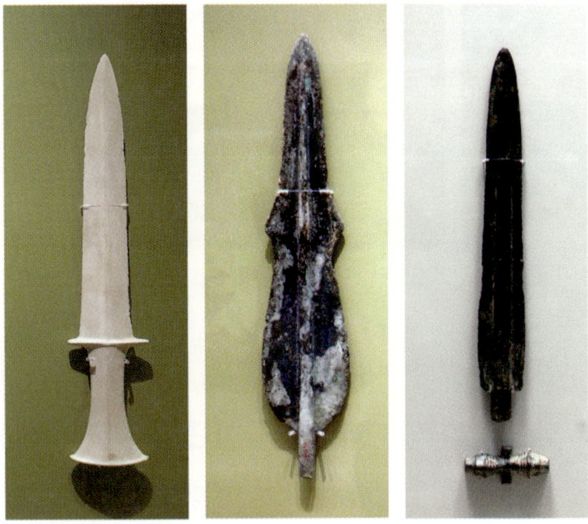

돌칼과 동검 주술에 사용한 돌칼은 청동기인 동검(비파형과 세형)으로 대체되었다. 국립중앙박물관

규슈에 전파되었다. 힘의 상징으로 흉노족은 동검을 '경로(經路)'라고 칭하면서 신으로 숭상하였다(사기). 선우는 중요한 맹세를 할 때 동검으로 백마를 죽이고 그 피를 술에 섞어 마셨고, 무속인이나 샤먼들은 하늘과 인간을 연결하는 매개물로 검을 사용했다.

동검은 주술도구인 돌칼과 아주 유사한 형태로 칼 자체의 도구보다 의례나 의식에 사용되었다. 주조가 용이한 동검은 심미적인 요소를 가미하여 여러 형태의 문양으로 제작되면서 만주에 비파형 동검과 청천강 이남에 세형 동검으로 발전했다.

동경은 표면을 문지르면 맑게 비추는 아름다움과 신비스러움을 가지고 있다. 춘추전국시대에 일반화되어 앞면은 원과 사각형의 만다라를 그리고, 뒷면은 복잡한 문양을 새긴 후에 글씨를 넣었다. 중앙의 꼭지인 유(鈕)는 소원뉴, 수형뉴, 특수한 형태로 구분한다. 유좌(鈕座)가 유를 둘러싸면서 방격, 사엽문, 화문, 원점문, 현문 등을 형성한다. 내구(內區)가 유좌를 다시 감싸면서 무늬를 만들고, 내구의 구획인 계권(界圈)이 내구

도끼, 동경, 천하도 도교의 방사들은 주술적인 도구로 도끼, 동경, 천하도를 이용했다. 국립중앙박물관

와 외구를 구분한다. 문양은 내구에 동물문, 식물문, 글자나 인물고사를 표현하고 무병 장수와 행복, 출세를 기원하는 문구와 신(神)을 조각했다.

일본 신도에서 삼종신기(三種神器)는 하늘에서 시조신 아마테라스 오미까미(天照大神)에게 준 곡옥(권위), 동경(태양), 검(힘)이다. 초대 진무천황이 야마토(大和)의 카시와라궁(大和原宮)에 보관하여 천손과 천황의 표시로 삼았다.

하늘의 사자 새 숭배

유목민족들은 천상(하늘), 지상(산과 강), 지하(나무)로 나누고, 새(솟대)와 세계수(성황당)로 각 세상을 연결했다. 새는 천계와 인간을 연결하는 매개자이자 신의 정령으로, 봄철에 씨앗을 가져다 주거나 죽은 이의 영혼을 천상(天上)으로 인도한다고 믿었다. 퉁구스족은 새로운 샤먼이 출현하면 선대의 죽은 샤먼의 혼령인 아비새가 돌아온다고 여겼다. 건국신화도 시조나 영웅이 하늘에서 내려왔음을 상징하기 위하여 새알에서 태어난 난생 설화가 많다.

솟대는 새해의 풍년을 기원하며 마을의 수호신으로 세운 긴 나무 장대이다. 퉁구스족은 집 입구에 커다란 나무 기둥을 세우고, 꼭대기에 새

솟대 하늘과 사람을 연결하는 새가 나무나 돌에 조각한 솟대로 표현되었다.

봉황과 두루미 봉황과 학은 하늘과 사람을 연결하는 신령한 중재자였다.

모양의 조각을 장식했다. 일본의 도리이(鳥居)는 사람이 죽으면 새가 되어서 하늘로 날아간다는 신념에서 세웠다.

봉황(鳳凰)은 한 번 나타나면 천하가 태평하게 된다 하여 '천자(天子)'를 상징하였다. 가릉빈가(迦陵頻伽)는 불경에 나오는 머리에 화관(花冠)을 쓰고 춤추며 악기를 연주하는 새이며, 어떤 상황이나 장소를 미화하고 이상화할 때 등장한다. 학은 선비의 이상적인 성품과 장수를 상징하는 십장생(十長生)이고, 제비는 부귀와 장수, 오리는 출세와 다산, 기러기는 평안한 노후를 의미한다.

삼족오(三足烏)가 세 발 달린 까마귀로 하늘, 사람과 땅을 연결하는 태양의 정령(精靈)으로 하늘의 계시를 전달해준다고 믿었다. 삼족오는

고구려 관모와 삼족오 등잔 삼족오는 따뜻한 태양을 상징하면서 유라시아 전역에 전파된 태양숭배의 문화였다.

날마다 재생하면서 하늘로 영혼을 인도하고 영혼 불멸을 이끌었다.

동아시아의 삼족오는 후한시대의 하남성, 강소성, 산동성 등의 무덤방에 등장하다가 수당대에 태양과 삼족오를 결합하여 화북의 유적지에서 나타난다. '해 속의 삼족오'는 고구려의 벽화, 백제의 문화재, 일본의 유물이라 벽화에 등장하지만 동유럽에도 유목민족을 따라서 전파되었다.

동물숭배의 토테미즘 사고

동물 신앙은 초원지대에서 만주와 한반도로 이동하여 일본열도에 전해졌다. 알타이 파지릭 문화는 맹금류를 숭배했고, 흉노, 돌궐, 몽골은 늑대를 숭배했다. 시베리아는 하늘의 신과 땅의 곰을 숭배하면서 신성한 혈통을 중시했다. 곰 토템의 맥족(貊族)과 호랑이 토템의 예족(濊族)이 고조선과 부여를 세우고 우리민족의 근간이 되었다.

바이칼 부라트인은 상징적인 9마리의 양이나 사슴을 제단(세르게)의 공양물로 삼고 영생을 기원했다. 사슴은 지상과 하늘을 연결하는 매개물로 천손(天孫)의 상징과 왕권의 정당성을 나타내거나 신의 의지를 전달하는 선령지수(仙靈之獸)이면서 제의(祭儀)의 희생물로 이용되었다.

사슴사냥 토기와 나라공원 사슴 사슴은 부여민족에게 신령한 동물로 하늘의 수호신이었다.

알타이 지방에서 발견된 기원전 7~6세기 석각화에 사슴뿔 모양의 출자형 관을 쓰고 귀걸이를 한 왕 또는 귀족의 모습이 있다. 샤먼들은 사슴뿔 두 개를 꽂은 나무가지형 모자를 사용했고, 칸이나 황제들은 사슴뿔을 상징물로 장수와 평화로운 삶을 기원했다. 흑해 지역의 사르마티아 금관은 세계수와 사슴 뿔을 형상화하였고 신라의 금관에서도 그 모습이 나타난다.

秋七月 西部人茴會獲得白鹿 獻之 王以爲瑞 賜穀一百石

"가을 7월, 서부 사람 회회가 흰 사슴을 잡았다.

왕은 상서로운 일이라 하여 곡식 일백 석을 주었다."(삼국사기)

주몽은 금와왕의 아들과 사슴사냥을 하였고, 고구려의 무용총, 수렵총과 덕흥리 고분 등에도 사슴이 등장한다. 가야의 사슴장식 구멍 단지는 목 아래에 두 마리의 사슴을 붙였고, 일본에서 사슴 모양의 단지가 발견되었다. 백제계 후지와라 가문은 수호신인 사슴을 보호하기 위해서 나라에 사슴공원을 만들었다.

거북은 무병장수와 다산을 상징하는 신령한 동물로 인식되었다. 옛사람들은 거북의 주술적 효능을 믿어 껍질을 불에 구워 트는 모양을 보고 길흉을 점쳤다(갑골문). 비석은 받침(귀부)에 거북을 조각하고 용을 머리(용두)로 배치하는데 비갈은 받침부인 귀부만 있다. 거북 무늬는 십장생도를 비롯하여 다양한 문양으로 장수를 기원하는데 활용되었다.

물신, 용 숭배의 미르신앙

인류는 자연이나 천체의 변화를 신의 경고와 계시로 받아들였다. 하늘의 계시를 수용하려는 샤먼 문화가 한반도에 정착했고, 수경농이 본격화되면서 남방계 용(미르)신앙이 토착화했다. 용은 풍운 조화를 일으켜서 비를 내리며, 농사에 필요한 비를 다스리는 용(龍)을 숭배했다.

용은 무속에서 수신(水神)으로 천상, 지상, 지하를 넘나드는 '미르신앙'의 대상이었다. 세상의 모든 동물과 상상의 동물에서 뛰어난 능력과 장점을 취합하여 불멸성과 초월성을 부여했다. 그 모양은 뱀 머리, 사슴 뿔, 귀신 눈, 소 귀, 뱀 목, 조개 배, 잉어 비늘, 매 발톱, 호랑이의 발바닥을 닮았다.

왕건과 이성계는 용신의 계시를 중심으로 이상적인 국가를 건설하려 했고, 용신은 왕가의 숭배 대상으로 발가락 다섯 개인 용은 황제, 네 개인 용은 제후, 세 개인 용은 재상을 상징하였다. 용은 천자와 왕을 상징하기 때문에 왕실만 사용하면서 일반인의 사용을 금지했다. 용문양은 쌍룡(雙龍)과 단룡(單龍)으로 구분하고, 용 발톱도 사람의 지위에 따라서 개수가 달랐다.

제주지방은 용 대신에 뱀으로 재물의 신을 모셨다. 구렁이는 몸 길이가 2m가 넘으면서 먹구렁이와 황구렁이로 구분한다. 구렁이는 집안의

구렁이와 용장식 구렁이가 나타나면 큰 비가 오고 큰 변이 닥친다고 믿었고 대웅전은 용이 사는 곳이다.

청룡과 황룡 농사에 필요한 물을 주관하는 청룡과 왕을 뜻하는 황룡을 중시했다.

재산을 지켜주고 재물을 가져오기 때문에 귀하게 여기면서 숭배했다. 용도 먹구렁이 색인 청룡(靑龍)과 황구렁이 색인 황룡(黃龍)이 주류를 이룬다.

용은 하늘과 물에서 조화를 부리고 인간의 염원을 이루어줄 수 있는 영물이었다. 사찰에 용이 사는 연지를 만들거나 대웅전이나 미륵전에 용을 형상화하거나 용장식의 대들보를 만들었다.

용을 상징하는 줄다리기는 수도작 문화가 발달된 중국 남부, 규슈 및

기지시 줄다리기와 용신 줄다리기는 물을 주관하는 용을 표현하면서 풍년을 기원하는 마을의 행사였다.

류큐(琉球), 동남아 지역의 농경 의례였다. 줄은 물과 농사의 신인 용을 상징하면서 비와 풍년을 기원하는 도구였다. 대부분의 놀이나 싸움은 앞으로 나가야 이기지만 줄다리기는 뒤로 가는 승자와 패자가 없는 공동체의 화합과 단결을 도모하는 경기였다. 줄다리기로 농업이 시작되는 시기를 알리면서 공동체의 풍요와 안위를 도모했다.

호남지역은 시합이 끝나면 사용했던 줄을 당산나무에 감는 '당산 입히기'의 당산제를 진행한다. 당진(唐津)은 한반도와 규슈에서 외국으로 가던 포구로 유사한 줄다리기 문화를 가지고 있다. 당진 기지시 줄다리기는 물 위(水上)와 물 아래(水下)의 마을로 구분하여 시합하는데 규슈의 가라쓰 줄다리기도 가미마을과 시미마을이 시합한다. 가미마을이 이기면 쌀 가격이 오르고, 시미마을이 이기면 그 해 풍년이 든다는 속담이 있다.

사후 평안의 기원, 칠성신앙

불교가 토속 신앙을 흡수하여 사찰에서 민간신앙이 이루어지는 이중적인 구조를 가지게 되었다. 민간은 신당(神堂)을 만들어서 제사하였지만 불교는 본전 뒤에 각(閣)을 만들어서 의식을 행했다. 서낭(성황)당, 산신당이나 칠성당이 사찰에서 성황각, 산신각, 칠성각으로 변형되었다. 조선시대에 유교가 민간신앙과 무속을 탄압하자 사찰에 습합되면서 이루어졌다.

칠성신앙은 인간의 길흉화복과 수명을 관장하는 북두칠성을 숭배하였다. 인간은 삼신산과 천황봉을 중심으로 살아가다가 사후에 방위신인 사신과 북두칠성의 보호를 받는다. 고분벽화에서 은하수 사이의 견우와 직녀, 북두칠성(北斗七星)과 남두육성(南斗六星)이 음양(태양과 달)과 오행(수성, 목성, 화성, 토성, 금성)의 우주 질서를 주관하였다.

칠성각(七星閣)은 칠성탱화(七星幀畫)로 북극성인 치성광여래와 북두칠성인 칠성여래를 배치한다. 칠성여래는 인간의 수명장수, 소원성취, 자녀성장, 평안무사 등을 주관한다. 칠석날(음력 7월 7일)에 헤어졌던 견우와 직녀가 까마귀와 까치가 놓은 오작교에서 1년 만에 만나기 때문에 칠성단을 쌓고, 하얀 백설기 떡과 정화수를 놓고 빌었다. 사람이 죽으면 관 속의 칠성판에 놓아서 북두칠성의 보호를 받도록 했고, 무덤인 고인돌에 북두칠성을 새기거나 칠성바위를 배치하였다. 운주사 칠성바위는 북두칠성의 방위각과 유사하게 가공한 바위를 배치하고, 주변의 탑들이

성혈의 고인돌과 수종사 칠성탱화 칠성신앙은 고인돌의 칠성혈이나 칠성각의 칠성탱화로 표현했다.

운주사와 교산동 칠성바위 칠성바위는 바위돌로 북두칠성을 형성하여 숭배의 대상이었다.

계조암 삼성각 좌측부터 산신, 칠성, 나반의 탱화만 배치하면서 불전이 아니라서 불심이 없다.

주요 별자리를 상징하면서 소우주를 형성하도록 했다. 하남 교산동 칠성돌은 다듬지 않은 바위를 주춧돌처럼 놓아서 북두칠성을 상징하고 있다.

성황당(城隍堂)은 사찰 입구에 성황각(城隍閣)으로 세우고, 각 지방의 토속신 탱화를 걸어서 불상을 대처한다. 산신각은 호랑이와 산신령의 조각상이나 탱화를 걸어서 평온을 기원한다. 사찰에서 토속 신앙과 관계없이 세워진 독성각(獨聖閣)은 남인도 천태산에서 석가모니처럼 스승없이 홀로 깨친 나반존자를 봉안하고 있다. 그리고 삼성각(三聖閣)은 산신, 칠성신, 나반존자를 한 건물에 두고 생명, 복, 재산 등이 한곳에 모이도록 하였다.

샤먼의 사제에서 무속인 전환

샤먼(Shaman)은 퉁구스어로 '선지자(先知者)' 또는 '주술사'를 의미하며, 정신의 위기를 연출하여 주변인들을 현혹시킨 뒤에 신령의 계시를 받아서 점치거나 병을 고쳤다. 그들은 여러 개의 영혼을 가지면서 자신의 영혼도 다른 영혼의 기억과 생각으로 변할 수 있다고 믿었고, 귀신 부르는 축사(祝詞)나 축문(祝文)으로 제천의식의 주관이나 사람들을 치료하였다.

샤머니즘은 스키타이에서 퉁구스족 및 고아시아족까지 형성된 사고방식으로 새로운 영혼의 부활과 불멸을 추구하였다. 바이칼(부랴트어: Байгал далай)은 '불함산(Burukan)'으로 표현되는 샤머니즘의 시원이다. 퉁그스족은 몽골의 '보르항타크'를 성산으로 숭배했는데 '보르항'은 불함(不咸)으로 천신(天神)이고, '타크'는 악(嶽)으로 산이다. 불함산의 몽골명은 보르칸 칼돈(Burkhan Khaldun)이다.

흉노족(훈족)은 바이칼을 '텡기스', 하늘을 '텡글', 왕은 하늘의 자식인 '텡리(텡그리)'라고 불렀고, 최남선은 단군의 다른 표현인 '당굴'의 어원을 '텡그리'에서 찾았다. 호남지방의 무당인 '당굴'이나 몽골어의 하늘인 '탱

바이칼호 불아한과 남미 엘도라도 바이칼호는 시베리아 샤먼의 중심지이고, 엘도라도에서 무속인들은 불멸을 추구하는 제사 의식을 행했다.

그리'가 유사한 의미와 발음으로 무당과 하늘을 동격으로 보았다.

샤먼은 초자연적인 신과 인간의 중개자로서 제천과 의례를 주관하거나 사람의 질병과 아픈 마음을 치유했다. 영혼의 세계로 들어가기 위하여 얼굴에 가면과 머리에 사슴 뿔 모양의 관을 쓰고 몸에 문신을 했다. 흉노의 선우는 통치자이면서 제사장인 샤먼이었고, 신라에서 '왕자'와 고구려에서 '사무(師巫)'의 명칭을 얻었다.

신라의 차차웅과 마립간도 사제와 왕을 동시에 상징하였고, 그들의 무덤에서 샤먼의 관모와 비슷한 왕관이 발견되었다. 금나라에서 샤먼은 채색의 장식 옷과 화관으로 치장하고, 방울과 북을 치면서 주문을 읽었다. 일본 신도의 무녀들은 곡옥 목걸이에 소매가 좁은 저고리와 넓게 퍼진 치마를 입고 하늘의 계시를 받는다.

샤먼은 제단 주변의 세계수를 돌면서 신명(神明)나는 춤과 방울 소리, 동경으로 사람들을 현혹시킨다. 그러면 대장장이가 샤먼의 육체를 분쇄하여 속세의 인연을 끊고, 신령계와 만나는 신성한 몸을 탄생시켰다.

> 고니는 우리의 기원
> 자작나무는 우리의 기둥
> 자작나무로 둘러싸인 호다르(바이칼의 발원지)여
> 물로 둘러싸인 오이홍 섬이여
> (몽골 샤먼들의 굿노래 중에서)

신라 말기에 샤먼이 불교와 습합하여 통치 이념에서 개인의 피사진경(避邪進慶)을 추구하는 세속적인 무속인으로 바뀌었다. 무속인이 부처와 무속신(천신, 산신)에게 태평을 기원하는 팔관회와 국가의 안녕을 기원하는 인왕백고좌회 등을 이끌었다. 계룡산은 V자형의 계곡이 많고 폭포도

인왕산 국사당과 문무왕릉 국사당은 무속의 굿당이고, 문무왕릉에서 무속인들이 음력 정초에 기를 모으는 의식을 진행한다.

발달한 신비로운 장소로 천황봉에 천제단과 신원사에 중악단을 설치했다. 일본인들이 남산에 조선신궁(朝鮮神宮)을 지으면서 신당의 중심인 국사당을 인왕산 기슭으로 옮겼다(1925).

신명나는 무당의 제사 굿판

샤먼이 제천행사에서 역할이 축소되고 치유나 기복적인 무당으로 변했다. 무당은 수호신을 안치하고 무구를 보관하는 당집을 가지고, 서울·경기에서 기자(祈子)·만신·박수(남자), 호남에서 단골·단골레, 영남에서 무당·무당각시, 제주에서 심방으로 불렸다. 강신 무당은 어느 순간 내림굿을 받아서 신령을 몸주신으로 모시고, 세습 무당은 집안의 가족이나 인척관계로 계승된다.

안향이 성리학을 들여오면서 무당을 팔천민으로 간주하였고 무속 행위를 혹세무민의 행위로 억압했다. 지배층은 기득권 보장과 왕권 견제를 위하여 무당을 탄압했다. 무당은 한양에 살지 못하게 하였지만 궁궐에 국무당(國巫堂)을 두고 질병을 치료했다. 제주의 '올레'는 신이 집에 들어

무구와 무속행위 무속의식은 고대 동아시아 전역에서 행해졌던 종교의식이었다.

오기 전 머무는 장소로 당골이 이곳에서 신에게 제사를 지낸다. 남성 무당인 심방은 풍어와 안전을 기원하면서 굿을 주관한다.

무굿은 행복이나 행운, 치유, 조상신 및 신령의 접대 등을 위한 도당제나 별신제로 행해졌다. 굿판은 인간사를 관장하는 신령, 신령의 힘을 얻으려는 당골(일반인), 당골과 신령을 연결하는 무당이 있어야 한다. 청신은 구송, 춤, 음악, 상차림 등으로 굿의 시작을 신령에게 알리고, 오신은 굿판에 초대된 신령들을 즐겁게 하며, 송신으로 신령들을 다시 돌려보낸다. 푸닥거리는 소규모의 장애나 부정이 굿하는데 발생하면 이를 제거하는 굿이다.

한풀이 신명(神明)은 '신바람'으로 천지신명(天地神明)에서 비롯되

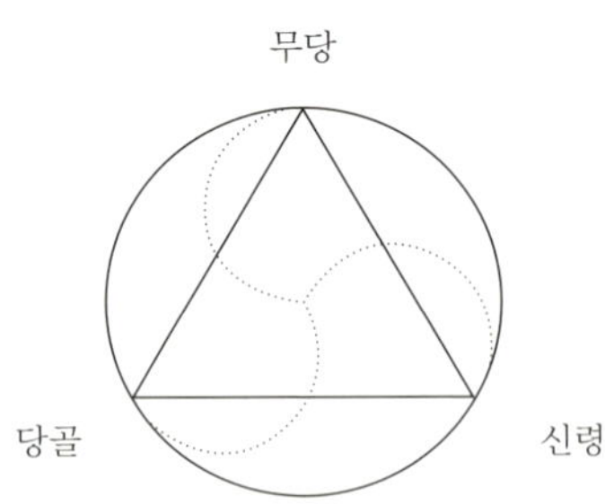

굿판 구성도 신령, 당골(일반인), 무당이 모여서 굿판을 이룬다.

었다. 하늘, 땅과 사람이 하나로 조화를 이루면서 생명의 기가 증폭될 때 신명이 난다. 사람이 황홀경에 잠겨서 흥이 나면 '신들리다', '신명난다', '신나게 논다' 등으로 표현한다. 저주파의 북소리가 사람이나 동물을 큰 폭으로 흔드는 고유진동(natural frequency)과 비슷하여 흥분을 일으켜서 신명을 크게 한다.

무가는 한을 풀고 귀신을 달래려는 소리로 일생의 통과의례(通過儀禮)와 일년의 세시의례(歲時儀禮)를 중심으로 발전하였다. 성주풀이는 집을 관장하는 성주신과 집 터를 지키는 성주부인에게 굿(제사)을 할 때 불렀다. 사는 집은 부엌의 조왕신(정화수), 마당의 터줏대감(짚단 세우기), 마루의 성주신(명태 실타래), 방의 삼신, 장독대의 칠성신(항아리 쌀)을 두었다.

무굿은 신굿인 무신제(巫神祭), 민가의 가제(家祭), 마을의 동제(洞祭)로 구별할 수 있다. 동제는 마을을 지키는 신에게 산신제와 거리제로 보답하면서 마을의 안녕과 풍년을 기원한다. 상당굿인 산신제로 마을의 평안을 얻고, 하당굿인 거리제로 신령과 잡귀에게 베푼다.

'진도 씨김굿'은 당골이 상복을 입고, 한지로 만든 넋전을 들고 영혼이 저승으로 갈 수 있도록 한밤중에 시작해서 새벽까지 진행한다. 당골이 성주에게 굿의 목적을 알린 후에 죽은 사람과 산 사람이 서로 화해하고 제자리를 찾도록 한다.

죽막동 수성당, 동백정 마량당과 선유도 어화대 무당이 풍어와 항해의 안전을 기원하는 해신제를 진행한다.

무속은 삶을 둘러싼 입체적인 생활양식이었지만 고등 종교에 밀려서 혈연이나 지역에 의존하여 도교나 신도처럼 종교로 발전하지 못했다. 일제와 선교사들은 비합리적인 미신으로 천시하거나 추방의 대상으로 여겼다. 1960년대 이후 미신타파의 일환으로 관공서가 굿을 중지시키거나 경찰이 무당을 연행하면, 주요 업무 성과로 인정받았다. 그러나 무속 신앙은 인간의 본성을 보완하였기 때문에 다른 고등 종교들과 융합하면서 종교적인 충돌이 적었다.

천신 부르는 제사장, 천군과 천황

삼한의 성읍국가(城邑國家)나 각 읍락은 천신과 부족의 지신을 함께 묶는 소도(蘇塗)로 통합되었다. 소도는 신성한 지역으로 큰 나무를 세우고 방울과 북을 매달았으며, 그 누구든지 들어오거나 나가는 것이 금기(taboo)시 되어서 행동의 제약이 따르는 지역이었다. 제사에 참석한 사람은 죄인이라도 그 자리에서 처벌하지 않았다. 사제인 천군(天君)이 제사를 지낼 때 방울로 신을 호출하고 무아지경에서 제천의식을 집행했다.

마한 54국 중에 신소도국(臣蘇塗國)이 있었고, 불교가 들어오면서 소도를 편입했다. 제정일치의 고조선에서 군장(軍將)이 소도의 천군과 유사한 역할을 수행했다. 일본의 신도도 풍년을 기원하는 농경의례, 무속과 자연 신앙에 기초하여 성립되었다. 원시신도(原始神道)가 한반도의 소도와 비슷한 시기인 야요이시대에 생성되었고, 고대신도(古代神道)가 국가 형성에 영향을 미쳤다. 6세기 불교의 남도육종(南都六宗)이 고대신도의 신들을 받아들여서 신도사상을 성립시켰다.

신도는 신령의 상징인 동경을 제외하고 신의 그림이나 조각상을 만들

경주 에밀레종과 상원사 동종 하늘에 살면서 하늘과 땅을 연결하였고, 사찰의 동종에 형상을 넣었다.

지 않았다. 그러나 불교와 신도가 융합하는 신불습합(神佛習合)이 이루어지면서 신도의 신들이 불교에 귀의하는 형식으로 토착 신의 모습을 불상으로 조각했다. 일본의 중세 불교는 토착 신들을 불교에 편입시켜서 독자적인 종교관을 만들었다.

천태종이 9세기 초 보편적 구제의 일승사상(一乘思想)을 기반으로 산왕일실신도(山王一實神道)를 만들었고, 진언종이 인도의 탄트라 불교에 대일여래의 세계관과 주술 체계를 결합하여 양부신도(兩部神道)를 세웠다. 막부정치가 형성되면서 사민 평등을 설법하는 민중적인 신도설이 계속 등장했다가 19세기 초 히라다아쯔 타네가 본연의 신도로 돌아가자는 복고신도(復古神道)가 메이지유신의 중심 이론으로 발전했다.

천황은 율령제에서 신기관의 수장으로 종교적 권위를 부여받아 시조신인 아마테라스 오오카미의 제례를 집행한다. 천황은 신이 되는 의식을 통하여 신사(神社)와 신궁(神宮)의 신황이 되면서 구지(宮司), 네기(禰宜), 곤네기(權禰宜), 여신관(女神官)인 미코를 관할한다.

황궁은 3신전인 한신전(韓神殿), 원신전(園神殿), 황령전(皇靈殿)을 갖춘 최고의 신사이며, 신궁(神宮)은 황실과 관련 있는 특별한 신을 두고 있다. 3대 신궁은 이세신궁(伊勢神宮), 이즈모신궁(出雲神宮), 이소노카

가시하라신궁과 후쿠오카신사 신궁은 배전과 본전으로 구성되고, 신사는 규모가 작고 신전만 있다.

미신궁(石上神宮)이다.

이세신궁은 시조 신인 아마테라스 오오카미를 숭배하며, 천황이 제사장으로 덴무 천황은 딸인 오오쿠노 히메미코를 사이오(齋王)로 임명하였다. 이즈모신궁은 아마테라스 오오카미의 오빠인 바람의 신 스사나오미코토(素戔嗚尊)를 숭배하는 서열 2위의 신사이다. 그리고 이소노카미신궁은 '부여 바위신'을 모시는데 칠지도를 보관하고 있다.

신사(神社)는 규모에 따라서 대사(관폐사), 중사(국폐사), 소사(일반신사)로 구분한다. 건물은 신령을 모시는 배전(拜殿)과 옥·동경·검·방울을 두는 본전(本殿)으로 구성된다. 근대 천황제도에서 국가신도는 종교 활동도 없고 교리를 갖지 않는 초종교가 되었다. 천리교(天理敎)와 금광교(金光敎) 등이 국가 신도에서 파생되었고, 천리교가 일제 강점기에 한반도에 진출하였다.

풍년 기원, 제천행사와 세시풍속

주술과 제사는 태양과 자연을 지배하는 신령에게 풍요를 기원하는 제천 행사로 바뀌어서 국가의 안녕과 권위를 높였다. 동일한 홀수가 겹치는 1월 1일, 3월 3일, 5월 5일, 7월 7일, 9월 9일은 생명력이 있는 길일로 행사를 진행했다. 홀수는 해, 짝수는 달과 관련이 있으며 보름은 풍요와 다산을 상징했다.

흉노족이 정월 춘제, 5월제, 가을제를 지냈고, 선비족도 제천 행사를 가졌다. 고구려의 동맹(東盟), 동예의 무천(舞天), 마한의 시월제는 10월의 추수감사제(秋收感謝祭)였고, 부여만 영고(迎鼓)를 12월 사육제의 전통을 따랐다(후한서, 삼국지).

영고는 하늘에 제사하고 술과 가무를 즐겼을 뿐만 아니라 부족간 정치적 통합의 기능도 가지고 있었다. 동맹은 그 명칭이 동명왕에서 유래된 것으로 고려의 팔관회로 계승되었다. 또한 마한은 씨 뿌리는 5월(파종)과 수확하는 10월(수확)에 천신제로 풍년을 기원하고 감사의 제사를 하였다.

五月下種訖 祭鬼神群聚 … …十月農功畢 亦復如上

"5월에 모종을 끝마치고 귀신에게 제사를 지냈다…

…10월에 농사일을 끝내고 또 같은 놀이를 했다."

농제(農祭)는 국가의 소사로 준비기인 입춘(立春)에 선농제(先農祭), 파종기인 입하(立夏)에 중농제(中農祭), 성장기인 입추(立秋)에 후농제(後農祭)로 지냈다(예전). 조선시대는 선농단(先農壇)에서 선농제를 실시하면서 국왕이 백성과 소통하고, 백성들은 풍요로운 삶에 대한 염원을 하

절기제와 선농단 조상들은 씨뿌리는 봄에 단오제와 추수하는 가을에 감사제를 드리고, 농업신인 신농제와 후직에게 제사하며 풍년을 기원하였다.

늘에 기원했다.

제천행사는 세시풍속으로 발전하여 음력 1월에 풍요와 안녕을 기원하는 설(일)과 마을 제사인 동제를 지내는 정월 대보름(15일)을 열었다. 봄의 한식(寒食)에 조상의 은덕을 기리기 위해 무덤을 단장하고 제사를 지낸다. 단오는 작물의 생명력이 왕성한 계절로 창포물에 머리감고, 그네뛰기와 씨름, 단오제(端午祭)를 지낸다.

가을은 작물을 수확하여 조상에게 감사드리는 수확천신제(收穫薦新祭)인 가배였다가 고려시대부터 농공감사일(農功感謝日)인 추석으로 발전하였다. 동지는 다음 해 달력을 주고받으며 팥죽을 대문과 벽 등에 뿌려서 나쁜 기운을 쫓았다.

도성의 구조, 평지성과 산성

국가는 일반인이 거주하거나 보호를 받는 읍성(邑城)과 왕궁이 있는 도성(都城)으로 구별하였다. 도성의 경관은 신선 세계를 모방하여 주작도로, 왕궁, 사찰, 왕릉, 삼신산과 산성을 배치하였다.

도성은 왕성을 중심으로 주변에 환산성을 배치하고 개별 산성이 장기 농성을 할 수 있도록 했다. 주변 지역이 점령을 당해도 개별 산성이 자체 방어력으로 대항할 수 있었기 때문에, 적군은 특정 지역을 점령하고도 또 다시 다른 세력을 반복적으로 상대해야 했다. 도성 주변의 강은 교통의 중심이면서 평야가 발달하여 식량을 보급받을 수 있는 기반이었다.

부여는 만리장성의 북쪽인 현도군에서 천 리 떨어져 있었고, 평지성인 남성자성(南城子城)과 산성인 동단산성(東團山城)으로 도성을 구성하였다. 남성자성은 동단산성의 동남쪽에 원형으로 쌓은 토성이고, 동단산성은 동단산에 쌓은 타원형의 토축산성이다.

고구려의 홀본은 국내성으로 천도할 때까지 40여 년간 도성이었다. 평지성인 하고성자성(下古城子城)은 자연 하천인 혼강과 인공 해자를 만들어서 방어했고, 오녀산성(五女山城)은 천연의 절벽과 산세가 완만한 곳에 성벽을 쌓아서 감시했다. 환인의 국내성은 비옥한 충적평야에 세워진 평지성이었고, 환도산성은 국내성 북쪽으로 2.5km 떨어진 방어성이었다. 환도산성 부근의 산성하 고분군은 왕릉을 비롯하여 대형 적석(돌무지) 무덤들이 위치하고 있다.

초기 평양은 평지성인 안학궁성(安鶴宮城)과 산성인 대성산성(大城山

오녀산성과 장군총 고구려는 평지성과 산성으로 도성을 구축하고 주변에 왕릉을 배치하였다.

평양감사향연도와 평양성 성돌 평양성은 대동강과 보통강을 해자로 천연의 요새였다.

城)으로 이루어져 있었다. 안학궁성은 약 23km에 외성, 중성과 내성으로 정사각형 형태의 토성이었고, 대성산성은 안학궁성 북쪽으로 둘레 약 7km의 포곡식산성이었다. 고구려는 평지성과 산성을 일원화한 이중성 체계의 평양성을 다시 축조했다. 평양성 성돌은 5행 18자로 "소형 가군이 공사구간 4리를 맡았다."는 내용을 적고 있다.

卦樓盖切 小兄加群自 此東廻上 □里四 尺治
"괘루개절 소형가군이 이곳부터 동으로 돌아 위쪽 □리 4자를 쌓는다."

백제의 한성(漢城)도 뛰어난 입지조건 속에서 춘추전국시대의 도성 체계와 고구려의 이중성 체계를 혼합하여 위례성(慰禮城)을 왕성으로 세웠다(삼국사기, 기원전 6). '일본서기'는 '한성'을 대성과 왕성을 '위례성'으로 구분하고, 한산성이 방어성의 역할을 했다.

웅진의 공산성(公山城)은 방어성이자 왕궁의 후원으로 산봉우리를 연결하며 성벽을 최대한 높이고 금강을 해자로 삼았다. 그리고 사비성(泗沘城)은 부소산성(扶蘇山城)과 나성(羅城)을 연결하여 평양성처럼 평지성과 산성이 혼합된 이중성 구조를 보여주고 있다.

도성의 핵심 경관, 삼신산과 왕릉

도성은 신선이 사는 '삼신산'과 왕이 신선이 되는 '왕릉'이 핵심 경관이었다. 왕은 신이었기 때문에 삼신산을 중심으로 왕궁에서 살다가 왕릉에 묻혔다. 삼신산은 국내성의 우산(禹山)·칠성산(七星山)·용산(龍山), 평양성의 대성산(大城山)·고방산(高坊山)·청암리산(淸巖里山), 한성의 검단산(崇山)·금암산(釜山)·청량산(漢山), 사비성의 금성산(日山)·부산(浮山)·부소산(吳山), 금성(경주)의 나력산(奈歷山)·골화산(骨火山)·혈례산(穴禮山)이었다. 왜의 아스카는 우네비산(畝傍山)· 미미나시산(耳成山)·아메카쿠산(香久山)으로 구성되었다.

사후 공간인 왕릉은 삼신산 남쪽에 배치하여 선왕의 업적으로 현왕의

삼신산 사비와 아스카는 고구려의 도성과 당나라 장안성을 모방하면서 삼신산을 중심으로 경관을 배치했다.

왕릉분포 고려 왕릉과 조선 왕릉은 도성 주변에 분포하고 있다. 평화경제연구소, 문화재청

권위를 유지하면서 후세 왕들의 보호를 받도록 했다. 고구려는 도성 주변의 오녀산성에 고력묘자고분군, 환도산성에 산성하고분군, 대성산성에 안학동고분군을 배치했다. 백제는 한산성에 석촌동고분군, 공산성에 송산리고분군, 나성에 능산리고분으로 지형을 중시했다. 왜의 아스카고분도 왕궁의 동남쪽에 위치한다.

고려는 도성을 중심으로 개성의 남쪽에 왕릉을 두었고, 조선은 한양을 중심으로 배치하였다. 한양에서 멀리 떨어진 후릉(厚陵)은 개성에 위치하고 있는데 정종이 개성으로 재천도하였다가 2차 왕자의 난으로 물러난 곳이다. 조카인 세종이 왕위에 오르자 정종은 노상왕이 되면서 개성에 묘를 조성하였다(1421).

사찰의 제사와 경관조영

불교의 세계는 인도를 중심으로 구산팔해(九山八海)로 이루어져 있는데 1개의 3천대천세계(三千大千世界)인 1수미 세계(一須彌世界), 수미산(須彌山)을 포함한 아홉 대산(大山), 그 산들을 둘러싼 여덟 대해(大海)로 구성된다.

사찰은 승려들이 모여서 불도를 수행하고 교법을 펴는 곳이다. 초기 승려들이 모여 사는 곳을 사원(寺院)이라 하는데 '사'는 절 전체를 가리키고, '원'은 '사'의 별사(別舍)로 사용되었다. '암(庵)'은 산 속에 있는 작은 집·토굴 등을 가리킨다.

가람은 중문에서 시작하여 탑, 금당, 강당 순으로 배치하고 그 주변을 회랑으로 둘러싼다. 탑은 부처의 사리를 두고, 금당은 불상(佛像)과 불구용품(佛具用品)을 두며. 강당은 법문을 듣는 곳이다. 불상은 예배 대상인 석가여래의 존상으로 석가불·아미타불·약사불·비로자나불 등을 배치한다. 자장율사가 당나라에서 부처의 진신사리와 정골 100과를 가져와서 황룡사를 비롯한 사찰에 봉안했다. 진신사리는 석가모니의 형체로서 적

적멸보궁: 법흥사, 봉정암, 상원사, 정암사 석가모니 사리를 계단이나 사리탑에 봉안하고 적멸궁에 불상을 놓지 않는다.

멸보궁 바깥쪽의 사리탑이나 계단(戒壇)에 모셔둔다.

그 유형으로 일반인들의 기도처인 일반사찰(寺刹), 국왕의 보호를 받는 왕찰(王刹), 국왕의 명복과 소망을 비는 원찰(願刹)로 구분할 수 있다. 왕찰은 왕실에서 소원과 평안을 기도하면서 관리하던 사찰로 국가에서 토지와 노비를 제공했다. 백제의 미륵사, 왕흥사, 정림사, 신라의 분황사와 황룡사, 고려의 법왕사, 국청사, 개태사, 조선의 회암사와 원각사 등이 해당된다.

조선의 이성계는 매년 회암사에 하사품을 내리고 집무실인 정청을 마련하기도 했다. 회암사는 조산인 왕방산(王方山)과 진산인 천보산(天寶山)의 정기를 받고, 좌청룡 수락산과 우백호 도봉산, 한강을 해자로 하는 천하 제일의 명당이었다.

원찰은 선왕(先王)의 명복을 비는 제사와 능지기의 역할을 하면서 능침사(陵寢寺)·능사(陵寺)·재궁(齋宮)·재사(齋寺)·조포사(造泡寺) 등으로 불렸다. 백제의 능사(陵寺)는 위덕왕이 성왕의 명복을 빌기 위해 건축한 사찰로 1탑 1금당의 양식이었다(567). 능사지에서 발굴된 석조사리감(1995)은 "위덕왕의 누이가 사리를 공양한다."의 글자를 기록하고 있다.

"百濟昌王十三季太歲在丁亥妹兄公主供養舍利"

(백제 창왕 13년 태세 정해에 누이 형공주가 사리를 공양한다)

문무왕은 백제와 고구려를 정복하고 부처의 힘으로 왜구 침입을 막겠다는 의지로 사찰을 세웠다. 사찰이 완공되기 전에 왕이 죽자 신문왕이 "그 은혜에 감사한다"며 감은사(感恩寺)로 이름을 지었다(682).

조선시대의 원찰은 건원릉(健元陵) 개경사, 정릉(貞陵) 경국사와 봉국사, 영릉(英陵) 신륵사, 장릉(莊陵) 보덕사, 광릉(光陵) 봉선사, 서오릉(西

능사와 인화사 능사는 성왕의 명복을 비는 원찰이었고, 인화사는 일본 황실의 왕찰이었다.

봉은사와 봉선사 어실각은 초상화, 위패나 전패, 어필이나 어첩을 봉안하였다.

五陵) 수국사(정인사), 선정릉(宣靖陵) 봉은사, 장릉(章陵) 금정사(봉릉사), 융건릉(隆健陵) 용주사, 의릉(懿陵) 연화사 등이다. 조선중기에 사림의 정계 진출로 불교와 도교의 시설물이 철폐되었지만 원찰은 재궁, 조포사, 원당 등의 이름으로 존속되었다.

제3장

유목민 농경국가 만주부여

지구 운동에 따른 기후변화

지구의 지질연대는 은생(46억~38억 년 전), 선캄브리아기(38억~5억 7,000만 년 전), 고생대(5억 7,000만 년~2억 5,000만 년), 중생대(2억 5,000만 년~6,600만 년 전), 신생대(6,600만 년 전~현재)로 구분한다. 이러한 경계는 생물체의 멸종과 진화를 구분하면서 각각 다른 기후의 특성을 가지고 있다. 각 기후대는 동물과 식물의 형태에 차이를 보이면서 대기 중의 화학 성분도 다르다.

지구는 자전축에 의하여 1년간 남회귀선인 남위 23.5도에서 북회귀선인 북위 23.5도까지 오르거나 내려온다. 지구의 자전으로 태양의 고도가 변화하면서 일조량 변화로 사계절이 발생한다. 하지(夏至)는 태양의 고도가 가장 높은 날이고, 동지(冬至)는 태양의 고도가 가장 낮은 날이다.

자전 축의 기울기는 가변적이어서 대주기별로 기후를 크게 변화시킨다. 1920년대 밀란코비치(Milankovich)는 "태양 복사에너지의 주기적인 변동으로 약 10만 년마다 빙하기가 나타난다."고 주장했다. 지구는

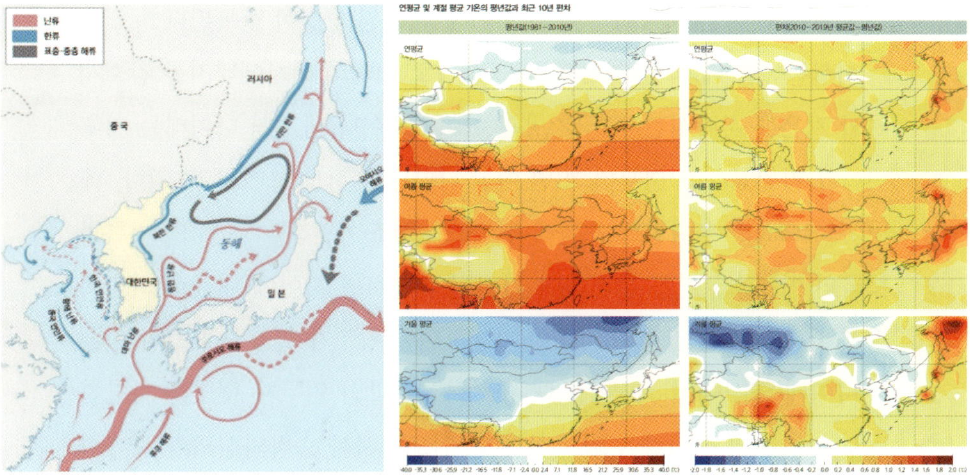

해류와 기후변화 한반도는 쿠로시오난류와 리만한류가 교차하는 대륙성 기후로 연간 기후차도 심하다. 대한민국국가지도집 (nationalatlas.ngii.go.kr)

21.5~24.5도까지 약 41,000년간 기울어졌다가 다시 반대로 기울어지는 세차운동(precession)을 23,000년 동안 일으킨다. 이 과정에서 기온이 내려가는 소빙기와 올라가는 간빙기가 2만 3천 년, 4만 년, 10만 년마다 반복된다. 소빙기는 극지방의 동결로 해수량이 감소하면서 가뭄으로 흉년이 지속된다.

빙하기와 간빙기의 온도 차이는 평균 5도로 10만 년 동안 서서히 생태계를 변화시킨다. 사하라사막과 고비사막은 다양한 식물과 공룡이 살 정도로 따뜻했고, 한반도 중부는 아열대성 양치류 식물이 존재했었다. 지난 300만 년 동안에 빙하기가 17~19번 정도 나타났고, 마지막 빙하기는 1만 1500년 쯤에 끝났다. 아프리카는 280만 년, 160만 년, 110만 년~80만 년 전에 건조화로 초원이 형성되었다.

해리스(C. Harris)와 맨(R. Man)은 기원전 2500년부터 기원후 2040년까지 약 4500여 년간 기후 변화를 해리스－맨(Harris－Mann)기후도로 제시했다. 지구는 주기적으로 기온의 상승과 하강을 반복하고, 고위도 지역은 한랭화에 따른 사막화와 온난화에 따른 초원 형성이 반복된다.

화산활동은 대기 중 연기의 농도 증가로 태양의 복사에너지를 감소시켜서 기온을 하락시킨다. 극지방의 아이스코어나 나무의 나이테는 기후변화가 기원전 2500년부터 78번 이상 나타난 흔적을 보여 주고 있다. 매닝(J. Manning)이 이집트 프톨레마이오스 왕조(기원전 305~30)의 기록과 북극의 아이스코어를 분석하여 기원전 46~44년 사이에 대규모 화산폭발에 따른 강수량 감소로 기근이 발생하면서 왕조가 멸망했다고 하였다.

나이테 조사에서 535년경 대규모 화산폭발의 연무가 햇빛을 차단하면서 농작물의 생산량을 감소시켰다. 인도네시아 숨바와섬의 탐보라화산이 폭발하면서 7만여 명이 사망하였고, 화산재가 반경 600km 정도를 3일간 덮었다(1815). 화산재가 성층권에 머물면서 수년간 기온을 평균 1도 가량 낮추었다.

지구의 판은 매년 약 2~15cm 정도씩 움직여서 습곡과 단층, 지진과 화산폭발을 일으킨다. 기온은 태양의 흑점이 많으면 올라가고 적어지면 하락하는데 흑점이 거의 없었던 17세기 말에 소빙기가 찾아왔었다.

빙하기였던 약 2만 5천 년 전 중국 대륙과 한반도가 연결되었고, 한반도와 일본열도는 맞닿을 정도로 가까웠다. 유럽의 북쪽은 빙하에 덮여

북방 가옥과 농경 가옥 수렵지대는 자작나무로 가옥을 만들었고, 농경지대는 갈대나 볏집으로 움집을 만들었다.

있었고, 지중해와 베링해는 뭍으로 존재하지 않았다. 인도네시아는 섬이 아니라 순다 대륙이었으며, 초원지대와 툰드라 지대는 혹독한 추위로 살기 어려웠다. 지구의 운동에 변화가 발생하면 내부 상호작용의 파괴에 따른 엘니뇨 현상으로 지진, 태풍, 홍수 등이 끊이지 않고 있다.

생존을 위한 유목민족의 이동

빙하기에 아프리카는 생존에 가장 적합한 자연환경이었기 때문에 인류가 동아프리카에서 250~300만 년 전 탄생했다. 간빙기에 인류는 초지와 경작지를 찾아서 남북으로 이동했고, 식물의 분포와 가축의 이동선은 인간의 정착을 결정하는 생명벨트였다.

대체로 민족의 대이동, 국가간 전쟁 및 혹독한 추위 시기가 일치한다. 인류가 번영했던 로마시대와 1100년경은 더웠고, 중세는 소빙기의 추위와 식량 부족으로 사회적 혼란과 전쟁이 빈번했다. 맬더스(T. Malthus)가 '인구론'을 발표하던 소빙기에 인류는 식량 부족으로 고통스런 시기였다.

한국인 남방계는 아프리카에서 순다열도(말레이제도와 인도네시아)를 통하여 한반도에 들어왔는데, 땅콩형 얼굴에 진한 눈썹·좁은 미간·쌍꺼풀진 큰 눈이 특징이다. 북방계는 아프리카에서 중동과 시베리아를 지나서 들어왔고, 고구마형 얼굴에 흐린 눈썹·넓은 미간·쌍꺼풀이 없는 작은 눈이다.

세포 내 미토콘드리아는 어머니가 딸에게 전달하는 유전자가 포함되어 있기 때문에 이를 추적하면 인류의 이동 경로를 확인할 수 있다. 분석에 따르면 바이칼호 주변의 야쿠트인과 부리야트인, 아메리카 인디언,

한국인의 유전자 분석에 의한 기원

아프리카 → 아라비아
→ 이란고원 → 파미르고원
→ 티벳 → 황하 → 요하(만주) → 한반도
→ 알타이산맥 → 아무르강 → 한반도
→ 인도 → 인도네시아 → 필리핀 → 남중국 → 한반도

만주인, 한국인, 일본인 등의 미토콘드리아가 유사하다. 한국인과 일본인의 미토콘드리아 염기서열은 영(0)에 가까울 정도로 일치한다.

Y염색체는 부계 유전정보로 수만 년의 분화 과정을 확인할 수 있는 정보를 가지고 있다. 동아시아는 인접 지역간 유사한 Y염색체가 발견되고 있다. 몽고반점은 유라시아 전역, 북극 이누이트와 아메리카 토착민에게 공통으로 나타나는 특징이다.

기후변화는 사회와 문명의 변화에 도화선이 되었고, 인류의 사망률과 범죄 발생률에도 영향을 미쳤다. 간빙기에 유목민족은 다뉴브강에서 만주까지 이어지는 초원지대를 따라서 이동했다. 빙하기는 목초지 부족으로 식량이 부족해지면서 따뜻한 남쪽으로 이동하여 식량을 확보했다.

기원전 10세기부터 동유럽은 유목민족 국가의 등장으로 기존 지배세력이 교체되었다. 유목민족은 스키타이(기원전 7~5세기), 흉노(기원전 3세기), 선비와 유연(기원 전후), 훈족(4세기), 돌궐족과 탁발족(5세기), 돌궐·위구르·키르키즈(6세기~9세기 말), 거란(10세기 초), 몽골족(11~15세기)의 순으로 발전했다. 청나라가 멸망할 때까지 유목민족은 세계의 정복자로 오랜 기간 유라시아 대륙을 지배했다.

유목민족은 추위에 따른 목초지 부족과 가축의 폐사로 식량을 얻기 위한 약탈활동도 하였다. 그 활동무대인 흑해 초원(Pontic Steppe)은 카르파티아산맥에서 몰도바, 우크라이나, 우랄산맥과 카스피해지역까지였다. 카자크 초원(Kazakh Steppe)은 우랄 지역에서 투르크메니스탄, 우

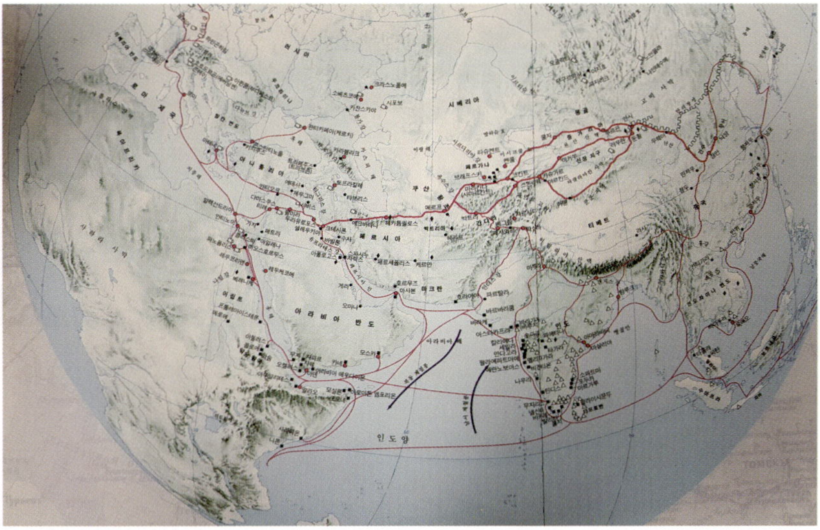

인류의 이동 빙하기에 추위를 피하여 남북으로 이동했고, 간빙기에 목초지를 찾아서 동서로 움직였다.

즈베키스탄, 알타이산맥까지였고, 몽골 초원(Mongol Steppe)은 신장(新疆), 몽골, 만주를 포함하는 유목생활권과 농경생활권 지역이었다.

다산 지향의 모계 사상과 여성 숭배는 약 2만 5천 년 전부터 르네상스 시대까지 비너스상(Venus)으로 표현되었다. 그 흔적이 유목민족이 이동했던 초원길과 신대륙에서 다양한 형태로 발견되고 있다. 요녕성 비너스상은 임산부의 모습으로 약 5천 년 전에 제작되었고, 홋카이도 아이누족과 남아메리카 인디언도 다양한 형태의 비너스상을 제작했다.

유목민족은 가축을 거느리고 목초지를 돌아다니기 때문에 고립되면 위험해져서 집단을 형성했다. 주거의 불안정으로 혁신이나 발명이 이루어지지 않아서 사회발전에도 어려움이 따랐다. 가축의 번식이 일정한 규모로 제한되기 때문에 잉여나 저장을 통한 사회의 발전도 기대하기 어려웠다. 유목민족은 이동하면서 특정 지역에 정착하여 동화되거나 일부 지배세력으로 성장하면서 그 존재가 불분명해졌다.

인디언 비너스상 비너스는 다산과 풍요의 상징으로 인류의 이동 지역에서 발견되고 있다.

정주민족의 농경문화와 잠사문화

동아시아는 동서로 이동할 경우 식량작물(보리, 쌀, 밀 등)을 쉽게 발견할 수 있었다. 유목민족이 호수와 하천을 중심으로 정착하면서 농경민족으로 변하기도 했다. 토지가 기본적인 생산 수단이 되면서 부와 신분의 상징이 되면서 주로 큰 하천 변의 충적지나 계곡 물을 이용할 수 있는 곳에 농경지를 확보했다. 가축이 노동력을 대체하면서 생산력도 증가하자 잉여생산에 따른 사회문화가 나타났다.

기원전 4000년경 조와 피, 3000년경 콩 종류가 만주지방에서 발견되었다. 송화강(松花江) 유역의 동북평원은 수렵과 목축, 경작 활동이 동시에 이루어지는 비옥한 흑토지대이다. 이웃한 쿨룬 부이르초원은 유목민족들간 목초지 쟁탈로 영역 싸움이 자주 발생하던 곳이다.

벼는 계절에 따라 풍향이 바뀌는 계절풍(monsoon)지대에서 인디카(indica) 품종의 경우 양자강 이남에서 재배되었고, 자포니카(japonica) 품종의 경우 양자강 이북에서 경작하였다. 가장 오래된 볍씨가 청원 소로리 유적에서 발견되었고, 일산 가와지에서도 기원전 3000년 전 볍씨를 확인했다.

잠사는 기원전 3000년경부터 옷감을 얻기 위하여 시작되었고, 삼한시대에 누에치고 비단짜서 옷만드는 양잠이 발달했다(삼국지). 백제 온조왕은 농상(農桑)을 권장하였고, 초고왕은 양잠법과 직조법을 일본에 전해주었다. 조선시대는 잠사를 장려하자 야생의 뽕나무도 보호했다.

선잠단(先蠶壇)은 누에를 처음 치기 시작했다는 서릉씨의 선잠제(先蠶祭)를 지낸 곳이다. 선잠제는 국가 제사 중에서 중사로 양잠을 장려하고 누에치기의 풍년을 기원하는 제사였다. 궁궐의 후원에서 왕비가 직접 누에를 치고 고치를 거두는 친잠례(親蠶禮)를 거행했다. 일제가 국가 제사를 축소하면서 선잠단의 신위를 사직단으로 옮겼다(1908).

가와지 쌀과 농경문 수도작이 농업에 보급되었고 풍년을 기원하는 농경문을 제작했다. 경기도박물관협회, 국립중앙박물관

친잠례와 선잠단 왕비가 친잠례를 행하고, 선잠단에서 서릉씨에게 제사를 지냈다. 국립고궁박물관

경복궁, 창덕궁, 잠원 뽕나무 조선시대는 궁궐과 잠실에서 뽕나무를 관리하였다.

후원에 심은 뽕나무 노거수(老巨樹)가 경복궁, 창덕궁, 창경궁에 남아 있다. 조선은 누에를 키우고 종자를 나누는 잠실(蠶室島, 蠶室里)을 설치했다. 그러나 뽕나무는 휘는 성질이 좋기 때문에 활을 만들거나 가축의 멍에로 사용하였기 때문에 오래된 나무가 적다.

농경 활동은 사람의 사고를 장소에서 시간중심으로 바뀌었다. 경작지가 넓을수록 필요한 노동량도 증가했고 공동체 활동, 철제 농기구와 우경으로 보충하였다. 동아시아는 유목문화와 농경문화의 교착지로 각 국가에 신분제 사회를 정착시켰다.

추위대 이동에 따른 경작지 변화

추위를 피하여 고아시아인과 몽골족이 기원전 1만 5천년 전 시베리아에서 북미 대륙으로 이동하였고, 1만 3천년 전 빙하기가 끝나면서 1400년 주기로 건조기와 습윤기가 반복되었다. 기원전 5000년경 간빙기에 식생 분포가 안정화되면서 농업이 정착되었다. 그러나 내륙은 난류의 영향을 받는 바다가 인접한 지역보다 춥고 건조하여 식생대가 단순하다.

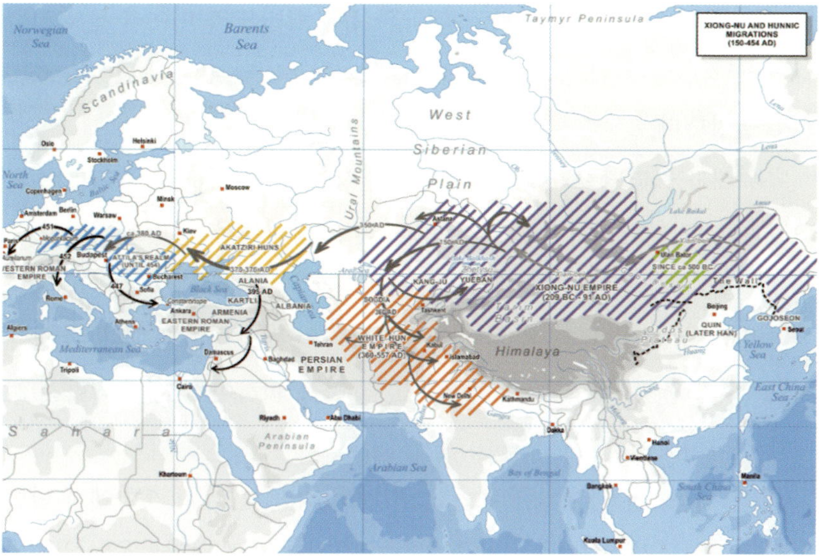

유목민족의 이동 유목민족은 초원지대에서 사방으로 흩어졌다. https://maelstrom-amalgam.com

석가모니(기원전 563~483), 공자(기원전 551~479), 소크라테스(기원전 469~399)가 소빙기의 추위와 기근에서 인류에게 희망의 빛을 던졌다. 소빙기에 중국은 전국시대(기원전 480~222)의 혼란을 겪었고, 흉노족은 혹독한 추위와 식량부족으로 대이동을 시작했다(기원전 373). 만리장성(萬里長城)은 남하하는 흉노족을 막기 위하여 쌓았는데 농경 지대와 유목 지대를 구분하는 생태분계선이 되었다.

로마제국은 간빙기의 온난화에 번영을 누렸지만(기원전 1세기), 한나라는 소빙기에 약 30년(157~194)간 흉년에 따른 황건적의 난(184)으로 멸망했다. 고구려의 진대법은 소빙기의 식량 부족에서 실시되었다. 5세기에 추위가 시작되면서 훈족이 서쪽으로 이동하고 게르만족이 밀려나는 연쇄적인 민족의 이동이 일어났다.

오랜 혼란기를 평정한 수나라도 추위에 따른 기근이 지속되면서 왕조의 멸망을 초래했다(619). 고구려도 가뭄과 기근, 전쟁으로 국력의 약화를 초래했다. 소빙기는 멕시코 계곡과 유카탄반도의 마야를 멸망시켰다(800년경). 당나라도 소빙기의 흉년에 농민 봉기인 황소의 난(875~884)으로 멸망했다.

추위대가 물러난 900년경 간빙기에 전쟁이 없어지면서 사회가 안정화되었다. 스칸디나비아반도 인구가 200만명 내외에서 9~13세기까지 크게 증가했다. 다시 소빙기가 14세기 중반에서 19세기 중반까지 이어지자 이자성의 난(1627~1646)이 일어나서 명나라의 멸망을 초래했다. 서양에서도 반란, 전쟁, 혁명 등이 일어나고, 혼란을 피하여 떠나는 대항해 시대가 시작되었다.

한반도 인구는 15세기에 평안도가 수위였지만 17세기 혹한에 온난한 전라도의 인구가 증가했다. 기근에 따른 경제 침체로 당파싸움이 일어나서 왕권도 약화되었다. 대동법은 흉작에 따른 민심의 수습과 소작농을 위한 조치였으며(1608), 조선 말기에 흉년으로 재정과 국력이 약화되면서 주권을 빼앗겼다.

1900년부터 해수면은 온도 상승으로 지난 100년간 10~20cm 높아졌다. 극지방은 해수가 심층으로 가라앉지 않아 대류가 약화되면서 한파가 발생한다. 온대지방은 집중 호우와 태풍이 계절에 관계없이 지속되면서 봄과 가을의 기간도 줄어들고 있다.

기후 변화에 적응하지 못한 종들은 멸종위기로 몰리고, 해충과 바이러스의 활동 변화는 전염병을 확산시킨다. 감귤 재배지는 간빙기인 당나라 시대에 장안과 회수까지 북상하였다가 소빙기인 송나라 시기에 양쯔강 이남으로 후퇴했고, 명나라와 청나라 시기에 복건성(福建省)까지 내려갔다. 그러나 1980년대 이후 온난화로 감귤과 녹차의 경작이 한반도의 경우 제주도와 남부지방에서 계속 북상하고 있다.

기후는 2000년대 이후 산업혁명 이전보다 1도 정도 상승했는데 21세

작물 북상과 해수면 상승 지구의 온난화는 해수면을 상승시키고 식물과 어류의 서식지가 북상하고 있다.

기 말에 약 1.9~5.2도 정도 더 상승할 것으로 예측된다(한국기후평가보고서). 연강수량도 약 5~10% 증가하면서 해수면은 약 52~91cm 정도 상승할 것으로 추정된다. 인류는 2도 이상 상승한 시기를 경험하지 못하였기 때문에 사회와 생태계의 변화에 따른 혼란이 예상된다.

금속문명의 정복활동

금속은 금처럼 가치를 저장하거나 교환의 매개물로 이용되었거나 청동기와 철처럼 농기구와 무기로 생산량과 전투력을 향상시켰다. 청동농기구는 기원전 2000년경부터 생산량 증가에 따른 인구의 증가로 이어졌고, 청동무기는 정복활동으로 사회분화와 계급사회를 촉진하였다. 지배계급은 무덤에 청동제 부장품을 묻어서 권위를 과시하는 위세품 제작에 활용했다.

청동기문화는 우랄강에서 알타이산맥까지 북위 45도와 55도 사이의 광활한 초원지대에서 발전했다. 안드로노보(Andronovo) 문화와 카라수

크(Karasuk) 청동기가 예니세이강(미누신스크)과 알타이 지방을 중심으로 발전하여 시베리아, 몽골, 한반도에 영향을 미쳤다.

수원(綏遠)지방은 중앙아시아 사르마트(Sarmat)문화에 시베리아 청동기문화를 연결시켜서 스키토-시베리아문화를 형성했다. 소아시아의 히타이트는 수원문화와 동일한 청동기를 사용하였고, 한반도는 시베리아와 중국 청동기문화의 영향을 동시에 받았다.

철이 기원전 1500년경부터 무기와 농기구에서 청동기를 대체했다. 철기는 전투력을 향상시키면서 춘추전국시대(기원전 770~221)의 노동력 감소를 대체했다. 진나라 유민들이 철기를 가지고 이동하여 압록강 중상류 일대에 부족연맹을 형성했다. 철기는 남쪽으로 확산하여 변진의 철이

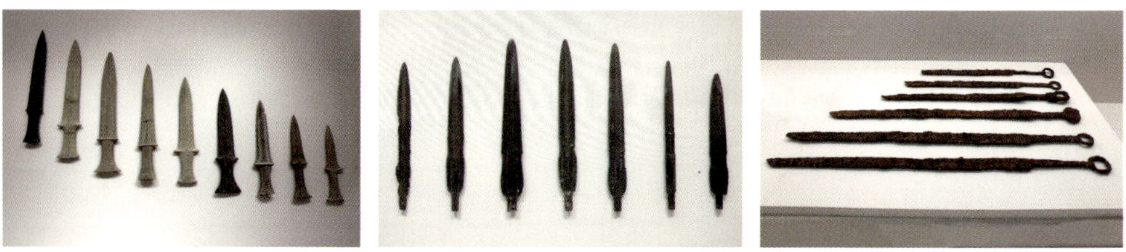

칼(검) 칼은 돌검, 청동검과 철검으로 발전하면서 의식과 전투에 활용되었다. 국립부여박물관

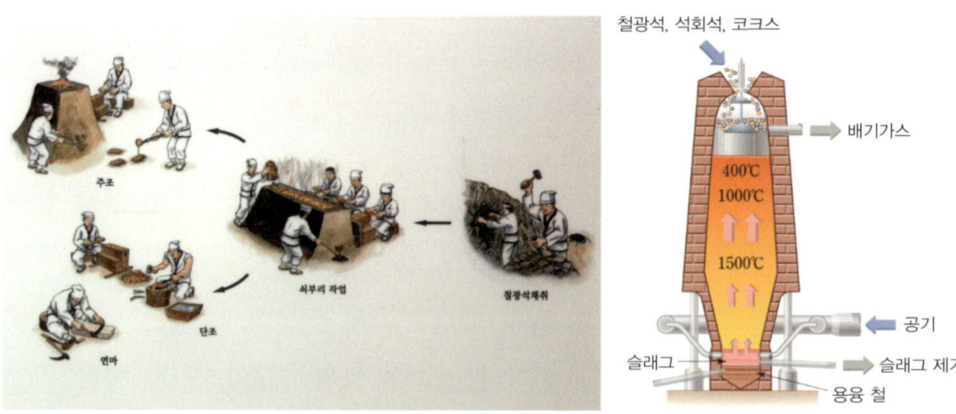

제련 과정 제철은 용광로에 철광석과 숯을 넣고 불을 지펴서 생산한다. 국립문화재연구원, zum학습백과

3세기 말 낙랑과 대방, 서진과 왜에 수출되었다.

금속무기는 정복전쟁으로 사회를 씨족단위에서 부족단위로 변화시켰다. 철기 사용이 시작된 춘추전국시대부터 대규모 전쟁이 일어났고, 진시황은 철제무기를 기반으로 중원을 통일하였다. 주몽은 기마와 철제 무기의 군사력을 배경으로 토착세력을 몰아내고 고구려를 건국했다.

백제 근초고왕이 일본 천황에게 하사한 칠지도(七支刀)는 충주에서 생산된 철로 추정되고 있다(369). 칠지도는 1,500년이 지나도 부서지지 않을 정도로 높은 수준의 제련 기술을 자랑한다. 백제는 불에 달구어 두들기다가 작업마다 물속에 담그는 담금질(quenching)과 불림(tempering)을 활용하여 초강재를 생산했다.

교통수단과 기마전쟁의 말

말은 고대에 권위와 신성의 상징으로, 말은 서식 환경에 따라서 외모와 성격에 차이를 보인다. 날개 달린 천마(天馬)는 상제(上帝)가 타는 말이자 태양과 관계가 있다고 믿었다. 말의 소유가 지배층과 피지배층을 구분하는 수단이었고, 고대사회에서 말이 전쟁과 교역, 운반 등의 중요한 역할을 담당하였다.

조선은 말의 활용에 따른 교통과 숙박을 위하여 역제(驛制)와 원제(院制)를 정착시켰다. 역원제도는 도로의 중요한 지점마다 약 30리 간격으로 말이 있는 역을 설치하고, 중심지인 원(장호원, 사리원 등)에서 숙박을 제공했다.

기마전쟁은 경기병이 주로 정찰하는 척후병의 임무를 수행하면서 교전시 좌우 측면과 후면을 공격한다. 중장기병은 찰갑을 착용하여 선봉에

쌍영총 기마도와 천마총 천마도 고구려와 신라의 기마 문화와 전통을 확인할 수 있다.

금관가야 마구와 철갑옷 마구는 제어구, 안정구, 장식구, 전마구로 구분한다.

서 긴 창을 들고 돌격하여 보병 대열을 무너뜨렸다.

고조선은 한나라에 항복하면서 말 5천 필과 군량미를 바쳤고(사기), 부여는 마가·우가·저가·구가의 관직을 둔 유목 국가였다(삼국지). 백제 고이왕(260)은 병관좌평을 시켜서 병마를 정비하고, 사비 시기에 마부(馬部)를 설치하여 관리했다(삼국사기).

일본 에가미 나미오는 "북방 유목민족들이 한반도를 경유하여 4세기 말 일본에 정복 왕조를 건국했다."는 기마민족설을 주장했다(1948). 300년경 오호족(五胡族)의 침입에 퉁구스계 기마민족이 남하하여 구야(狗邪)지방을 지배했고, 부여족이 동해를 통하여 낙동강 지역에 정착한 것으로 추정하기도 한다.

뚝섬의 살곶이 목장(牧場) 주변에 말의 무병과 번식을 빌던 마조단(馬

마조단터와 살곶이다리 뚝섬은 살곶이 목장을 중심으로 말 제단인 마조단과 살곶이다리가 위치하는 곳이다.

祖壇)을 세웠다. 마조제(馬祖祭)는 소사로 지내면서 각 고을에도 신위(神位)를 설치하였다. 조선마사회가 신설동에 경성경마장을 개장했다가(1928), 한국전쟁에서 비행장으로 징발되면서 뚝섬(1951), 다시 과천으로 이전했다(1989).

스키타이인들의 유목 활동과 농경 활동

스키타이(Skythai)는 유럽의 농민과 시베리아 남쪽의 수렵 채집인, 청동기 시대 목축인들의 혼합 집단으로 사슴을 의미하는 스콜로토이(Skolotoi)에서 명칭을 얻었다. 헤로도투스는 "정주하지 않고 수레에 자신의 집을 갖고 다니면서 수렵과 가축을 치며 활 쏘는데 능하다."고 했다(역사). 그들은 주변의 농경민들을 약탈하거나 착취하면서 내부적으로 무사 정신, 전쟁 승리, 형제애를 중시했다.

스키타이인들이 기원전 12~11세기 흑해를 침공하기 시작하여 기원전 7세기 다뉴브강까지 진출했다. 기원전 8세기 스키타이는 몽골고원을 거쳐서 만주와 화북지방, 한반도와 규슈에 영향을 미쳤다. 페르시아

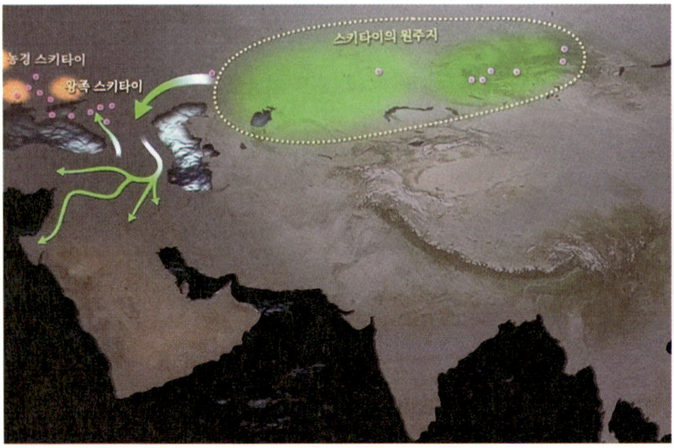

스키타이 이동과 매사냥 소조상 매사냥은 맹금류의 사냥 습성을 이용하여 유라시아에서 행해졌다. 국립중앙박물관

다리우스 대왕이 스키타이를 공격하여 승리하지 못했지만, 기원전 4세기 이민족들의 침입으로 일부 영토를 빼앗긴 후 다시 기원전 3세기 켈트족에 서방 영토를 내주었다. 그 여파로 기원전 2세기 유목민족인 사르만트에게 정복당하면서 사라졌다.

스키타이는 크림반도의 농경문화, 알타이의 파지릭문화와 만리장성 일대에 오르도스문화를 남겼다. 그들은 농경 스키타이, 상공 스키타이, 유목 스키타이, 로열 스키타이의 4개 집단으로 사회를 구성했다. 신전이나 신상은 세우지 않았지만 제단을 설치하여 공물이나 희생물을 바쳤다. 가축은 말, 양, 소, 염소, 낙타 등처럼 기동성있는 것만 사육했다.

매사냥이 중앙아시아와 몽골 고원에서 시작되어 흉노족을 따라서 인도, 페르시아, 이집트 등에 전파되었다. 백제의 다른 이름인 '응준'과 '응유'는 '매'를 의미했다. 유목민족은 보관이 간편하고 가치가 있는 황금을 신에게 바치는 재물로 사용하였다. 비단도 황금색을 선호하였고, 황금색 비단잉어는 집안의 권위를 나타냈다. 샤프란은 물에서 황금색으로 변하기 때문에 착색과 착향, 소스 재료로 사용했다. 가격이 황금보다 더 비싸

샤프란과 강황 샤프란은 물에 황금색으로 변하여 착색에 사용되지만 비싸서 강황(울금)을 대용한다.

신라의 금관과 엘도라도 호수 금관은 유목민족의 문화이고, 황금의 땅인 엘도라도를 이상향으로 보았다.

서 황금색을 내는 강황이나 치자로 대체하여 사용할 때도 있다.

'알타이'는 황금의 투르크어인 '알틴'에서 나왔고, 남미의 엘도라도는 "온 몸에 황금을 칠한 샤먼이 호수 가운데서 황금과 애메랄드를 던진다."는 곳이다. 흉노족은 황금으로 만든 머리 장식을 사용했고, 황금 문화는 4~6세기 훈족을 따라서 동유럽으로 전파되었다.

북적 흉노의 동서문명 전파

흉노는 북방 유목 민족에 대한 포괄 개념이면서 중화에 대한 상대적인 개념이었다. 서주의 목왕이 견융을 토벌하면서 하얀 4마리의 늑대와 사슴을 얻었는데 흉노의 상징이 되었다. 흉노는 귀방, 험윤으로 불리면서 주나라 때부터 중원과 경쟁했다.

흉노는 가축의 이동을 좇아가면서 생활했지만 한정된 방목지로 부족간 전쟁을 치르고, 약탈경제로 부족한 물자를 충족했다. 진나라가 청동기와 기마술을 바탕으로 중원을 통일하던 시기에 두만 선우가 북쪽으로 좇겨났다. 두만의 아들인 묵특이 다시 중앙아시아에서 중국 북부까지 점령하였다. 한무제가 감숙지역에 둔전관을 설치하여 흉노의 침입을 막고, 비단길의 지배권을 획득하자 서흉노가 자취를 감추었다. 남흉노는 후한의 광무제에게 정복되었고, 북흉노는 선비에 병합되면서 사라졌다.

유럽인들은 흉노를 훈(Hun) 또는 후니(Hunni)로 불렀으며, 4~5세기경 훈족과 흉노가 같은 종족이라는 연구결과가 있다. 선비족이 흉노를 압박하자 서쪽으로 이동하여 5세기 중엽 우크라이나 초원과 도나우강 하류 일대에 정착했다. 10세기 7개 부락이 동맹을 결성하여 마자르부의

부다페스트 다뉴브강과 영웅광장 훈족은 초원지대에서 이동하여 동유럽에 정착했다.

아르파드를 대공(大公)으로 세웠다. 헝가리인들은 유목민족과 흡사하고, 헝가리어는 인도유럽어족에 속하지 않지만, 헝가리는 언어 연구의 결과를 활용하여 훈족유래설을 부정한다.

돌궐은 "목축을 주업으로 항시 머무는 장소가 없었고, 고기와 우유를 주식으로 가죽옷과 털옷을 입는다."고 했다(수서). 수나라가 고구려를 침공하는 사이에 돌궐이 북방을 정복했고 북방계 이세민이 당나라를 세웠다.

동서문명 교류의 오아시스길과 초원길

인류는 빙하기가 끝나자 아프리카에서 세계 각지로 이동하여 독자적인 문명을 형성하였다. 동서문명은 초원길과 오아시스길을 통하여 서로 문화를 주고 받으면서 아시아, 아프리카 및 유럽을 연결하였다. 독일의 리흐트호펜이 19세기 후반에 중국에서 인도로 수출되던 비단의 교역로를 '자이덴슈트라센(비단)'이라 했고, 헤르만이 중국의 견직물을 발굴한 시리아를 중심으로 이스탄불과 로마까지 실크로드를 연장했다.

초기 유목민족이 북위 40~50도 사이의 산림지대와 사막지대를 이동하면서 동서 교통로를 개척했다. 도로가 여러 오아시스를 연결하였기 때문에 '오아시스길(Oasis Road)'로 불렸고 유라시아의 초원지대를 지나는 길은 초원길(Steppe Road)이라 했다. 지중해, 말레이반도, 중국에 이르는 바닷길(Sea Road)도 고고학적 발굴로 실크로드에 포함시켰다. 초원길은 기마민족의 문화와 중국의 문화를 융합시키면서 문명(비단, 종이, 화약, 나침반, 도자기 등)의 교역로가 되었다.

바닷길은 동아시아에서 인도양과 대서양을 거쳐서 유럽에 이르는 길

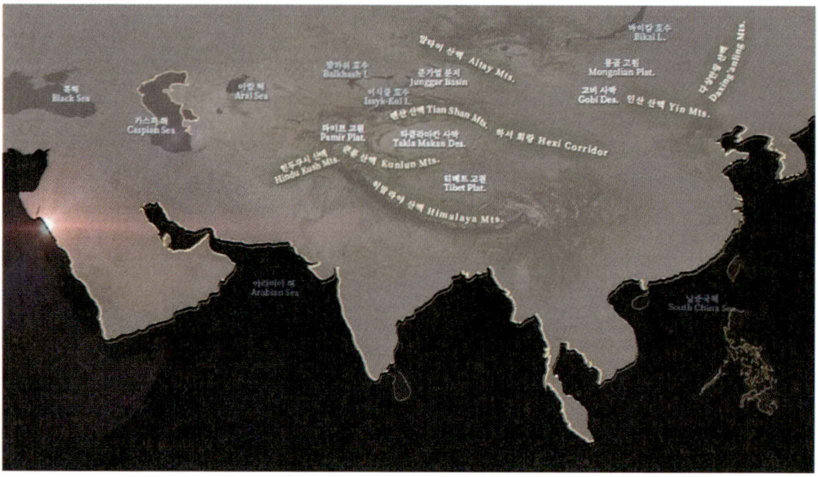

오아시스길 실크로드는 신라 경주, 중국 장안, 타클라마칸사막을 지나서 아라비아반도를 연결하였다. 국립중앙박물관

로 추위가 남하했던 시기에 육상로를 대체했다. 겨울철의 북동계절풍과 한류를 이용하여 아라비아로 이동했고, 여름철의 남서계절풍과 난류를 이용하여 동아시아로 회항했다. 비단길은 아라비아에서 한반도까지 9,000km로 편도 6~7개월이 걸리지만 바닷길은 이동 기간을 훨씬 단축시켰다.

신라의 서역 교류는 터번을 쓴 도용(陶俑)과 괘릉의 무인석에서 장대한 체구, 쌍꺼풀 눈, 우뚝 솟은 코, 곱슬머리의 서역인의 모습을 볼 수 있다. 황금보검, 유리그릇, 뿔모양 잔, 유리구슬 등은 지중해 주변에서 출토되는 서역의 문물로 신라의 유물에서도 찾아볼 수 있다.

실크로드는 카스피해 연안을 잇는 중앙아시아 횡단철도와 시베리아 횡단철도로 새롭게 등장했다. 유럽연합과 중앙아시아 12개국이 아시아와 유럽을 연결하는 트라체카(Traceca)의 건설에도 합의했다(1998). 지구의 온난화는 극지방의 해빙으로 북극항로를 포함하는 신실크로드를 열고 있다.

서역인과 서역문물 서역의 문물이 실크로드를 따라서 신라에 전해졌다. 국립경주박물관

아라비아 상인의 독점으로 대항해 시대 개막

아라비아 상인들이 중국의 동남부에 정착촌인 '번방(蕃坊)'을 형성하고, 일부 상인들은 한반도까지 와서 물물교환을 했다. 베네치아 상인이 지중해에서 아라비아까지 교역을 담당하면, 아라비아 상인은 홍해나 페르시아만에서 순다열도까지 맡았다. 그리고 중국 상인이 말레이반도에서 광조우까지 담당했다.

십자군전쟁 이후 무역이 확대되면서 동방의 물품에 대한 요구가 커지자, 유럽인들은 베네치아 상인들과 아라비아 상인들의 교역 독점을 해소하고 싶어했다. 마르코폴로의 '동방견문록(1271~1295)'은 동아시아에 대한 환상을 갖게 만들면서 교역의 확대에 대한 열망을 크게 만들었다.

명나라 환관인 정화가 7차(1405~1433)에 걸쳐서 인도양을 원정했다. 제1차 원정은 함선 62척에 총 2만 7,800명이 탑승했고(1405), 제2차 원정

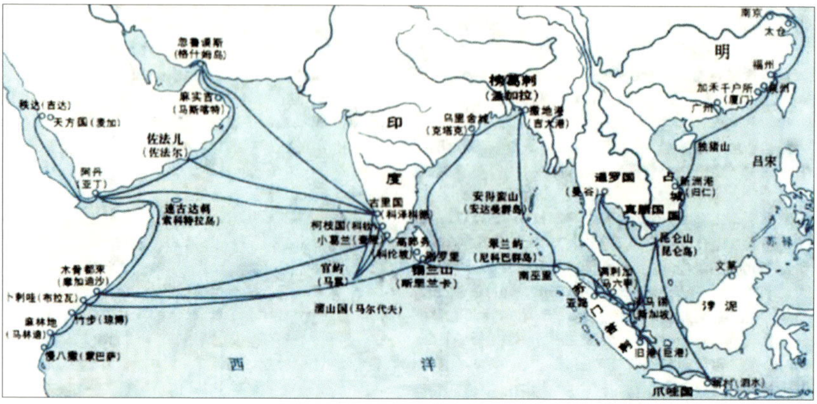

정화 항로와 인도양 항로 정화가 먼저 인도양 항로를 탐사하고, 포르투갈이 인도양 항로를 개척했다.

은 시암(태국)과 자바섬 등을 거쳐서 캘리컷에 도착했다(1407). 제3차 원정은 스리랑카의 왕과 그 가족을 잡았다(1409). 제4차 원정은 아라비아반도 아덴에 이르렀으며(1413), 제5차 원정은 아프리카 동쪽 해안의 말린디에 도달했다(1417). 제6차 원정은 조공을 바쳤던 각국의 사절을 돌려보냈고(1421), 제7차 원정은 메카까지 가면서 원정을 마무리했다(1431). 정화의 원정은 유럽인의 원정과 달리 현지 정착으로 문화를 전파하는 데 있었다.

유럽인들은 대항해시대에 신항로를 개척하여 대서양 연안과 아메리카 교역망을 연결하였다. 포르투갈 엔리케 왕자(1394~1460)는 왕위계승권이 없었기 때문에 평생 인도가는 뱃길을 찾아서 대항해시대를 열었다. 그는 모로코의 세우타를 점령하고 마데이라제도를 발견했다.

스페인과 포르투갈이 아라비아를 거치지 않는 인도양 항로를 개척하면서 콜룸버스가 인도가는 단거리 항로를 찾다가 서인도제도를 발견했다(1492). 마침내 바스코 다가마가 인도 캘커타에 도착하여 인도 항로를 개척했다(1498). 유럽인들은 후추 획득과 상품 판매를 위하여 식민지를 세우기 시작했다.

포르투갈이 후추 교역의 최대 거점지인 말라카(Melaka)를 정복하면서 인도와 페르시아를 거쳐서 지중해를 연결하고, 다시 베트남, 마닐라, 장주와 마카오까지 연장했다. 네덜란드가 말라카를 차지하면서 중국인을 현지인의 중간자로 활용했기 때문에 많은 후세들이 화교로 살고 있다. 말라카는 포르투갈 130년(1511~1641), 네덜란드 160년(1641~1795, 1818~1824), 영국 156년(1795~1818, 1824~1957), 일본 4년(1941~1945)의 식민지를 거친 동서양의 거점 항구였다.

피스테라 스페인 산티아고 순례길과 유라시아의 서쪽 끝으로 대항해시대의 시작점이다.

말라카 플로라드라마르호와 제주도 하멜기념관 포르투갈의 플로라드라마르호(1511)를 복원하였고, 네덜란드 하멜은 제주에 표류하여 생활했다(1653).

포르투갈이 일본 히라도(平戶)에 무역 기지를 건설한 뒤에 마카오를 조차하였고(1577), 네덜란드 암스테르담은 아시아의 다양한 문물을 들여오는 관문이었다. 인도 코친항은 포르투갈, 네덜란드, 영국으로 후추를 실어가던 거점이었으며, 인도네시아 바타비아항은 네덜란드 동인도회사(VOC)의 중심지역이었다. 동아시아의 중국 광저우항은 차와 자기, 향료, 비단 등을 유럽으로 보내고, 일본 나가사키항에서 네덜란드 동인도회사가 자기를 가져갔다.

유럽 국가들은 식민지 개발에 필요한 자금을 조달하기 위하여 투자은행을 설립하여 지원하였다. 프랑스 소시에떼제너랄은행(Societe Generlae)은 프랑크푸르트 조약에 따라서 전쟁 배상에 필요한 국채를 발행했다(1871). 영국의 스탠다드은행(Standard Bank of South Africa)은 1862년 남아프리카의 광산개발에 필요한 자금을 지원하였다. 차터드은행(Chartered

대항해시대의 인물들 엔리케 왕자와 콜롬버스가 대항해시대를 열었고, 넬슨제독이 프랑스와 스페인 연합군을 무찌르면서 영국이 최후의 승자가 되었다.

식민지 자본조달 영국, 프랑스 및 스페인은 식민지 경영에 필요한 자본을 조달하기 위하여 은행을 설립하였다.

Bank of India, Australia and China)은 수에즈운하 건설, 면방직 공업의 활성화 중국의 아편수입에 참여하였다. 산탄데르은행(Banco Santander)은 스페인과 남미대륙의 무역을 지원하였다. 일본도 조선에 다이이치국립은행(第一國立銀行)을 설립하여 일본 화폐를 유통시켰다.

북적 선비족의 동아시아 진출

고대에 선비의 오로크국은 두우(豆于)의 북쪽인 다퉁(大同)에서 4천 5백 리에 있었다. 1세기 말 선비족(鮮卑族)이 흉노를 물리치고 흥안령 지역을 차지한 후에 모용선비가 4세기 초 동북지역을 점령하고 연(燕)을 건국했다.

5호 16국시대(304~439)에 여러 북방 민족이 남하하여 만주와 한반도에 정착했다. 신라 법흥왕은 모원종(募原宗, 삼국사기), 모진(募秦, 책부원귀), 모즉지(牟卽智, 울진 봉평신라비)로 기록되어 있다. 문무왕릉비(文武王陵碑)는 김씨의 근원이 중국 삼황오제(三皇五帝)에서 시작하여 시조인 15대조 성한왕(星漢王)까지 적었고, 흥덕왕릉비도 김씨의 시조를 태조성한(太祖星漢)으로 쓰고 있다.

선비의 선우는 최고 통치자일 뿐만 아니라 천신의 아들로 제사장이었다. 지배 집단은 선우를 배출한 허련제가(虛攣鞮家)와 왕비를 배출한 호연(呼衍), 난(蘭), 수복(須卜), 구림가(丘林家) 등이었다. 선우는 호한야선우(기원전 58~31)부터 형제 계승으로 바뀌었고, 좌현왕과 우현왕, 동서, 흑백으로 나누어서 정치의 균형을 맞추었다. 군사 조직은 십호제, 백호제, 천호제 등으로 통제했다.

혼인은 씨족 밖에서 혼처를 구하는 외혼제, 계모를 아내로 삼는 수계

봉평리 신라비와 문무왕릉비 봉평리비는 울진의 신라 편입을 기록하였고, 문무왕릉비는 김씨 일가의 내력을 적었다. 국립경주박물관

혼(收繼婚), 형수나 제수를 아내로 삼는 수혼(嫂婚)제도를 유지했다. 아버지가 죽으면 계모를 부인으로 삼고, 형제가 죽으면 그 부인을 자기 처로 삼았다(사기). 형의 재산과 어린 자녀의 분리를 방지하여 씨족을 보존하는 방법이었다. 당나라의 측천무후는 태종 이세민의 후궁에서 아들인 고종의 황후가 되어 흉노족의 전통을 따랐다.

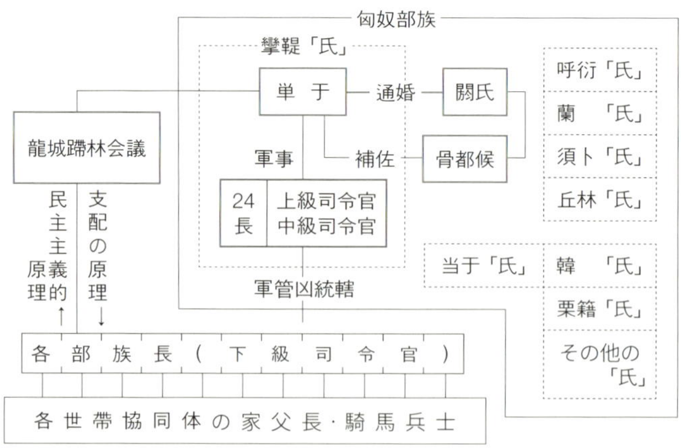

흉노의 정치제도 흉노는 씨족 중심의 정치조직을 구성하였다.

반농반목의 퉁구스족과 여진족

동아시아 민족은 외혼제집단(外婚制集團)인 씨족(氏族)을 기초로 동아종족, 북아종족, 북극종족으로 구분할 수 있다. 언어적으로 동아시아는 티벳어족(주어+동사+목적어)과 알타이어족(주어+목적어+동사)이 공존하는 특이한 지역이다.

중심지인 바이칼호(Lake Baikal)는 깊은(1,700m) 호수로 부리야트어 '큰(바이) 물(칼)'인데 한강의 '큰(한) 물(수)'과 같다. 부리야트나 부여는 크다는 '바이'에서 파생되었고, 고려는 사슴의 '코리'나 '고올리'에서 유래한다. 만주 흥안령(興安領)은 유목민족들의 중심지로 이곳에서 힘을 축적하면 만주에 강력한 국가를 형성한다. 이 지역에 국가가 발원할 때마다 중국과 한반도는 항상 침략의 대상이 되었다.

그 중심 부족인 퉁구스족은 시베리아 사하인의 아홉 부족인 '도쿠즈'에서 유래하며, 주로 아무르강(黑龍江), 예니세이강, 오호츠크해, 연해주 일대에서 살았다. 각 부족은 춘추전국시대에 숙신(肅愼), 한(漢)나라 시기 읍루(挹婁), 남북조(南北朝)시대에 물길(勿吉), 수(隋)·당(唐)에서 말갈(靺鞨)로 불렸다. 한반도의 말갈인은 동북부지역에 살면서 500년 전후로 한민족에 동화되었다. 말갈계 국가는 이원적인 통치 정책으로 농경과 목축을 하였다. 거란족이 요나라(916~1125)를 세워 발해(渤海)를 멸망시키면서 발해 왕족은 고려의 귀족으로 거란을 적대시하였다.

여진족은 고구려와 발해에 속하였다가 두만강 유역의 숙여진(熟女眞)이 11~12세기 고려에 귀화하였다. 완안부가 10세기 초 금나라를 세우고 요나라를 멸망시켰다. 금나라가 조공을 요구하자 고려가 수용하면서 평화적인 관계를 유지하였다. 16세기 말 누르하치가 여진족을 만주족(滿洲族, ᠮᠠᠨᠵᡠ)으로 바꾸면서 홍타이지가 여진족의 호칭을 금지하였다.

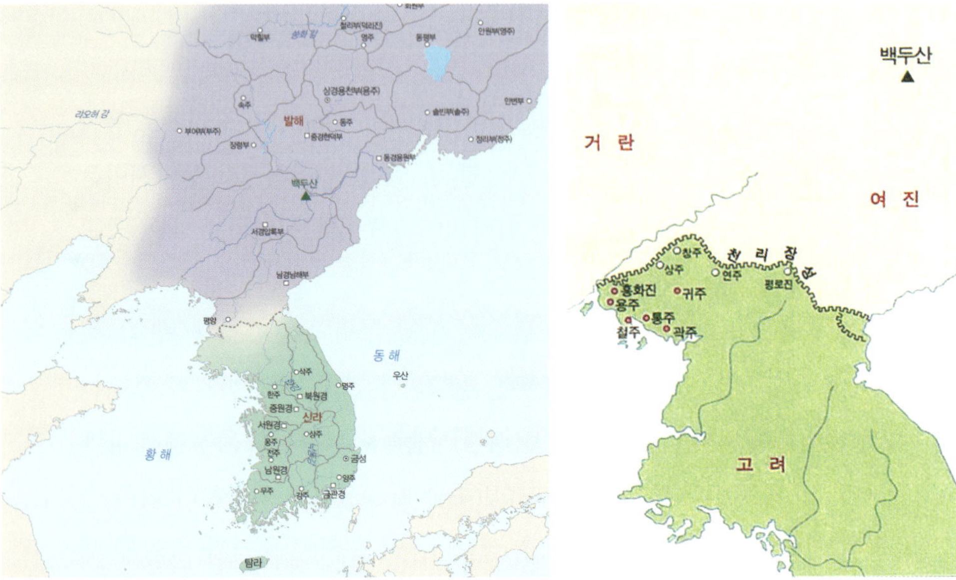

거란과 여진 발해가 멸망하면서 거란과 여진이 발해 지역을 차지하였다. 우리역사넷, 대한민국가지도집

샤머니즘과 선인주 퉁구스족은 샤머니즘의 종교관을 가졌고 움집이나 선인주에서 활동했다. 경희대박물관

현재 퉁구스족은 신장 위구르의 시버족, 홋카이도의 오로크족과 오로치인, 몽골의 에벤키족 등이 있다. 에벤키족은 소규모 씨족 단위로 유목

생활을 하면서 샤머니즘과 곰 토테미즘을 믿는다. 전통 가옥인 선인주(仙人柱)는 나무를 원뿔 모양으로 세우고, 자작나무 껍질과 모피로 주변을 싼다. 고대 한반도의 움집과 비슷한 형태를 가지고 있다.

동이 예맥족의 고조선 건국

몽골계(선비, 오환, 거란과 몽골), 퉁구스계(숙신, 읍루, 말갈, 여진), 예맥계 등이 동아시아 지역을 두고 서로 경쟁했다. 예와 맥은 서로 다른 민족이지만 고대 문헌에 함께 병기되어 있다. 맥(貊)은 천산산맥 동부에 형성된 역사 공동체로서 기원전 1500년경 요서지방에서 송화강 유역으로 확장해 나갔다.

예(濊)는 기원전 2~3세기경부터 송화강, 압록강, 함경도와 동해안 일대에서 살았다. 동명왕이 녹산(지린)에 부여(夫餘)를 세울 때 선주민 집단으로 길림지방의 서단산(西團山)문화를 창조한 부여의 주요 세력이었다.

청동기시대에 예맥족이 토착 세력인 고아시아족과 혼합되면서 김해와 여천(적량동)까지 내려왔다가, 규슈에 정착하여 야요이문화를 남

춘천 우두평야와 천전리 고인돌 우두평야는 예맥의 고도이며, 고인돌은 북방식과 남방식이 혼재된 형태이다.

미송리 토기와 철기 고조선의 토기가 의주 미송리 동굴에서 발견되었다. 국립중앙박물관

겼다. 이동 경로는 청동기시대부터 철기시대까지 이뤄진 무문토기의 발견 지역과 일치한다.

예맥족인 고조선은 농경과 청동기를 바탕으로 철기문화의 중국과 대립하였다. 기자조선은 은나라 말기에 중국인 유민들의 집단 이주로 형성되었고, 전국시대(戰國時代)의 연(燕)나라와 인접하였다(산해경). 진나라 유민들이 고조선으로 유입되면서 철기문화가 들어와 강력한 국가를 형성하였다. 고조선 토기(미송리식 토기)는 납작한 바닥에 입구가 점차 벌어지는 통통한 몸체에 띠 모양의 손잡이가 달려 있다.

고조선은 생산력이 증가하면서 강력한 국가를 형성했지만, 군장(軍將)이 한나라에 투항하면서 창해군(滄海郡)을 빼앗겼다(기원전 128). 한무제가 고조선을 침략하여 1년간 전투 끝에 왕검성을 함락시키고 한사군(漢四郡)을 설치했다(기원전 108). 후에 한사군은 낙랑군(樂浪郡)이 임둔군(臨屯郡)과 진번군(眞番郡)을 통합하고, 현도군(玄菟郡)이 옥저의 옛 땅에서 요동으로 이동했다.

현도군의 주민집단은 소노집단을 중심으로 나국연맹체를 이루었다. 주몽집단(朱蒙集團)이 소노집단을 누르고 나국연맹체를 통할하였다. 중국의 전란을 피해서 온 사람들이 동아시아에 국가를 건설하거나 지배층을 형성하였다.

동명신화의 계급사회 부여국

동명신화는 부여, 백제와 고구려의 시조로 범부여의 민족 의식을 상징한다(논형). '후한서'에도

> "옛날 색리국(혹은 탁리국) 왕이 시녀가 임신한 사실을 알게 되었다. 왕은 환궁하자 시녀를 죽이려 했는데 시녀가 하늘에서 큰 계란 만한 기가 내려오고 임신했다고 말했다. 왕은 옥에 가두었고 그 후 아들을 낳았다. 왕이 그 아이를 돼지우리에 버렸더니 돼지가 입김을 불어 죽지 않았고 다시 마구간으로 옮겼더니 말도 역시 같았다. 왕은 신의 뜻으로 알고 기르게 하였고, 그 이름을 '동명'이라 했다."

광개토대왕 비문에 비하면 천제와 하백의 후손인 시조 추모왕이 북부여를 나와서 고구려를 건국하였다. 주몽신화는 동명신화를 차용하여 여러 부족의 전승 관계를 정리하고 있으며, 연개소문의 셋째아들 연남산(792년 사망)의 묘지명에 동명을 기록하고 있다. 고구려는 동명묘를 설치한 졸본을 중시했고 장수왕이 평양에 동명왕릉을 세웠다.

백제는 시조인 동명왕묘(東明王廟)를 세우고 매년 정월에 국왕이 참배했다(삼국사기). 동명의 후손인 구태가 대방에 나라를 세웠고(북서, 수

하남 검단산과 풍납토성 남단터 숭산인 검단산에서 천제를 드리고, 풍납토성 남단에서 시조 동명에 제사했다.

서), 백제는 구태묘(仇台廟)에서 해마다 4번의 제사를 지냈다(책부원귀). 동성왕은 천지신과 시조에 대한 제사를 지내고 연회를 베풀었다.

일본의 '고사기'와 '일본서기'는 "진무 천황이 거북의 도움으로 바다를 건널 수 있었다. 시조의 아버지는 하늘이고 그 어머니는 해신의 딸이다."고 기록했다. 일본의 건국신화도 부여와 가야의 신화를 닮고 있다.

해부루(解夫婁)가 부여를 통치했는데 후에 해모수(解慕漱)가 내려와서 다스렸다(삼국사기, 삼국유사). 부여왕은 철제 무기와 갑옷으로 무장하고 샤먼의 가르침을 따랐다. 흉년이 들면 그 허물을 왕에게 돌려서 왕을 바꾸거나 죽였을 뿐만 아니라, 왕이 병들거나 힘이 빠지면 천재지변이나 질병으로 농업과 목축을 망친다고 믿었다. 왕권이 각 국읍에 행사되었지만 내부 집단은 그 영향을 받지 않았다. 지방은 5개 지역으로 기본 행정 단위로 읍락을 두었다.

왕 아래에 마가(馬加)·우가(牛加)·저가(猪加)·구가(狗加), 대사(大使)·사자(使者) 등의 지배층과 왕족과 왕비를 배출한 고추가(古雛加)가 있었다. 제가(諸加)들이 자체 무장하여 금속무기로 기마 전투를 수행했다(삼국지). 관직명인 부여의 가(加), 몽고의 간(干), 선비의 칸(Khan), 신라의 간은 서로 음이 가깝다. 하호(下戶)는 정복 지역의 주민들이나 전쟁 포로

부여의 칼과 토기 길림·장춘, 한반도에서 부여의 무기류나 토기류를 발견하였다.

였고, 그 아래 농계는 순장의 대상이었다.

부여의 초기 경제는 수렵과 채집이었고, 후에 농경생활로 전환하였다. 말 사용이 일반화되어 교통과 전투, 농업에 활용하였다. 1책 12법은 살인자는 사형에 처하면서 재산을 몰수하였고, 그 집안 사람들을 노비로 삼았다. 전쟁이 일어나면 하늘에 제사하고 소를 죽여서 그 발굽이 갈라지면 흉하고 합쳐지면 길한 것으로 여겼다.

부여국의 발전과 역사적 변천

초기 부여는 흥안령산맥 이남의 북만주 일대에서 농경생활을 했다. 신채호는 한민족의 부여주족론(扶餘主族論)을 주장했다(독사신론). 중국 문헌에 '부여(夫餘)', 한국 문헌에 '부여(扶餘)'로 표기되고 있다. 부여는 지배계급인 맥인(貊人)과 피지배계급인 예인(穢人)으로 구성되었다.

부여는 '벌(伐·弗火·夫里)'에서 변했다는 설과 '자치통감'의 '녹산(鹿

금아왕 기념우표 부여는 예맥족과 퉁구족으로 이루어진 부족국가로 해씨가 왕족으로 금아왕은 해부루왕의 아들이다.

山)', 사슴(鹿)의 만주어 Puhu와 몽골어 бyra(buga)의 사슴설이 있다. 색리국(索離国), 탁리국(橐離國) 또는 고리국(槀離國)으로 오랜 기간 중국의 왕조들과 우호관계를 유지하였지만 흉노와 선비, 고구려와 대립했다.

주몽이 금와왕의 후계자를 둘러싸고 적통인 대소에 밀려서 고구려를 건국했다. 중국 문헌에 고구려는 '삼국사기'의 기원전 37년보다 훨씬 이전에 존재했다. 초기 고구려는 졸본(卒本, 삼국사기)과 졸본부여(卒本扶餘, 삼국유사)로 기록되어 있다. 모두루 묘지명은 고구려의 기원을 북부여로 적고, 비류수(沸流水)에 세운 주몽의 나라는 졸본부여라고 했다(동사강목).

고구려의 대무신왕이 동부여를 공격하여 연나부(椽那部)를 설치했다. 부여의 갈사왕이 갈사부여(曷思夫餘)를 세웠지만 도두왕이 고구려에 항복하고 우태(于台)라는 벼슬을 받았다. 선비족이 흉노 지역을 차지하면서 모용외가 부여의 의려왕을 살해하였고, 부여 유민들이 두만강 하류의 북옥저로 도피했다. 다음 해 의라왕이 서진의 도움으로 귀환했지만 일부 유민들은 북옥저에 계속 살았는데 다시 모용황의 침입으로 부여인들이 남하했다.

부여가 계속된 선비족과 고구려의 공격에 혼란하던 시기에 백제에서 부여씨 근초고왕(346~375)이 왕위에 올랐다. 백제가 4세기 중엽에 시조인 동명왕묘를 설치하면서 부여 왕실의 백제 관여를 보여주고 있다. 광개토대왕이 부여를 정벌하던 시기에 부여의 유민들이 두막루(豆莫婁)를 세웠고(신당서), 두막루는 물길의 북쪽에 위치한 북부여로 기록되어 있다(위서, 북서).

고구려가 북부여를 장악한 후에 동부여만 자립했는데 광개토대왕의 토벌로 5개 집단이 항복했다. 동부여가 고구려에 병합되자 북부여도 고구려에 투항했다. 고구려에서 부여인들은 말갈족으로 취급을 받으면서 흡수되었다(구당서).

속말말갈(粟末靺鞨)은 부여가 멸망하자 끝까지 고구려에 저항했던 속말수(粟末水, 송화강 북쪽)에 살던 사람들이다. 속말말갈이 고구려 유민과 결합하여 발해국을 세우면서 부여의 옛 땅에 부여부(夫餘府)와 막힐부(鄚頡府)를 두었다. 발해 무왕이 두막루를 정복하고(726), 거란의 요(遼)나라가 부여부를 황룡부(黃龍府)로 개칭하면서 부여는 문헌에서 사라졌다.

부여국 위치 흥안령 이남의 눈강변의 북만주 지역에 있었다. 국사편찬위원회

제4장

다민족 혼합국가 한성백제

마한 백제국의 성장

백제(百濟)는 약 700년간 존속했던 나라로 한성기(기원전 18~475), 웅진기(475~538), 사비기(538~660), 그리고 부흥기(660~663)로 구분할 수 있다. 한반도는 기원전 1세기 한족, 부여족, 낙랑과 대방, 말갈과 예족, 그리고 한반도와 규슈의 거주민 등이 혼재된 다문화사회였다.

고구려는 계루부, 소노부, 절노부, 순노부, 관노부의 연맹체였다. 주몽 집단의 계루부가 왕권을 세습하면서 온조 집단의 소노부가 남하해서 백제를 세웠다. 백제의 시조 비류왕은 아버지가 우태로 북부여왕 해부루의 서손(庶孫)이고, 어머니 소서노는 졸본사람 연타발의 딸이었다. 소서노가 우태에게 시집가서 비류와 온조를 낳았다(삼국사기).

온조(溫祚)가 10명의 신하(十臣)와 함께 십제(十濟)를 건국했다(삼국사기). 십제는 기원전 1세기 말 미추홀을 병합하였고, '최초 1백가족이 바다를 건너왔다.'는 '백가제해' 또는 '백성들이 즐거이 따랐다'는 '백성락종'의 의미인 백제로 바꾸었다.

백제인 한성백제는 여러 씨족으로 구성된 다문화사회였다. 국립부여박물관, 왕인박사기념관

온조왕 온조왕이 마한 지역의 위례성에 도읍을 정하고 백제라 하였다.

백제국(伯濟國)은 마한 54국의 목지국, 건마국, 신미국과 함께 주요한 세력이 되었다. 한반도 중남부의 소국 및 한사군과 대립하다가 2세기 중엽 이후 낙랑군과 안성천의 목지국이 위축되면서 성장했다. 3세기 중엽까지 마한의 북부 세력이 낙랑군과 접촉했지만 백제에 대한 기록은 존재하지 않는다. 처음으로 "백제는 고구려와 함께 요동 동쪽 1천 리에 있었다."고 등장하고(송서), 백제는 '해 뜨는 밝은 땅'의 마한 소국으로 인식했으며(삼국지), 왜는 구다라(クダラ)로 훈독하였다(일본서기).

시라도리 구라키치는 부여왕족이 동옥저로 남하했다가 4세기 초 선주민인 백제와 연합하여 연합왕국을 세웠다는 가설을 제시하였다. 4세기

백제의 역대왕

대	왕명	이름	재위 기간	대	왕명	이름	재위 기간
1	온조왕	溫祚	BC18~AD28	17	아신왕	阿莘	392~405
2	다루왕	多婁	28~77	18	전지왕	腆支	405~420
3	기루왕	己婁	77~128	19	구이신왕	久爾辛	420~427
4	개루왕	蓋婁	128~166	20	비유왕	毗有	427~455
5	초고왕	肖古	166~214	21	개로왕	慶司	455~475
6	구수왕	仇首	214~234	22	문주왕	文周	475~477
7	사반왕	沙伴	234	23	삼근왕	三斤	477~479
8	고이왕	仇台	234~286	24	동성왕	牟大	479~501
9	책계왕	責稽	286~298	25	무령왕	斯麻	501~523
10	분서왕	汾西	298~304	26	성왕	聖明	523~554
11	비류왕	比流	304~344	27	위덕왕	昌	554~598
12	계왕	契	344~346	28	혜왕	季	598~599
13	근초고왕	肖古	346~375	29	법왕	宣	599~600
14	근구수왕	仇首	375~384	30	무왕	璋	600~641
15	침류왕	枕流	384~385	31	의자왕	義慈	641~660
16	진사왕	辰斯	385~392	32	풍왕	豊	660~663

한성백제 한성은 1대 온조왕부터 21대 개로왕까지 500년간 백제의 도성이었다.

중반에 관구검이 고구려를 침략하면서 고구려 내 부여계가 남하하여 백제국을 통합한 것으로 추정하기도 한다. 낙랑군과 대방군이 소멸된 후에 백제의 지배 세력도 바뀌면서 강력한 고대국가를 형성했다.

개로왕은 "臣與高句麗源出扶餘'와 '其先蓋馬韓之屬國 夫餘之別種, 신의 나라는 고구려와 더불어 근원이 부여에서 왔다."고 부여 의식을 표방했다(472년, 위서, 주서). 고구려에서 나온 것이 아니라 부여에서 왔다는 계승의식으로 시조인 동명묘를 세웠고, 성왕은 국호를 '남부여'로 바꾸면서 동질성을 강조하였다.

근초고왕의 고구려·마한·가야 정벌

고대국가는 고구려의 3세기 초 태조왕, 백제의 3세기 말 고이왕, 신라의 4세기 말 내물왕 시기에 이루어졌다. 고이왕(234~286)은 귀족을 관료로 편입시키고 율령을 반포하면서 국가체제를 정비하였다. 중앙은 6좌평과 16품의 관등제로 정착시켰고, 왕은 궁궐 앞의 남당에 모여서 신하들과 정사를 논의했다. 고이왕은 낙랑을 공격하여 임진강 상류에서 평강－가평－여주－안성천까지 장악하였다.

비류왕이 등장하는 4세기 전반에 동아시아 전역에 큰 변동이 일어났다. 책계왕이 한군현 전투에서 전사하고, 분서왕이 암살되면서 혼란이 발생하였다. 전연의 모용씨(慕容氏)가 주변을 압박하자 부여족이 이동하면서 서진이 양자강 이남으로 쫓겨나고, 고구려가 이 틈을 이용하여 낙랑군과 대방군, 부여국을 정복했다. 낙랑군과 대방군이 축출되면서 백제와 고구려가 국경을 맞대면서 영토분쟁을 시작했다.

4세기 중반 고이계와 초고계가 왕권계승을 둘러싸고 권력투쟁을 벌였다. 백제의 왕실 교체가 근초고왕(324~375) 시기에 이루어진 것으로 추정되고 있다. 고구려 고국원왕은 평양으로 천도하고 신원의 장수산성(長壽山城) 부근에 남평양을 건설했다. 조선시대 양주도호부(楊州都護府)는 고구려의 남평양성(南平壤城) 또는 북한산(北漢山)으로 장수산성에서 313년 제작된 벽돌과 많은 유물을 발굴했다(세종실록).

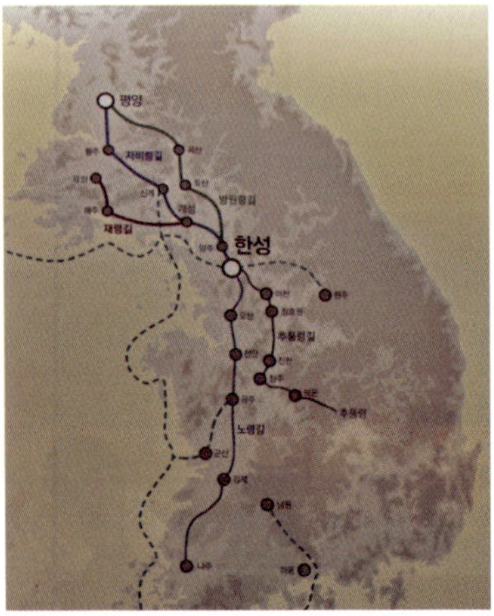

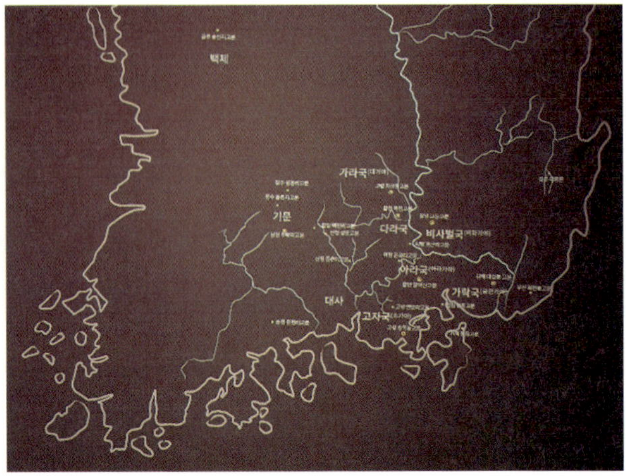

근초고왕기 백제 영역 근초고왕은 영토를 확장하여 평양에서 마한, 가야에 이르는 지역을 경영했다.

근초고왕은 대방군의 옛 땅을 찾기 위하여 3만의 군사로 고국원왕을 전사시키고 남평양을 빼앗았다(삼국사기). 근구수왕도 평양성을 재공격하여 고구려를 물리쳤다. 백제는 황주에서 신계까지 영토를 확장하면서 남쪽으로 영산강 하류와 탐라까지 진출했다(일본서기).

백제는 안성천의 목지국을 복속한 후에 금강의 건마국을 정복했다. 목지국 출신의 목라근자와 왜의 아라다 와께가 마한을 장악하고 가야 7국을 평정했다. 목라근자의 아들인 목만치가 가야 지역에 군사를 주둔시키고 직접 통제하였다.

근초고왕은 칠지도(七支刀)와 칠자경(七字鏡)을 왜의 오오진 천황에게 보냈다. 칠지(七支)는 시베리아 부족의 칠천세계(七天世界) 혹은 구천세계로 궁사였던 간마사 도모가 칠지도의 글자를 처음 확인했다. 글자는 칼 양면에 60여 자를 금상감(金象嵌)으로 조각했는데, "백제왕이 왜왕(倭王)에게 칼을 하사(下賜)했다."는 우리나라와 "백제왕이 천황(天皇)에게 칼을 헌상(獻上)했다."는 일본의 주장이 엇갈리고 있다. 또 다른 칠지도가 부여 군수리사지에서 출토된 기록이 있다.

칠지도 칼 좌우에 가지 칼이 3개씩 7개의 칼날이 있다. 한성백제박물관

泰□四年□月十六日丙午正陽造百練銕七支刀□辟百兵宜□供侯王□□□□作. 先世以來未有此刀百濟王世子奇生聖音故爲倭王旨造傳示後世.

"태□ 4년 □월 16일 병오 한낮에 만들었는데 백 번을 두들겨서 칠지도를 만들었다. □은 백명의 군사를 피할 수 있어 □가 후왕께 주노라. □□□□가 제작했다. 선세 이래 이런 칼은 아직 없었고 백제 왕세자 기생성음이 그런 까닭에 왜왕 지를 위해 만들었으니 후세에 전하라."

침류왕의 불교 공인과 왕들의 단명

백제는 삼국 중에서 가장 먼저 행정을 정비하여 율령을 반포했고, 마한의 토착 문화와 중국의 문화를 융합했다. 근초고왕은 동진에 사신을 보내서 책봉을 받고 외교관계를 맺었다. 마한 소국의 수장들이 중앙의 귀족으로 편입되고, 신라인·고구려인·왜인·중국계 사람들도 지배세력으로 흡수하였다.

침류왕이 불교를 도입하자 귀족과 호족세력이 반발을 일으켜서 침류왕도 불교공인 후에 사망하였다. 불교는 왕실과 귀족의 권위를 높이면서 자업자득(自業自得)의 윤회설(輪廻說)로 왕권강화에 작용하였다. 마라난타가 영광 불갑사(佛甲寺)와 한산에 사찰을 창건했다(384). 백제는 엄격한 계율로 개인의 해탈을 강조하는 남조의 계율종(戒律宗)을 받아들였다.

불교 공인과 왕권강화 과정에서 아신왕부터 동성왕까지 8명의 왕이 바뀌고, 고구려와 장기 전쟁을 치르는 혼란을 겪었다. 광개토대왕이 북한강 유역의 말갈을 장악하고 남한강 유역까지 진출했다. 장수왕이 백제

영광 불갑사와 하남 동사지 마라난타가 영광 불갑사와 한성에 큰 사찰을 조성했는데 동사지에 목탑의 흔적이 있다.

아차산성 보루 고구려는 한강 이북을 정복하고 아차산에 보루를 쌓았다.

를 위협하면서 백제는 북위와 외교관계를 맺고 고구려를 견제하였다. 장수왕이 3만여 군사로 한성을 공격하여 개로왕이 사망하면서 문주왕은 웅진(熊津)으로 천도하였다. 한성 귀족인 해구가 문주왕을 살해하면서 혼란이 시작되었고, 이후 백제의 대외 활동과 왕권도 약화되었다.

광개토대왕비와 중원고구려비

초기 백제는 낙랑군과 대방군, 동예, 신라에 둘러싸여 군사적 충돌이 적었지만 백제의 마한 통합, 고구려의 한사군 축출, 신라의 진한 통합 등으로 국경을 맞대면서 전쟁이 시작되었다. 근초고왕이 고국원왕을 전사시켜서 양국의 관계를 악화시켰다.

4세기 말 백제, 가야와 왜(倭)의 삼국 연합군이 금성(경주)을 함락시키자 신라왕이 아리나례(阿利那禮)강이 거꾸로 흐를 때까지 복수할 것을 맹세했다(일본서기). 신라가 고구려에 구원을 요청하여 광개토대왕이 5만의 병사를 파병하였다. 광개토대왕이 내려왔을 때 왜인과 가야인들이 신라의 성에 가득했다(광개토왕비). 삼국 연합군이 대방지역에서 고구려군과 싸웠고, 후에 고구려와 신라 연합군이 삼국 연합군을 물리쳤다.

장수왕은 광개토대왕의 공적과 왕릉 관리를 기록한 광개토대왕비(廣開土大王碑)를 세웠다. 높이 약 6.39m에 사면은 바둑판처럼 가는 선으로 구획하여 1,775자를 새겼다. 1면 1행부터 6행까지는 시조 추모왕(鄒牟王)의 건국과 왕계, 1면 7행부터 3면 8행 15자까지 광개토대왕의 정복 활동, 3면 8행부터 4면 끝까지 수묘인(능지기)의 숫자와 출신지, 수묘제도, 위반시 처벌 규정을 적었다. 고구려가 멸망하면서 잊혀졌다가 "평안도 강계부(江界府)의 북쪽 7리에 비가 있다."는 용비어천가(龍飛御天歌)

광개토왕비와 중원고구려비 고구려의 삼국관계와 영토확장을 확인할 수 있는 비문이다.

의 기록을 남겼다.

청나라가 이 지역에 대한 봉금정책(封禁政策)으로 관리되지 않다가 관원인 관월산이 광개토왕릉비를 발견하고 탁본을 만들었다. 초기 탁본은 자획 바깥 쪽에 먹칠을 해 채운 묵수곽전본(墨水廓塡本)으로 사코오 가게노부가 입수하여 이 탁본을 일본으로 보냈다. 요코이 다다나오가 쌍구가묵본(雙鉤加墨本)의 비문을 공개했는데 "왜와 가야가 신라를 침입하였을 때 고구려가 5만 군사를 파병하였고, 백잔(백제)과 신라가 속민으로 고구려에 조공을 바쳤다."는 내용이 있다.

마을 사람인 초천부가 이끼 때문에 탁본 뜨기가 곤란하자 불을 질러서 이끼를 제거한 후에 비석의 표면에 석회를 바르고 일부 글자를 임의로 수정했다. 이로 인해 탁본 글자가 누락되거나 다르게 보이면서 '위조 논란'을 일으켰는데 초기 원석 탁본이 청명본(靑溟本)이고, 이끼가 제거된 탁본은 규장각 소장본과 김혜정본으로 구분한다. 왕젠췬이 현지인 인터뷰와 문헌을 토대로 초씨 부자의 위조라고 판단했다.

백제 비유왕은 고구려의 남하정책에 신라와 동맹을 맺었고, 백제 동성왕과 신라 소지왕도 괴산(薩水原), 진천(母山城), 문경(犬牙城)에서 공동으로 고구려에 대항했다. 중원고구려비(中原高句麗碑)는 장수왕이 백제와 신라를 공격하여 충주지역까지 확장한 기록을 남기고 있다.

비문에 고구려는 신라에 군대를 주둔시켰고, 신라왕에게 의복을 하사하면서 신라를 동이(東夷)로 표현했다. 신라는 고구려의 태자가 가져온 왕의 신표인 부절(符節)에 조공의 예의를 표시했다. 고구려의 '당주', 고려태왕(高麗太王), 전부대형(前部大兄)의 관직명으로 신라에 주둔한 지휘관의 신분을 밝히고 있다.

충주는 죽령과 계립령가는 교통로의 중심지이면서 남한강과 낙동강을 연결하는 수운의 출발점이었다. 삼국이 충주 지역을 놓고 오랫동안 격전을 벌이면서, 장수왕은 만주에 국내성(國內城)과 충주에 국원성(國原城)을 설치하였다. 신라는 초기 고구려와 조공 관계를 형성하였다가 제나동맹으로 고구려에 대항했다. 그러나 진흥왕이 고구려와 협력을 맺고 한강 유역을 차지하자 충주에 중원경(中原京)을 설치하고 중앙탑(中央塔)을 세웠다.

탑평리 칠층석탑(중앙탑)과 상오리 칠층석탑 충주와 상주는 삼국의 각축지로 군사상 중요한 지역이었다.

고구려의 침략과 백제의 대왜 정책

백제는 아신왕과 전지왕 시기에 고구려와 격렬한 전쟁을 벌였다(삼국사기). 왕비족인 진씨(眞氏)세력이 고구려에 강경책을 고수하다가 전쟁의 패배로 세력이 약화되었다. 아신왕이 사망한 후에 해씨 세력의 지원으로 왜에 23년간 머물렀던 전지가 즉위했다(405). 전지왕 시기에 왕족인 부여씨와 귀족인 해씨(解氏)가 정국을 주도하면서 상좌평(上佐平)제도를 실시했다.

고구려의 남하정책에 백제가 웅진으로 천도하고 왕권이 약화되었다. 개로왕이 전사하고 문주왕이 살해되는 혼란 속에서 전지왕 이후 왜에 머물던 왕자들이 귀국하여 왕위를 승계하였다. 동성왕은 호위병 500명을 거느리고 돌아와서 신라와 동맹을 강화하였다. 그는 서남해 세력을 복속하고 왕후제로 중앙정부의 영향력을 확대하는 과정에서 한산(漢山) 사람 2천여 명이 고구려로 도망갔다(삼국사기).

무령왕도 왜에 머물다 돌아왔는데 그의 탄생 설화에 "어떤 여인이 가카라시마에서 아기를 낳고 사마(斯麻)"라 했다(일본서기). 가카라시마는 1999년부터 매년 무령왕의 탄생제를 지내고 있다. '삼국사기'의 사마(斯

강진만과 금동관모 강진만은 제주(耽津)가던 입구로 이 지역의 토착세력은 금동관모를 백제에서 하사받았다.

공주 숭덕전과 백제문화제 숭덕전은 웅진기 4왕의 위패를 두고 백제문화제 때 추모제를 올린다.

摩)와 '일본서기'의 사마(斯麻)는 한자가 서로 약간 다른데 무령왕릉 지석은 '사마(斯麻)'로 기록되어 있다.

무령왕은 백성을 구휼하면서 고구려의 수곡성(水谷城)과 섬진강 유역을 귀속시키고, 6세기 초 영서 지역의 말갈을 격퇴했다. 그는 양(梁)나라에 사신을 보내서 사지절도독백제제군사영동대장군(使持節都督百濟諸軍事寧東大將軍)의 책봉을 받았다(양서).

공주의 숭덕전은 웅진기 왕인 문주왕, 삼근왕, 동성왕, 무령왕, 성왕의 사당이며, 매년 백제문화제에서 추모제를 지내면서 덕을 기리고 있다.

성왕의 사비천도와 불교진흥

성왕(523~554)은 왕권을 강화하면서 중앙을 22부로 정비하고, 지방은 행정 및 군사조직인 방군성(方郡城)으로 전환했다. 사택씨(沙宅氏)와 목씨(木氏)의 지원 속에 국호를 '남부여국'으로 변경했다. 지층이 1만 명으로 패수에서 고구려군을 물리쳤고, 함안의 안라가야를 확보했다.

웅진은 도성이 협소하여 자연 재해에 대응하지 못하였기 때문에 대외

교류가 용이하고 넓은 평야의 사비로 천도하였다. 성왕은 고구려의 우산성을 공격하였다가 신라와 연합하여 한강 하류의 6개군을 차지했다. 그러나 진흥왕이 동맹을 배신하고 한강 유역을 빼앗자 성왕은 귀족들의 반대에도 불구하고 신라에 대한 보복 공격을 하였다. 신라의 한강 지배권을 단절시키기 위하여 왜의 물부막기무련이 함산성(函山城)을 공격하고, 부여창(위덕왕)이 구타모라(久陀牟羅)에 요새를 구축했다(일본서기).

성왕이 50여 명의 경호 병력과 측근들을 대동하여 관산성으로 가는 도중에 미리 매복해 있던 신라군이 성왕을 잡아서 처형했다. '일본서기'는 전선의 부여창을 위로하기 위해 갔지만, '삼국사기'는 신라를 기습하러 갔다고 적고 있다. 관산성 전투에서 백제, 가야와 왜의 2만 9천여 명이 전사하였는데, 대가야는 병사 1만 8천여 명의 사망으로 멸망의 원인이 되었다.

성왕은 불교에 기반한 이상 국가를 꿈꾸면서 사상을 통일하려고 했다. 겸익이 인도에서 경전을 가져다가 율부 72권으로 율종(律宗)을 창시하여 왜의 계율종 성립에 영향을 미쳤다. 양나라에서 불교 경전을 들여오고, 그는 일본 젠코지(善光寺)에 일광삼존아미타여래(一光三尊阿弥陀如来) 백제 불상을 보냈다.

부여 백마강과 경주 월성 성왕이 신라군에 살해되고 신라는 성왕의 두개골을 북청 계단에 묻었다.

일광삼존아미타여래와 구제관음상 젠코지 일광삼존아미타여래는 성왕이 보낸 일본 최초의 불상이고, 호류지 구제관음상은 위덕왕이 성왕을 본떠서 제작했다.

성왕이 신라 정벌을 주도하다가 사망하면서 왕권약화로 대성 8족과 귀족들의 정치적 발언권이 강해졌다. 위덕왕은 남조의 진에 조공하였을 뿐만 아니라 북조의 북제에도 책봉 사절을 파견하여 정통성 확보에 힘썼다. 수나라가 건국되자 사신을 파견하고 왜에 혜총을 비롯한 10여 명의 승려, 건축가 태량미태와 화공 백가 등을 보내서 외교적으로도 노력했다. 위덕왕은 죽은 왕자를 위하여 왕흥사(王興寺)를 세웠는데 '왕흥사 사리기'는 577년에 사찰을 창건하였고, '삼국사기'는 법왕이 시작하여 무왕이 완공한 것으로 기록했다.

丁酉年二月 十五日百濟王昌爲亡王 子立刹本舍 利二枚葬時 神化爲三
"정유년 2월 15일 백제왕 창이 죽은 왕자를 위하여 찰(절)을 세우는데
사리 2매를 묻으려 하자 신의 조화로 3매가 되었다."

나당연합군의 공격시기에 왕흥사의 승려들이 배의 돛대와 같은 것을

왕흥사 사리기 사리함 글자의 기록으로 제작 연도를 정확히 알 수 있다.

타고 큰 물을 따라서 절 문간으로 들어왔다. 신라의 무열왕이 660년 11월 5일에 계탄(灘)을 건너서 왕흥사잠성(王興寺岑城)을 공격하여 7일에 700명의 목을 베었다(삼국사기).

황제에게 바치는 대통사와 분황사

조공과 책봉의 동아시아 질서에서 근초고왕이 동진(東晉)에서 진동장군령낙랑태수(鎭東將軍領樂浪太守)를 받았다. 송(宋)은 전지왕을 진동대장군(鎭東大將軍)으로 한 단계 승격시키면서, 신하인 부여례에게 관군장군부마도위불사후장사(冠軍將軍駙馬都尉弗斯侯長史)와 장무에게 용양장군대방태수사마(龍驤將軍帶方太守司馬)를 부여했다.

양나라는 무령왕에게 사지절도독백제제군사영동대장군백제왕(使持節都督百濟諸軍事寧東大將軍百濟王), 성왕에게 지절백제제군사수동장군백제왕(持節百濟諸軍事綏東將軍百濟王)을 주었다. 위덕왕은 동제에서 사지절시중거기대장군대방군공백제왕(使持節侍中車騎大將軍帶方郡公百濟王)과 사지절도독동청주제군사동청주자사(使持節都督東青州諸軍事東青

州刺史), 수나라에서 상개부의동삼사대방군공(上開府儀同三司帶方郡公)을 받았다.

당나라는 무왕에게 '대방군왕백제왕(帶方郡王百濟王)'과 사후에 '광록대부(光祿大夫)', 의자왕에게 '주국대방군왕백제왕(柱國帶方郡王百濟王)'과 사후에 '금자광록대부위위경(金紫光祿大夫衛尉卿)'을 수여했다. 웅진도독 부여융은 '광록대부태상원외경사지절웅진도독대방군왕(光祿大夫太常員外卿使持節熊津都督帶方郡王)', 사후에 '보국대장군(輔國大將軍)'을 받았다.

지증왕이 국호를 신라(新羅, 503)로 정하면서 중국에서 책봉을 받았다. 진덕여왕(648)은 중국식 의관을 착용하면서 당나라와 일체감을 조성했다. 김춘추는 공식적인 사대 관계를 맺으면서 신라 말까지 군신 관계를 형성했다. 신라는 자체 연호를 폐기하면서 당나라 연호를 사용했고, 불교식 시호도 중국식으로 바꾸었다. 고려의 왕건도 후당의 연호를 사용하면서 중국의 종주권을 인정했다.

백제 대통사와 신라 분황사는 양나라와 당나라의 지원과 협력을 얻으

선산 도리사와 백률사 이차돈순교비 아도화상이 신라에서 도리사를 창건했고, 이차돈은 불교 도입 과정에서 순교하였다.

대통사지와 대통 연와 대통은 양무제의 연호이면서 불교의 대통불을 상징한다.

려는 노력의 상징물로 추정된다. 백제는 양무제의 연호인 대통(大通, 527~529)을 사용하여 대통사(大通寺)를 창건했다(삼국유사). 공주 대통사지와 부소산성에서 '대통'이 기록된 기와를 찾았다. 대통사는 명칭이 알려진 최초의 백제 사찰로 연꽃무늬 수막새를 사용하여 건축했다. 수막새 뒷면과 수키와 앞부분을 연결하는 남조계 기술을 반영하였고, 신라 최초의 사찰인 흥륜사(興輪寺)와 일본의 아스카지(飛鳥寺)의 기와에 영향을 미쳤다.

신라 선덕여왕은 '향기로운 황제의 사찰'인 분황사(芬皇寺)를 세웠다(삼국사기).

三年春正月 改元仁平 芬皇寺成

"3년 봄에 연호를 인평으로 고치고 분황사를 세웠다."

분황사탑은 중국의 전탑을 모방하여 7층 또는 9층 탑으로 1층 4면에 감실을 만들고, 입구에 인왕상, 돌사자와 돌물개상을 배치했다. 신라는 당의 문화를 빠른 속도로 받아들이면서 그 당시 들여온 당의 단령과 관모가 조선시대까지 관료의 집무복으로 사용되었다.

8세기 분황사탑처럼 전탑(塼塔, 벽돌탑)과 모전탑(模塼塔)이 낙동강변을 중심으로 유행했다. 백제탑처럼 마감하는 석재의 각과 기단부를 낮추고, 지붕은 더 길게 하면서 처마를 들리게 제작했다. 옥개석의 받침부는 별석으로 분리하여 목조 가구의 형식을 취하고 있다. 중국 유학생, 신라 내 당나라인이나 당나라 포로가 조성했을 것으로 추정된다.

전탑은 벽돌로 만든 정암사 오층탑, 법흥사지 칠층탑, 송림사 오층탑 등이고, 모전탑은 돌을 깎아서 만든 분황사탑, 제천 장락리 칠층탑, 봉

시안 대안탑과 경주 분황사탑 중국식 전탑이 분황사탑을 시작으로 낙동강 중상류 지역에 세워졌다.

법흥사지 칠층전탑과 봉감리 오층모전탑 전탑은 벽돌로 만들고, 모전탑은 돌을 벽돌처럼 다듬어서 쌓았다.

빙산사지 오층탑과 죽장리 오층탑 석탑계 모전탑은 전탑의 형식으로 탑신의 옥개석만 돌을 벽돌처럼 쌓았다.

감리 오층탑, 상주 상병리석심 회피석탑 등이다. 또한 석탑계 모전탑은 탑신의 옥개석을 벽돌식 석재로 축조한 탑리 오층석탑, 빙산사지 오층석탑, 선산 죽장사 오층석탑, 경주 용장사 삼층석탑 등이 있다.

의자왕의 친위정변과 신라공격

의자왕은 어려서 효심이 지극하여 해동증자(海東曾子)로 칭송받았다. 그는 왕위를 계승하자 친위정변(親衛政變)으로 왕권을 강화하고, 영토확장으로 내부의 분열과 민심을 수습했다. 신진 세력인 달솔 층이 지원하면서 신라의 40여 성을 한 달여 만에 점령했으며, 신라군이 당나라의 고구려 정벌에 동원되자 상주 지역의 17개 성을 빼앗았다. 의자왕은 고구려·말갈과 연합하여 655년까지 신라의 100여 개 성을 차지했다.

의자왕은 수시로 왜에 사신을 파견하면서 선물을 보냈고, 백제의 문화는 백제대향로와 예술적인 바둑판을 만들 정도로 절정기였다. 천황에게 선사한 바둑판과 후지와라 후이토에게 선물한 서랍장이 도다이지(東大寺) 정창원(正倉院)에 보관되어 있다. 바둑판은 자단목에 상아를 박아

바둑판과 서랍장 의자왕이 천황과 후지와라 가문에게 보낸 선물이다. 일본 정창원

서 계선을 표시했고, 바둑알은 상아에 새를 그렸다. 서랍장은 정창원의 '국가진보장(國家珍寶帳)'에 "의자왕이 내대신(內大臣)에게 하사했다."고 기록했다.

의자왕이 왕권을 강화하면서 추방된 좌평 세력인 귀족들의 불만이 컸다. 성충과 흥수도 과감하게 배제하였고, 사택지적도 축출된 좌평에 포함된 것으로 추정된다. 사택지적은 "조정에서 백제 사신인 대좌평 지적 등에게 잔치를 베풀었다."는 기록이 있다(일본서기).

사택지적비(砂宅智積碑)는 높이 102cm, 폭 38cm에 4행 56자가 남아 있다. 비문은 가로와 세로 줄을 긋고 사륙병려체(四六騈儷體)로 사찰을 세워 부처님을 모시는 뜻을 밝혔고, 내용은 백제 후기의 삶과 사상을 담고 있다.

의자왕기 백제는 가구 76만 호, 인구 300만~400만 명 정도로 추산되는 가장 강력한 국력을 가진 시기였다. 전통 음악의 백미인 정읍사(수제천)와 최고의 예술품인 백제금동대향로도 제작되었다. 고구려가 내분으로 불안정한 정세였던 것과 큰 차이를 가지고 있었다.

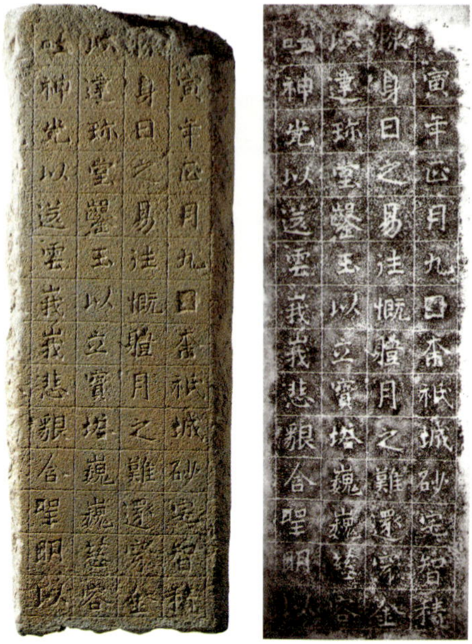

사택지적비 일제강점기에 부여신궁을 세우려고 모아 놓은 석재에서 발견되었다(1948). 국립중앙박물관

황산벌 신라와 기벌포 당나라의 협공

당나라는 삼국의 왕을 동시에 책봉하면서 상호 견제 정책을 썼다(영류왕 7년, 무왕 25년, 진평왕 46년). 삼국에 중재자의 입장을 취하면서도 신라를 두둔하고 백제를 무마하면서 고구려 정벌의 동방정책을 추진하였다. 연개소문은 부여성(扶餘城)에서 요동반도까지 천리장성을 쌓아서 대비하였다. 신라 김춘추는 고구려에 관계 개선을 위한 협상을 요청하였다가 거절당했다.

초기 신라가 고구려와 백제를 수나라에서 분리시키는 정책을 추진하자 신라와 당나라의 동서연합과 백제와 고구려의 남북연합이 형성되었다. 김춘추는 "백제가 신라의 수많은 성을 점령하여 대당 교통로의 차단으로 당과 우호관계를 유지할 수 없다."고 당나라를 압박했다. 선덕여왕이 병으로 세상을 떠나자, 김춘추는 진덕여왕을 세우고 실권을 장악하였다. 김춘추는 진골 출신으로 성골의 상대등인 비담과 알천을 물리치고 왕권을 획득했다.

당나라가 백제에 신라와 화평을 요구했지만 의자왕이 거절했다. 김법민이 당나라 고종에게 백제를 침략하여 빼앗긴 성을 반환해주도록 간청했다. 당나라가 다시 백제를 압박하자 의자왕은 당나라에 더 이상 사신을 파견하지 않았다. 권력에서 밀려난 좌평 정복과 임자가 불만을 품고 신라의 김유신과 내통했다. 백제는 불만 세력인 좌평 층과 왕권 세력인 달솔 층이 서로 충돌하면서 정치체계를 확립하지 못했다.

당나라는 신라의 조공로를 확보해 준다는 명분으로 백제 파병을 결정했다. 소정방이 총사령관인 신구도행책총관(神丘道行策摠管)으로 군사 13만여 명과 배 2천여 척을 이끌고 왔다. 당나라군이 660년 3월에 내주를 출발하여 덕물도(덕적도)에 도착하였고, 김법민과 김유신이 덕물도를 방문했다. 김춘추는 우이도행군총관(嵎夷道行軍摠管)으로 5만의 군사를 이끌고 출전했다.

삼년산성과 공산성 갑옷 신라는 보은 삼년산성에서 백제 공격을 준비하였고, 의자왕이 피신했던 공산성에서 '정관19년(645)'이 쓰인 갑옷을 발견했다. 공주대박물관

오천결사대와 계백장군묘 계백장군은 5천의 군사로 황산벌에서 최후의 일전을 벌였다.

나당연합군 침략에 흥수는 백강(기벌포)에서 당군을 막고, 탄현(炭峴)에서 신라군을 막도록 했다. 탄현은 동편에 고산현, 남쪽에 익산군이 있는 군사 요충지였다(택리지). 나당연합군이 사비를 양쪽에서 협공해 오면서 백제는 군사력을 분리하여 전투를 치루었다. 백제군은 황산벌에 세 개의 영채를 세우고 싸웠으나 수적 열세로 계백장군이 죽고, 좌평인 충상과 달솔인 상영을 비롯하여 20여 명이 포로가 되었다.

당나라군이 서해안을 따라서 기벌포에 도착하였고, 백제군은 밀물에 들어오는 당군을 저지하지 못했다. 1만여 명의 백제군이 패하고, 당나라군이 사비성에서 20여 리 떨어진 곳까지 진격했다(구당서). 의자왕이 화친을 요청했지만 받아들여지지 않았고, 전세가 불리해지자 웅진성으로 피신했다(7월 13일). 그러나 웅진성의 성주인 예식진이 반란을 일으켜서 의자왕을 잡고 투항하여 그는 좌위위대장군에 임명되었다. 그의 후손들은 당나라에서 고위 관직을 얻어 풍요로운 삶을 영위하였다.

김춘추가 7월 29일 사비성에서 승전 잔치를 베풀었다. 소정방은 의자왕과 부여융을 단 아래에 앉히고 술을 따르게 했고, 의자왕을 비롯하여 대신 88명과 백성 12,807명을 당으로 압송했다. 김유신은 나당연합군의 승리로 삼한이 매우 안정된 사회가 되었다고 평했다(삼국사기).

三韓爲一家 百姓無二心 雖未至太平 亦可謂小康

"삼한이 일가가 되고 백성은 두 마음이 없으니, 비록 태평하지 못해도 가히 작은 평안이다."

백제의 멸망은 귀족들의 의자왕에 대한 불만, 백제의 세력 확장에 당황한 신라, 고구려 견제를 위한 당나라의 이해관계로 이루어졌다. 실학자들은 백제의 멸망을 도덕적인 문제보다 한성에서 웅진으로 천도하면서 국력이 약화되었기 때문이라고 했다.

백제의 부흥전쟁과 신라의 통일전쟁

사비성이 함락되자 복신과 도침이 주류성(周留城)을 중심으로 부흥전쟁을 전개했다. 주류성은 농사 짓기에 척박하지만 산은 높고 계곡은 지키기 쉬운 천험의 요새로 서천 건지산성, 홍성 장곡산성, 연기 당산성, 부안 위금암산성 등의 견해가 있다. 당유인원기공비(唐劉仁願紀功碑)는 "백제군이 임존성을 근거지로 하였다가 주류성으로 옮겼다."고 적었다.

복신과 도침은 왜에 사신을 파견하여 부여풍을 왕으로 세우고 사비성의 유인원을 포위했다. 텐지 천황은 5천여 명의 호위병과 함께 풍왕을 귀국시켰는데, 의자왕이 630년 왕자 풍왕을 보내 질(質)로 삼았었다(일본서기). 부여풍이 왕이 되면서 풍왕은 '삼국사기'에서 왕으로 인정하지 않지만 '일본서기'와 '속일본기'는 왕으로 인정하고 있다. 백제의 멸망은 삼국사기의 660년과 일본서기의 663년으로 차이가 있으며, 안정복은 풍왕을 마지막 왕으로 기록했다(동사강목).

서천 건지산성과 예산 임존성 건지산성은 주류성으로 추정되며, 임존성은 부흥전쟁의 중심성이었다.

백제군이 임존성의 흑치상지와 연합하여 풍왕을 중심으로 재편되자 당나라는 부여융과 유인궤를 보내서 백제군에 맞섰다(662). 전쟁이 치열해지던 시기에 복신이 도침을 살해하였고, 풍왕이 복신을 처형하고 왜에 지원군을 요청했다.

왜의 병선 1천여 척과 군사 2만 7천여 명이 파견되었고, 백촌강 전투에서 왜선 400여 척이 침몰하고 1만여 명의 병력이 전사했다(구당서). 백촌강은 백강 기벌포, 안성천 백석포, 동진강 굴포 등의 견해가 있다. 후발대인 아베노히 라후는 싸우지 않고 백제 유민을 데리고 왜로 돌아갔다(일본서기). 백제와 왜의 지도자들은

州流降矣 事无奈何 百濟之名 絶于今日 丘墓之所豈能復往

"주류성이 함락되어 백제의 이름이 금일로 끊어졌다. 조상묘가 있는 곳을 회복하여 돌아갈 수 있으리"

나당연합군은 두량륜성과 주류성, 임존성을 차례로 무너뜨렸다. 임존성은 흑치상지가 3만의 군사로 나당연합군을 무찌르고 2백여 성을 회복시켰던 거점이었다. 흑치상지는 당나라의 회유에 넘어가서 백제군 토벌

에앞장섰고, 그의 묘지석이 낙양 북망산에서 발견되었다(1929). 그의 부하였던 지수신은 임존성을 끝까지 사수하다가 패하자 고구려로 망명했다.

고구려의 지원군도 손인사의 당나라군에게 패하면서 도움을 주지 못하면서 백제군은 세력의 약화로 명맥만 유지하다가 소멸되었다. 풍왕은 고구려로 피신했다가 당나라군에 잡혀서 강남으로 유배되었다(자치통감). 신라는 국력을 소진하면서 전쟁을 치뤘지만 점령지없이 경제만 고갈되자 나당간 갈등이 표출되면서 전쟁에 직면했다.

신라가 웅진도독부를 공격하면서 당나라는 토번과 신라를 동시에 상대하는 양면전에 휘말렸다. 신라는 임진강과 한탄강의 제1방어선, 양주와 포천의 제2방어선, 그리고 한강의 아차산성과 이성산성으로 제3방어선을 구축하였다. 신라군은 매초성 전투에서 3차례 패했고, 당나라군도 천성(泉城)공격에서 패했다. 신라군은 매소성(買肖城)전투와 기벌포 전투에서 당나라군을 격파하면서 한반도 중남부를 차지하였다. 신라는 중앙군인 9서당의 백금서당과 청금서당에 백제인을 배치하였다.

백제의 부흥전쟁은 지도층의 내분과 일부 부하들의 배반으로 좌절되었는데, 부흥전쟁이 빨리 소멸된 이유로 왜에 기반을 마련하였기 때문이라는 분석도 있다. 웅진도독부의 관리 30여 명과 백제유민 100여 명이

가림성과 기벌포 전망대 가림성은 금강에서 오는 적을 감시하였고, 기벌포는 백강전투와 기벌포 해전의 격전지였다.

왜에 사절단으로 파견되었다. 당나라 사신과 백제 유민 250여 명이 다시 파견되어 양국간 선린관계의 복구를 합의했다.

웅진도독 부여융과 계림도독 김법민의 취리산 회맹

부여융은 태자에 책봉되었지만 후에 폐위되었고, 나당연합군이 사비성을 포위하자 의자왕과 함께 웅진성으로 대피하였다(삼국사기). 신라가 사비를 정복한 후에 김법민(문무왕)이 부여융의 얼굴에 침을 뱉으면서 굴욕을 주었다.

삼국은 어느 쪽이 전쟁에 승리해도 국가를 멸망시키지 않았지만 신라는 중국식 통일로 전통적인 역학관계를 무너뜨렸다. 당나라는 웅진도독부를 설치하고 백제 지역에 5개의 통치조직을 두었다. 왕문도가 최초 도독이었지만 급사하면서 유인궤로 교체되었다. 당나라가 고구려 원정에서 패하자 웅진도독부의 철수를 명령했다. 유인궤는 오히려 증원군을 요청하여 손인사가 7천여 명의 군사를 이끌고 왔다.

당나라는 유인원을 파견하면서 부여융과 흑치상지도 함께 보냈다. 부여융은 신라의 김인문을 만나서 백제와 신라간 화해를 위한 예비회담을 가졌다. 웅진도독 부여융과 계림도독 김법민(문무왕)이 웅진의 취리산에서 웅진도독부와 계림도독부간 국경을 확정하는 회맹을 했다.

취리산 회맹은 유목민족의 방식을 따라서 백마를 죽이고 제사한 후에 그 피를 회맹인들의 입에 발랐다. 유인궤가 쓴 맹세문에 대하여 "백제가 이웃 나라와 화목하지 못하여 멸망을 자초했고(삼국사기), 신라가 이웃 나라와 화목하지 못하고 당나라군을 끌어들였다(일본서기)."고 기술하였다.

부여융은 당나라로 이송되었다가 '광록대부 태상원외경' 겸 '웅진도독

연미산(취리산)과 고마나루 부여융과 김법민이 웅진에서 웅진도독부와 계림도독부간 국경 확정의 취리산 회맹을 했다.

대방군왕'으로 책봉을 받았다. 그는 주의 자사인 웅진도독으로 백제 지역의 1도독부 7주 51현을 관리하면서 유인궤와 함께 당나라의 봉선에도 참여했다. 당나라가 웅진도독부를 철수하면서 부여융도 돌아가서 낙양에 묻혔고, 부여 능리산고분(왕릉원)에 그의 가묘를 세웠다.

김법민(문무왕)은 김춘추(무열왕)를 계승하여 백제군, 고구려군, 당나라군과 전쟁을 치뤘고 당나라는 계림도독을 책봉했다. 문무왕은 군사 조직인 중앙의 9서당(誓幢)과 지방의 10정(停)을 설치하면서 통일 이후의 안정화에 힘쓰다가 대왕암(大王岩)에 수장되었다(삼국사기, 삼국유사).

오랫동안 잊혀졌던 문무왕비가 경주부윤 홍양호에 의하여 발견되었다(1796년경). 청나라 유희해는 해동금석원(海東金石苑)에 제작 연대를 681년이라 보고하였고, 일본인 이마니시는 682년 6월 이후로 추정하였다. 추사 김정희는 사천왕사 부근의 문무왕릉비를 찾아 탁본을 만들었다(1817).

한동안 비석이 자취를 감추었다가 경주의 한 주택에서 대편 1개(1961), 이후 수도 검침원이 빨랫돌로 쓰던 나머지를 발견했다(2009). 앞면에 신라의 찬미, 김씨의 내력, 태종무열왕의 사적, 문무왕의 사적을 적었고, 뒷면에 문무왕의 유언과 장례에 관한 내용을 기록하였다.

公諱隆字隆百濟辰朝人也元□□孫啓祚暘谷稱雄割據一方跨躡
千載仁厚成俗光揚漢史忠孝立名昭彰晉策祖璋百濟國王沖撝淸
秀器業不羣貞觀年詔授開府儀同三司柱國帶方郡王父義慈
顯慶年授金紫光祿大夫衛尉卿果斷沈深聲芳獨劭趨藁街而沐
化績著來王登棘署以開榮慶流遺胤公幼彰奇表夙挺瓌姿氣蓋三
韓名馳兩貊孝以成性愼以立身擇善而行聞義能徙不師蒙衛而□
發懃工未學孫吳而六奇閒出顯慶之始王師有征公遠鑒天人深知
逆順奉珍委命削衽歸仁去後夫之凶革先迷之失款誠押至褒賞荐
加位在列卿榮貫蕃國而馬韓餘燼狼心不悛鴟張遼海之濱蟻結丸
山之域皇赫斯怒天兵耀威上將擁旄中權奉律呑噬之筭雖
稟廟謀綏撫之方且資人懿以公爲熊津都督封百濟郡公仍
爲熊津道摠管兼馬韓道安撫大使公信勇早孚威懷素洽招攜邑落
忽若拾遺翦滅姦匈有均沃雪尋奉明詔脩好新羅俄沐
鴻恩陪覲東岳勳庸累著寵命日隆遷秩太常卿封王帶方郡公事君
竭力徇節亡私屢獻勤誠得留宿衛比之秦室則由余謝美方之漢朝
則日磾慙德雖情深匪懈而美疢維幾砭藥罕徵舟壑潛徙春秋六十
有八薨于私第贈以輔國大將軍謚曰公植操堅慤持身謹正高
情獨詣遠量不羈雅好文詞尤翫經籍慕賢才如不及比聲利於遊塵
天不憖遺人斯胥悼以永淳元年歲次壬午十二月庚寅朔廿四日癸酉
葬于北芒淸善里禮也司存有職敢作銘云
海隅開族河孫效祥崇基峻峙遠派靈長家聲克嗣代業逾昌澤流淲
水威稜帶方餘慶不孤英才繼踵執介貞慤載其忠勇徇國身輕亡家
義重迺遵王會遂膺天寵桂婁初擾遼川不寧薄言攜育寔賴
威靈信以成紀仁以爲經宣風徼塞侍蹕云亭爵超五等班參九列虔
奉天階肅恭臣節南山匪固東流遽閱敢託明旌式昭鴻烈
大唐故光祿大夫行太常卿使持節熊津都督帶方郡王扶餘君墓誌

부여융묘지명 부여융의 묘지명이 낙양에서 발견되었다(1919).

백제멸망의 서천·부여 구전설화

서천 건지산성이 부흥군의 본거지였던 주류성으로 알려져 왔다. 이 지역은 백제와 관련된 유적, 백제군과 나당연합군의 전투에 대한 이야기들이 전해 오고 있다. 봉선리 제사유적은 평야지대에 솟은 두루재산 정상에 위치하며 주위를 쉽게 조망할 수 있다. 제사기구인 삼족기와 기대편, 360여 기의 유구와 500여 점의 유물이 출토되었다(2003). 백제군은 이 지역에서 짓을 치고 기벌포에서 들어오는 당나라군과 치열한 전쟁을 벌였다. 그 당시 배가 기벌포에서 길산천을 따라 봉선리까지 들어와서 저령이나 마가현을 넘으면 사비성에 빠르게 도착할 수 있었다.

주변의 벽오리 안장바위는 부흥전쟁에 참여했던 한 장수의 전설을 간직하고 있다. 장수가 용감히 싸우다가 밀려서 이곳에 이르면 말이 항상 울부짖었다. 장수가 다시 싸움터에 가서 죽을 힘을 다해 싸우다 밀려서

두루재산과 천방산 하늘에 풍요와 안전을 기원하던 곳으로 백제 말기에 가장 치열했던 전투지였다.

은적사지와 안장바위 은적골은 소정방의 이야기를 가진 은적사가 있었고, 안장바위는 백제멸망의 전설을 간직하고 있다.

돌아오면 말은 그 자리에서 항상 울부짖었다. 전세가 불리하여 말의 행동을 더 이상 받아들일 수 없게 되자 장수가 눈물을 머금고 아끼던 말을 죽였고, 말을 묻은 자리에서 안장바위가 솟아 올랐다.

봉선리에서 가까운 천방산(千方山)은 사비가는 길목에서 가장 높은 산으로 이정표 역할을 하였다. 소정방이 기벌포에서 큰 풍랑으로 사흘간 진군하지 못하고 있을 때, 꿈에 어느 도승이 "절 천 칸을 짓고 기도하면 풍랑을 멈출 수 있다."고 하여 즉시 천간(千間)의 방을 만들고 제사하자 풍랑이 멈추었다.

소정방이 신의 은혜에 보답하고자 천방산에서 가까운 저령 부근의 '은적사(隱寂寺)' 뒷산에 매화나무를 심었다. 은적사는 없어지고 은적골

(隱寂谷)로 불리면서 항상 봄에 매화꽃이 만발했었다. 군산 은적사와 목포 은적사에도 천방산과 은적사의 설화가 동일하게 남아 있어 소정방이 미친 영향이 광범위했음을 보여주고 있다.

백제군이 사비로 들어오는 입구인 저령은 치열한 전투를 벌여 이 지역을 '살푸쟁이'라 부르고, '전장촌(戰場村)' 또는 '전장말'은 백제군이 끝까지 저항한 싸움터였다. '투구봉'과 '주마타령'은 건지산성과 가까운 곳으로 부흥군의 역사를 간직하고 있다. 마가현은 '장수고개'로 그 아래에 구원병이 있었던 '구병굴'과 군사들이 깃발을 높이 들고 대열을 짜던 '고래기'가 있다. '매봉산'은 군사들의 깃대가 많이 휘날려서 붙여졌다.

백제인들은 당나라로 가던 의자왕을 '유왕산(遊王山)'에서 마지막으로 배웅했고, 가던 배가 쉬었다 가면서 이름이 불려졌다. 백성들이 떠나는 왕을 눈물로 지켜보아서 '원당산(怨唐山)' 또는 당을 향해 활을 쏘아서 '사당산(射唐山)'이 되었다. 매년 음력 8월 17일에 백 리 안의 부녀자들이 이곳에서 '유왕산놀이'를 했고, 백제 유민의 넋을 기리는 유왕산추모제를 지내고 있다. '망배산(望拜山)'은 유왕산에 오지 못했던 사람들이 의자왕에게 절한 곳이다.

소곡주(素穀酒)는 나라 잃은 한을 달래며 하얀 소복을 입고 빚어서 붙

유왕정과 망배산 백성들은 의자왕을 유왕산에서 배웅하고, 오지 못한 사람들은 아래 산인 망배산에서 큰 절을 하였다.

여진 명칭이다. 700년 백제의 역사는 사라졌지만 찬란한 문화와 그 의식은 여전히 이어오고 있다.

나를 떠나간 님의 마음처럼 그렇게 떠날 순 없지만
다시 돌아 온다 말 없이 차마 떠나 가리라
사랑도 이별도 모두가 지난 얘긴 걸
지나간 날들 묻어 두고 떠나 가야지
(남화용의 '홀로 가는 길' 중에서)

한풀이, 은산별신제와 산유화가

백제는 무왕 때부터 계속된 전쟁으로 5부 37군 2백성 76만 호로 20만여 명의 나당연합군을 막기에 역부족이었다. 그러나 "백제가 고구려와 연합하여 신라를 침범하고 이웃과 잘 지내지 않았으며, 천자의 말을 듣지 않아 대국에 죄를 지어 망했다."고 했다(삼국사기).

백제가 정복당한 후에 그 한을 나타내는 전설과 풍습들이 전해오고 있다. 은산별신제는 부흥운동에 헌신했던 도침과 복신을 위한 당제이다. 부여 은산에 전염병이 유행하여 많은 사람들이 죽었는데 한 노인의 꿈에 복신이 "전쟁으로 사망한 수많은 부하의 유골을 잘 수습해주면 역질을 쫓아주겠다."고 했다. 마을 사람들이 뼈를 모아서 묻어주고 드린 제사가 별신제로 이후 3년마다 지내고 있다.

별신당은 중앙에 산신도, 좌우에 토진대사(도침)와 복신장군의 영정을 걸어 놓았다. 세습무녀들이 제1일 나무를 베어오는 진대 베기, 제3일 꽃받기, 제5일 별신 올리기(상당굿), 제6일부터 9일까지 행군과 축원굿, 제

별신당과 산신도 도침과 복신의 영정을 두고, 제사는 장승을 세워서 진행한다.

10일 하당굿, 제12일 화주의 독산제, 제13일 장승 세우기로 진행한다.

별신제는 1930년대까지 서커스단까지 들어오고 학교가 휴교할 정도로 성대하게 치뤄졌다. 그러나 은산장이 쇠퇴하면서 중단되었다가 무형문화재로 지정되어 1978년부터 짝수 해는 대제(大祭)를 지내고, 홀수 해는 소제(小祭)를 지낸다.

남도 무속에서 성주(城主)는 임금이며, '어루하'는 백제의 왕인 '어라하'와 유사하다. '성주풀이'는 왕에 대한 그리움과 만수무강을 기원하는 민요로 중국의 낙양성이 등장한다. 그리고 상여소리에 "고관대작 다버리고 북망산을 찾아갈 제"가 나온다.

낙양 북망산(北邙山)은 멀리서 보면 산이지만 가까이 가면 평지로, 산이 사라지는 북쪽의 망산(邙山)에서 유래했다. 왕족이나 공경대부들이 북망산에 매장되면서 '사람이 죽으면 북망산 간다'는 말이 생겼다. 흑치상지, 부여융, 부여태비, 남생과 남산, 남생의 아들인 헌성 등의 묘지가 있었다.

의자왕과 부여융가묘 낙양의 흙으로 능산리 왕릉원에 가묘를 조성하고, 부흥전쟁의 격전지 운주산성 고선사에 위령비를 세웠다.

낙양성 십리 허에 높고 낮은 저 무덤은 영웅호걸이 몇몇이며
절대 가인이 그 누구냐 우리네 인생 한번 가면 저기 저 모양 될 터이니
에라(어라하) 만수(萬修) 에라(어라하) 대신(大神)이야
(민요 '성주풀이' 중에서)

백제는 직할지인 금천의 금천평야, 금강을 따라서 논산평야와 김제평야를 중심으로 노동요를 발전시켰다. '긴산유화가'는 모심기 시작해서 끝날 때까지 불렀고, '자진산유화가'는 모심기 막바지에 불렀다(증보동국문헌비고). 백제인들은 멸망의 사연과 한을 노래에 담아서 의자왕을 그리워하였다. 농사짓는 사내와 베 짜는 여인들이 산유화가 부를 때 금천 지역이 떠나갈 듯 울려 퍼졌다(동아일보, 1926).

산유화혜 산유화야 저 꽃 피기 시작하야
저 꽃 지더락 필역하게

산유화혜 산유화야 저 꽃 피어 번화함을 자랑마라.

구십춘광 잠깐 간다

취영봉에 달 뜨고 사비강에 달이 진다

저 달 떠서 들에 나와 저 달 져서 집에 돌아 간다

부소산 높아 있고 구룡포 깊어 있다

부소산도 평지되고 구룡포도 평원되니

(후렴구)어럴럴럴 상사 뒤 어여되여 상사 뒤

멸망의 한, 연기파비상과 승자의 공적비

불비상(佛碑像)은 네모난 돌에 불상과 명문을 담아서 발원자의 염원을 표현하고 이름을 새겨 대외적으로 알렸다. 옛 백제의 연기 지역에서 발견된 불비상 7구는 '연기파 비상'으로 불리며, 백제 유민들이 왕실과 조상의 명복을 기원하면서 제작했다.

패자인 백제 유민들은 연기의 비암사에서 백제왕들의 위령제를 지냈다. 계유명전씨아미타불비상(癸酉銘全氏阿彌陀佛像)은 전씨가 발원하여 그의 이름을 새겼다. 전면은 대형 광배를 지닌 연화좌대 위의 아미타여래좌상이 위치한다. 사찰 이름은 뱀의 사투리 '비암'으로 백제의 슬픔을 간직한 전설이 담겨 있다.

어느 날 비암사에 낯선 청년이 찾아와서 밤새 탑을 돌다가 아침에 돌아갔다. 이러한 행동이 계속되자 한 비구니가 청년에게 탑을 도는 이유를 물었지만 청년은 말하지 않고 웃기만 했다. 비구니가 그를 미행하여 그가 산 속의 굴에 들어가는 것을 보았다. 비구니도 따라 들어가니 커다란 구렁이가 눈물을 흘리고 있었다. 구렁이는 "나는 사람이 되는 것이 소원이었다. 100일간 탑을 돌면 사람이 될 수 있다하여 매일 탑을 돌았다. 당신이 나를 보았으니 사람이 될 수 없고 평생 구렁이로 살아야 한다."라고 했다. 비구니가 이야기를 듣고 구렁이와 평생을 함께 지냈다.

계유명삼존천불비상(癸酉銘三尊千佛碑像)도 백제 유민들이 왕실과 선조들의 명복을 빌기 위하여 세웠다. 아래는 삼존불상을 새기고 사면에 720위의 소좌불을 조각했다. 기축명아미타불비상(己丑銘阿彌陀佛碑像)과 미륵보살반가사유비상(彌勒菩薩半跏思惟碑像), 칠존불비상(蓮花寺七尊佛碑像)과 무인명불비상(蓮花寺戊寅銘佛碑像), 납석삼존불비상(蠟石三尊佛碑像)도 비슷한 시기에 백제 유민들의 의자왕에 대한 그리움과 명복을 빌고 있다.

승자인 소정방은 정림사지 오층석탑에 당평백제국비명(大唐平百濟國碑銘)으로 그의 공적을 기록했다. 비문은 제1면 24행, 제2면 29행, 제3면 28행, 제4면 36행으로 "백제가 천자의 말을 듣지 않고 이웃 나라와 불화하고 밖으로 곧은 신하를 버리고 안으로 요부가 정권을 농단했다."로 적었다. 소정방은 백제를 정복하고 패강에서 고구려군을 격파했다가 재반

계유명전씨아미타불비상과 계유명삼존천불비상 연기파 비상은 백제유민이 왕실의 극락왕생을 기원하면서 희사했다.

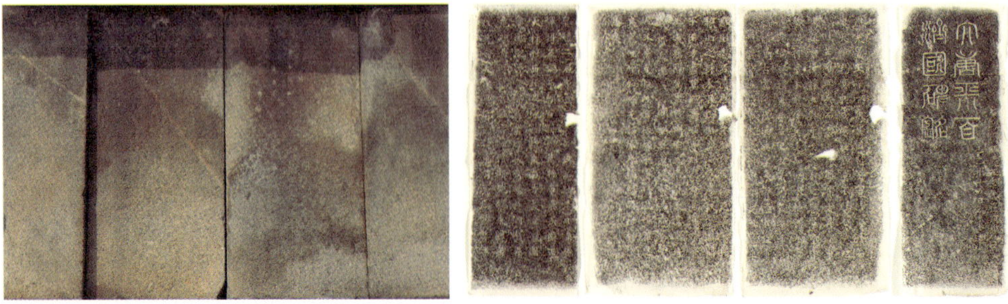

당평백제국비명 정림사지석탑 1층에 소정방의 공적을 기록하였다. 국립부여박물관

유인원기공비 유인원은 취리산회맹을 주관하였고, 그의 기공비는 백제의 멸망을 기록하고 있다. 국립부여박물관

격에서 패했다.

유인원은 소정방을 따라서 왔다가 당군의 총사령관과 웅진도독이 되었다. 그는 웅진도독 부여융과 계림도독 김법민간 취리산 회맹을 주관했다. 당유인원기공비(唐劉仁願紀功碑)는 의자왕과 백제인들의 당나라 압송과 부흥운동의 주요 내용, 폐허가 된 도성을 기록하면서 그의 공로를 새기고 있다.

백제 유민의 일본 정착과 집권 세력화

왜는 백제의 부흥운동을 지원하면서 백촌강 전투에 참여했다. 백제 부흥전쟁이 실패하자 많은 백제 사람들이 일본열도로 이주하였다. 왜군이 남도 지역에 상륙하여 왕족, 귀족과 일반인들을 왜로 수송하여 오사카, 교토, 규슈 일대에 정착했다. 왜와 백제인은 신라에 대한 적개심으로 정체성을 새롭게 하면서 나당연합군의 침략에 대비하였다.

나당연합군이 백제와 고구려를 정복하자 침략에 대한 우려로 일본의 백제계 귀족들은 쓰시마, 이키섬, 규슈에 수비병을 배치하고 봉화대를 설치하였다. 일본은 나당연합군의 침략에 대비하여 쓰시마에서 북규슈, 아스카의 요충지에 13개의 성을 쌓았다(일본서기, 속일본기).

주요 성으로 쓰시마 가네다성(金田城), 규슈 나가도노성(長門城), 오노조성(大野城), 키이조성(基肄城), 야마토 다까야스성(高安城), 사누키(讚岐) 야시마성(屋島城) 등을 쌓았다. 해발 200~400m의 산중턱은 높이 1m 내외로 산을 두르는 신롱석을 쌓아서 해안 수비병인 사카모리(崎守)를 배치하여 경비하였다.

백제 귀족인 억례복류와 사비복부가 오노조성(大野城)과 키이조성(基肄城)을 축조했고, 달본춘초가 나가도노성(長門城), 미즈성(水城)과 오노조성을 쌓았다. 평지성인 미즈성은 길이 약 1,200m로 바깥쪽 도랑을 평소에 비우고 안쪽에는 물을 채웠다. 유사 시 안쪽 물이 바깥쪽으로 흘러서 깊은 해자가 되도록 했다. 산성인 오노조성은 둘레 약 6.5km로 후지와라 나카마로가 이곳에서 신라 침공 계획을 세웠다. 미즈성과 오노조성은 부여계 도성의 평지성과 산성체계로 사비의 나성과 부소산성을 닮았다. 일본은 이곳에 다자이후(太宰府)를 설치하여 한반도와 중국 교류의 관문으로 외교를 총괄하였다.

백제식 산성 백제 출신들이 쓰시마, 규슈와 야마토에 성을 쌓고 나당연합군에 대비했다.

후지와라 노후히토는 백제의 유민을 위한 정책으로 의자왕의 아들인 선광에게 백제왕의 작위를 수여했다(속일본기). 왜는 백제 난민 4백여 명에게 정착지를 제공하면서 2천여 명에게 집터를 지원했다(일본서기). 왜는 16등제에서 26등제로 관직을 확대하여 약 70명의 백제인을 등용하여 100년 후 일본 귀족의 3분의 1이 백제계였다. 9세기 백제계 후손인 스가와라 미치자네는 유명한 학자로 다자이후 신궁인 데만구(天滿宮)의 신이 되었다. 부여융의 후손들이 히라가타(枚方)시에 씨사인 백제왕신사(百濟王神社)와 사찰인 백제사(百濟寺)를 세웠다.

백제의 왕족들은 부여 서씨(扶餘徐氏)와 의령 여씨(宜寧余氏)가 세계를 이어오고 있다. 부여 서씨는 부여융을 시조로 '세보'와 '만성대동보(萬姓大同譜)'에 기록하였고, 의령 여씨는 의자왕의 후손인 여선재를 시조로 한다. 또한 백제의 귀족인 연씨(燕氏), 진씨(眞氏), 국씨(國氏)씨가 세계를 이어오고, 개국 공신인 전씨(全氏)가 대성을 이루고 있다.

제5장

빛나는 문화국가 부여백제

삼국의 언어, 부여어·백제어·일본어

언어는 오랜 시간이 경과되면 그 원형을 찾기 어렵지만 과거의 말을 문자로 적고 읽으면, 그 당시의 말로 비슷하게 발화할 수 있다. 사투리는 서로 다른 토착 민족설과 외부 지배세력의 유입설로 설명하고 있다. 각 민족은 구강 구조의 차이로 특이한 억양이 발생하는데 다문화 가정이 우리 말을 배우는 과정에서도 나타난다.

알타이어족은 터키어, 알타이어, 퉁그스어, 튀르크어, 몽골어로 분화되었다. 알타이어도 백제와 고구려는 서로 같았지만 읍루어와 말갈어와는 달랐고, 부여계 두막루어는 거란어와 실위어가 같았다(위서). 남부지방은 마한 중심의 한계어를 사용했고, 낙랑군과 대방군은 중국계 언어를 사용했다.

에벤키어는 퉁구스계 종족 명칭의 결정에 많은 영향을 미쳤다. 씨족 명칭은 타민족에 편입되거나 다른 지역으로 이주해도 유지되기 때문에 그들의 기원과 혈연관계 등을 유추할 수 있다. 씨족인 바이(Бай), 킴

(Ким), 사마(Сама), 에단(Эдян), 돌/둘(дол/дул) 등이 다른 지역으로 이동하면서 '킴~'은 음성학적으로 신라의 '김'과 유사하다.

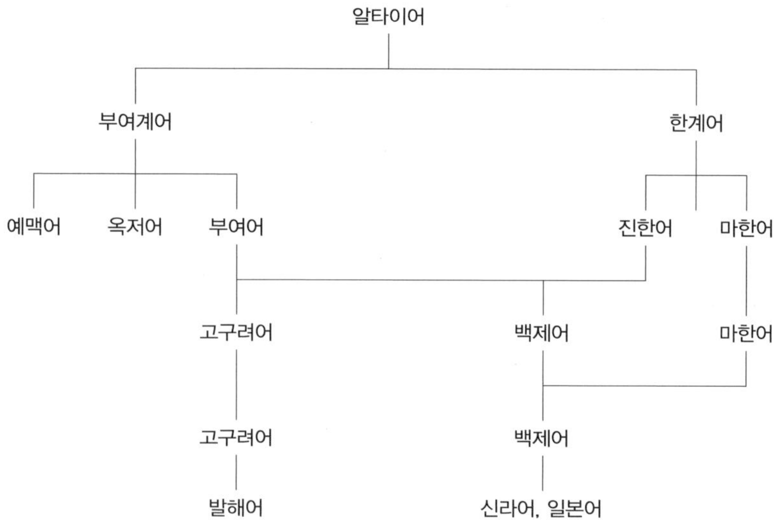

백제어는 제1기(전기) 기원전 18년부터 8대 고이왕(260)까지 위례홀어 중심이었고, 제2기 제22대 문주왕(475)까지 한성어 중심이었다가, 제3기 웅진·사비로 천도하면서 통합된 융합어를 사용했다.

백제는 소수의 정복 세력과 다수의 토착 세력이 혼재되면서 근초고왕이 마한을 통합하는 4세기 중반에 두 개의 언어권이 병존했다. 예성강에서 춘천, 안성까지 부여어를 사용하였고, 그 이남은 마한어를 사용하였다. 왕족과 지배층은 주로 부여어를 사용하고, 피지배층은 마한어를 사용했다. 귀족들이 사용한 '어라하'는 부여에서 왕이었고, 평민들이 사용한 '건길지'는 돌궐에서 천자(天子)였다(주서).

지명(예: 바탕골)에서 첫 음절은 발음(예: 바탕)을 표현하고, 두 번째 음절은 의미(예: 골)를 재현하는 경우가 많다. 그 지역의 특색이나 떠나온

고향이 지명으로 사용되면서 부여계 지명소인 '부아악(負兒嶽)'이 '부사압', '부소'로 변하여 개성 부소압, 천안 부소령, 부여 부소산, 남해 부소암 등으로 남아 있다.

지명소인 홀(忽)의 분포 지역은 부여계어 언어권이고, 비리(卑離) 또는 부리(夫里)의 분포 지역은 한계어권이다. 홀은 위례홀, 졸본홀, 미추홀, 매소홀 등에서 도읍지를 나타낸다. 비리는 '부리(夫里)'로 변형되어서 고량부리(古良夫里), 소부리(所夫里) 등으로 존재한다. 부리와 유사한 신라어 '벌(伐)'은 사벌(沙伐), 서라벌(徐羅伐), 비자벌(比自伐) 등에 사용되었다.

골(骨)과 굴(屈)은 성(城)이나 곡(谷)을 의미하면서 마을 명칭으로 사용되었고, '뜸'과 '듬'은 산이나 골짜기처럼 둥근 분지형의 마을을 의미했다. 하천은 '개'와 '내', 산은 '뫼, 재, 봉, 산, 티' 등을 사용했다.

서천 은곡리(恩谷里)는 큰 마을인 '한실'을 으뜸마을로 골짜기 위쪽의 '웃 한실(대곡리)'과 아래쪽의 '아래 한실(은적리)'로 나뉜다. 대곡리는 '박상골(朴上谷)', '감나무골', '양지편', '원퉁이' 마을이 있고, 은적리는 '은적골(굴)', '텃골', '분톳골', '망굴'이 있었다. 고개는 은적골에서 오양골가는 '꽃감재'와 '살푸쟁이'가 있었다.

한국어와 일본어는 대략 4,000년의 분화과정 속에서 백제의 한자표기법이 일본어 훈독에 영향을 미쳤다. 일본의 59개 지방어에서 기본어 210개로 언어의 진화를 분석한 결과 일본어는 2200년 전쯤 한반도 농경집단의 언어와 유사하였다.

백제어 고마(熊)와 키(城)는 일본어 쿠마와 키와 유사하며, 백제어 밀(3), 옻(5), 나는(7), 덕(10)은 일본어 밋(3), 잇즈(5), 나나(7), 도우(10)와 비슷하다. 전라도 사투리 '~(했)당께'는 일본어 '닷케(だっけ)', 충청도 사투리 '~(했)서라우'는 '소로우(そうろう)'로 발음된다. '광개토대왕비', '일본

은적골 골이나 굴은 서천과 부여 일대의 흔한 지명소로 한자에서 곡(谷)으로 표현되었다.

서기', '고사기', '만엽집'은 한반도와 일본열도의 언어 관계를 이해할 수 있는 중요한 사료이다.

신라가 지배하면서 한반도와 일본열도의 언어 분화가 빠르게 진행되었고, '삼국사기'는 백제와 고구려의 지명과 신라의 표기명을 함께 적고 있다. 고려는 유명 산천의 지명을 불교식으로 바꾸었고, 조선은 유교식으로 변형시켰다. 현재 지명은 한자식으로 바뀌면서 고대의 소리나 의미를 잃어버린 경우가 많다.

백제의 도성, 한성과 한산성

중국 건강성(健康城)은 주변에 석두성, 동부성, 서주성 등을 배치하여 방어체계를 구축했다. 백제도 위례성, 웅진성, 사비성 부근에 환산성을 구축하여 방어했다. 위례성(慰禮城)은 '강변의 성' 또는 '왕성'으로 온조왕이 세운 하북위례성과 이전한 하남위례성으로 구분할 수 있다. 하북위례성은 방학동 토성과 천안 직산(稷山)으로 비정하기도 하며, 정약용은 한

풍납토성과 몽촌토성 위례성은 토성으로 방어를 위한 목책을 둘러서 방어했고, 그 지역에 풍납토성과 몽촌토성이 있다.

강 남쪽의 '하남위례성설'을 제기했다(아방강역고).

백제어는 '크다·넓다·높다·많다'와 '한가운데·한겨울'처럼 중심의 의미로 '한(漢)'을 사용했다. 도성 지역은 큰 강(漢水), 높은 산(漢山), 큰 성(漢城)의 지명을 가지고 있다. 한성은 전국시대의 도성과 고구려의 평지성과 산성 체계를 혼합했는데 근초고왕이 북한성으로 도읍을 옮겼었다(삼국사기).

고구려 장수왕은 백제에서 투항한 재증걸루와 고이만년 등을 앞세워 한성의 북성(北城)과 남성(南城)을 공격했다(삼국사기). 고구려군이 을묘년 겨울에 대성(大城)을 7일간 공격하여 위례국을 잃었다(일본서기). '일본서기'는 한성을 '대성', 왕성을 '위례성'으로 구분하고 있다.

왕성으로 추정되는 풍납토성은 한강이 지류와 본류로 나뉘는 잠실도 위쪽에 위치하여 한강과 성내천을 해자로 활용했다. 이웃한 몽촌토성은 자연 지형을 이용하여 성을 구축하면서 목책과 해자로 보완했다. 두성은 고구려 장수왕이 공격했던 북성과 남성(삼국사기), 대성과 왕성으로 이해하기도 한다(일본서기). 주변에 왕릉인 석촌동고분군이 위치하고 있어 도성의 경관을 조영하고 있다.

한산(漢山)은 도성이 의지하는 산줄기로 이곳에 방어성을 쌓았다. 한산성은 내부는 넓은 분지를 형성하고, 밖은 험한 경사로 접근하기 어렵다. '동국여지승람'과 '범우고'는 "약정사가 한산에 있다."고 기록하였는데, 조선시대에 광주 읍치가 남한산성으로 온조왕의 도읍지였다(택리지). 인조가 남한산성에 사당인 온조왕사(1638)를 지었고, 정조가 현판(崇烈殿, 1795)을 내렸다. 침괘정은 백제의 왕궁터로 추정되며 온돌의 흔적을 가지고 있다.

천안 직산도 백제 초기의 위례산성(성거산)이 있지만 정약용이 하남 위례설을 제기하면서 직산 위례설이 힘을 잃었다(아방강역고). 백제국 건설의 공신인 직산조씨(조성), 천안전씨(전섭), 목천마씨(마려) 등이 이곳에 본관을 두고 있다. 세종이 직산에 온조왕사(溫祚王祀)를 건립하여 숭모제를 지내다가(세종실록지리지) 정유재란 때 왜군의 방화로 소실되어 복원

위례성, 한성과 한산의 위치설

구 분		위치
위례성	하북	면목동, 정릉, 세검정, 직산, 고양, 풍납토성, 우이동, 상계동, 방학동
	하남	풍납토성, 남한산성, 이성산성, 하남고골, 직산
한성		북한산성, 한양, 풍납토성과 남한산성, 몽촌토성과 이성산성, 풍납토성과 몽촌토성, 춘궁동, 이성산성과 남한산성, 고골과 남한산성
한산		이성산성, 북한산성, 검단산, 남한산성

남한산성 숭렬전(온조왕사)과 침괘정 숭렬전은 온조의 사당이고, 침괘정은 백제의 왕궁지로 추정되고 있다.

직산 온조왕사와 부소령 직산은 위례성으로 알려졌고 온조왕사, 부소령과 위례산성이 있다.

하였다(2015).

한수(漢水, 한강)는 일찍부터 농경 문화와 해상 교류의 통로였으며, 백제는 한수를 배경으로 문화적 부흥과 국력을 신장시켰다. 백제가 한성을 빼앗기면서 삼국이 한수를 둘러싸고 한동안 치열한 전투를 벌였고, 최후에 신라가 한수 유역을 장악하면서 삼국을 통일하였다.

테뫼식 환산성의 한성과 웅진

백제의 산성은 평야지대의 배후를 관리하거나 국경지대의 상대방 대척점에서 방어기능을 수행했다. 거점성인 방성은 둘레 720~2,400m로 산의 능선을 따라서 포곡식, 테뫼식과 복합식으로 쌓았다. 성벽은 돌로 쌓고 경사면과 성벽 사이를 자갈과 흙으로 채웠다. 성벽이 활처럼 바깥쪽으로 튀어 나오게 하여 하단이 급경사이고 상단이 완경사를 이루거나(弓形), 성벽의 단면 선이 마치 홀처럼 약간 들어가도록 쌓았다(忽形). 성 밖은 물을 채우는 해자를 설치하여 방어력을 높였는데 주로 평지성에 적용되었다.

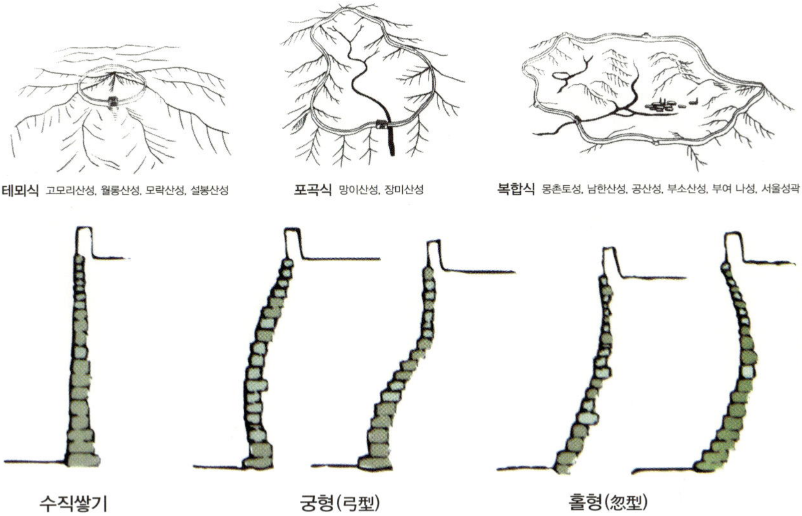

백제 산성과 성벽 주로 성벽이 궁형이나 홀형인 테뫼식 산성을 설치하였다. 한성백제박물관

한성은 주변에 환산성을 쌓아서 방어하였고, 지방은 거점성을 중심으로 산성이 흩어져 있었다. 도성 주위 산성은 개별적으로 방어할 수 있도록 배치했는데 고구려가 도성과 주변에 수 많은 성을 축조하여 방어력을 극대화한 것과 유사하다. 국왕은 도성인 평지성에서 활동하다가 위급 시 산성으로 이동하여 방어력을 높였다.

백제는 서해에서 한성으로 오는 길목에 겹겹이 성을 쌓아서 침략에 대비하였다. 삼성토성은 한성에 접근하는 적군을 방어하였고, 대모산성은 서쪽에서 오는 적이 탄천에 이르지 못하도록 하였다. 이성산성은 한강에서 오는 적으로부터 한산성을 방어하고, 불암산성은 북쪽에서 오는 적을 방어할 수 있었다. 한강과 임진강이 만나는 오두산성은 황해에서 한성으로 들어오는 길목을 지켰다.

웅진(熊津)은 차령산맥과 금강을 방어선으로 적의 공격에 대비하였다. 약 63년(475~538)간 도성으로 도성 이전부터 사씨(沙氏), 연씨(燕

공산성 왕궁 추정지와 임류각 백제가 토성으로 쌓았고 조선시대에 석성으로 개축했다.

氏) 등이 토착세력으로 정착하고 있었다. 웅진성은 외부의 공격을 방어하기 좋지만 지역이 협소하여 대외 활동에 불리했다.

공산성(公山城)은 산봉우리를 연결하여 성벽을 최대한 높여서 북쪽에 금강이 흐르고 남쪽은 가파른 성벽으로 방어에 유리했다. 이곳은 초기 발굴에서 대형건물지, 연못과 저장시설 등을 확인하고(1985), 동성왕시기의 연회 장소였던 임류각을 복원했다. 성내 저수시설에서 발굴된 갑옷에 붉은색의 '정관 19년 4월 21일(645)'이 써 있었다(2011).

공산성 주변에 약 20개의 산성이 해발 150m 내외의 구릉에 둘레 500m 정도로 축성되었다. 웅진은 사비 천도로 5방제의 북방성이 되면서 10개 현을 통솔했다. 의자왕이 웅진성으로 피신했었고, 당나라가 웅진도독부를 설치하면서 부여융을 도독으로 파견하였다.

나성과 산성의 사비도성

사비 천도는 무령왕의 계획 속에 성왕이 고구려의 남하정책과 신라의 가야 진출에 대응하여 이루어졌다(538). 사비는 주변의 경제력과 인구가 집중될 수 있는 개봉형의 도성으로 땅이 기름지고 부유한 평야 지대의 통제권을 행사하기에 유리했다. 그러나 사비는 평양이나 경주보다 좁고(택리지), 평야의 한복판으로 1백 리 내에 의지할 성벽이 없었다(아방강역고).

사비성은 관북리 유적을 중심으로 부소산성(扶蘇山城)과 나성(羅城)의 이중 방어 체계를 구축했다. 나성은 성왕이 쌓기 시작하여 무왕 때 완성되면서 도성의 안과 밖을 구분하는 상징적인 경계가 되었다. 성 둘레(6.3km)는 산지 구간을 판축공법으로 쌓고, 저습지와 평지 구간을 부엽과 흙으로 성토했다.

나성 내부는 정림사를 중심으로 북쪽에 부소산성과 왕궁을 배치했다. 정림사는 왕궁과 도성을 장엄하는 핵심 시설이었으며, 관북리 유적은 익산 왕궁평성의 대형 건물지와 동일한 규모이다.

부소산성은 사비 전체를 조망할 수 있는 왕궁의 후원이면서 방어성이었다. 그 형태가 백마강을 따라서 북쪽은 반원이면서 남쪽은 일(一)자의 초승달 형태로 반월성(半月城)이라 불렀다. '대통(大通)'이 쓰인 기와가 부소산성에서 발견되어 웅진시대부터 있었던 성으로 파악되고 있다.

부소산성의 군창지는 군량미를 비축하던 창고터로 불에 탄 곡식이 발견되었다. 구드래나루는 구돌나루(龜巖津)로 일본이나 중국을 연결하던

부여나성과 부소산성 나성은 사비를 보호하는 외곽성이었고, 부소산성은 최후의 방어성이었다.

영일루와 군창터지 영일루는 계룡산 위로 올라오는 일출을 맞이하는 누각이었고, 군창터지에서 탄화된 곡식이 발견되었다.

구드래나루와 금천평야 사비는 구드래나루와 금천평야를 이용하여 경영의 토대를 마련하였다.

출발점이었는데 일본에서 백제를 구드래와 유사한 '구다라'로 불렀다. 영일대(迎日臺)는 홍산문루(鴻山門樓)를 옮겨서 복원하였다.

사비 주변은 동쪽의 청마산성과 석성산성, 남쪽의 가림성, 북쪽의 울성산성, 서쪽의 증산성 등이 방어를 위한 환산성을 이루었다. 도성 방어는 1차 가림성, 석성산성, 증산성, 2차 청산성과 청마산성 등의 주변성, 3차 나성과 부소산성으로 구축했다.

제2의 천도, 익산 왕궁평성

무왕은 권력을 유지하려는 귀족들의 정략적 판단으로 왕위를 승계했지만, 운봉의 아막성 공격을 시작으로 40년간 신라의 많은 성을 함락시켰다. 그는 내부적으로 세력 확장과 왕권강화를 시도하면서 수나라에 10번과 당나라에 24번의 사신을 파견하여 외교도 강화하였다.

익산 왕궁평성은 낙양(洛陽)을 모방하여 도성, 사찰, 왕궁, 왕릉을 장험하였다. 일본 '관세음응험기'는 "백제 무광왕이 지모밀지로 천도했다." 김정호의 '대동지지'는 "무왕이 익산에 별도를 두었다." 고대 동아시아의 왕궁 중에서 형태가 확인되는 유일한 곳으로 그 규모는 남북 490m, 동서 약 240m의 1:2 비율이며 남측은 생활공간을 두고 북쪽은 후원을 배치하였다.

왕궁 주변은 남북대로와 동서소로를 건설하여 주작대로의 도성제를 적용하고 있다. 백제의 도성은 5부를 두었는데 미륵사지에서 '중부', 왕궁리에서 '전부'와 '하부'가 쓰인 기와를 출토했다. 왕궁 주변은 미륵산성, 오금산성, 왕궁리토성, 그리고 익산토성 등으로 환산성을 구축했다. 7세기 말 이후 왕궁평성은 대관궁사(大官宮寺), 대관관사(大官官寺), 관

관북리유적과 왕궁평성 관북리유적은 익산의 왕궁리유적과 거의 동일한 구조이다.

왕궁리 오층탑과 사리함 왕궁평성은 별도의 왕궁으로 후에 사찰로 변했다.

(藤原京, 694~710)

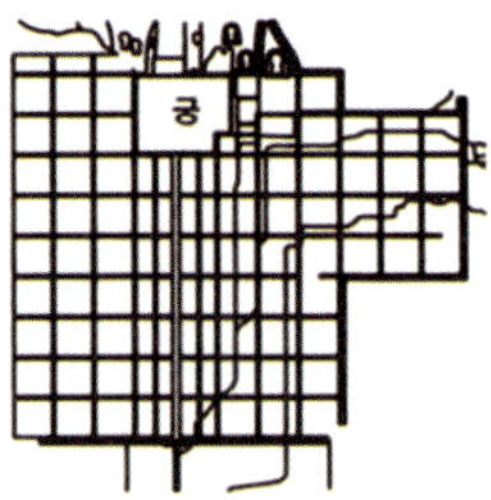

(平城京, 710~784)

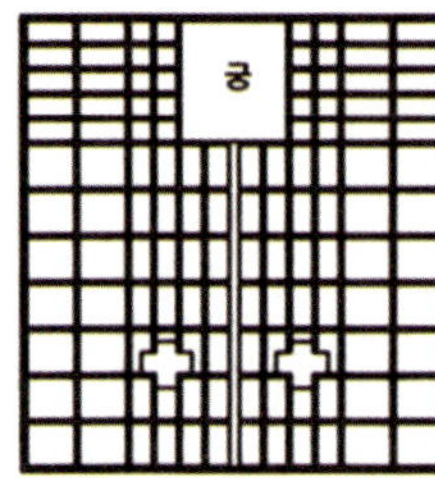

(平安京, 794~1869)

일본 도성변천 천황궁은 장안성을 모방하여 후지와라쿄, 헤이조쿄, 헤이안쿄를 건설했다.

궁사(官宮寺)로 바뀌었다.

제2의 도성 건설은 고려시대와 조선시대에도 이어졌다. 고려는 풍수지리에 근거하여 새로운 도읍을 설치하여 왕조의 지속성을 확보해야 했다. 고려는 서경(西京), 동경(東京), 남경을 설치하고, 우왕(禑王)과 공양왕(恭讓王)은 남경으로 일시 천도하였다.

조선에서도 제2의 도성인 화성(華城)을 조성하여 행궁·용주사·융건릉을 배치하였다. 화성은 연 인원 70여 만 명, 비용 80만 냥을 들여서 2년간 공사로 완성하였다(1796). 화성은 수직의 성벽에 옹성·성문·암문·산대·체성·치성·적대·포대·봉수대 등을 설치하였다.

왜도 아스카에 장안성을 모방하여 왕궁인 후지와라쿄(藤原京)를 건설

화성, 행궁, 융건릉 정조는 화성에 행궁, 사찰, 왕릉의 도성경관을 조성하였다.

하였다. 겐메이 천황이 헤이조쿄로 천도할 때까지 3명의 천황이 16년간 머물렀다. 헤이조쿄(平城京)는 동서 1.3km와 남북 1km의 주작대로(朱雀大路)를 중심으로 우쿄(右京), 사쿄(左京) 및 게쿄(外京)를 설치했다.

왕족과 대성 8족, 5부 5방제

초기 백제 왕족은 부여의 해씨(解氏)로 비류와 온조, 고구려의 1대 동명왕에서 5대 모본왕까지 왕권을 유지했다. 백제는 직계인 초고계(肖古系, 주몽－온조－초고)와 방계인 고이계(古爾系, 우태－비류－고이)가 번갈아서 왕위를 계승했다. 그러나 근초고왕부터 여씨 또는 부여씨로 바뀌어서 전지왕, 반유왕, 개로왕, 무령왕, 성왕이 여씨였고, 29대 무왕은 부여씨로 기록했다(진서).

왕비족인 진씨와 해씨, 대성8족(大姓八族)이 귀족으로 정치와 문화를 담당했다. 근초고왕은 진씨 세력의 지지로 왕위에 올랐는데, 진씨 세력은 4세기 후반부터 병관좌평과 병관좌장으로 병권을 장악했다. 해씨는 비류왕과 전지왕 시기에 왕비족으로 세력을 확장했고, 목지국이 백제에 흡수되면서 목씨(木氏)가 귀족이 되었다.

웅진시대는 왕족과 귀족의 제휴로 서로 권력을 분점했지만 성왕이 왕

<table>
<tr><td>左右
賢 王</td><td>左右
谷蠡王</td><td>左右
日逐王</td><td>左右溫
禺鞮王</td><td>左右
漸莊王</td><td>左右
骨 部 候</td><td colspan="2">左右尸逐
骨部候</td></tr>
<tr><td colspan="2">四 角</td><td colspan="3">六 角</td><td colspan="3">異 姓 大 臣</td></tr>
<tr><td colspan="5" rowspan="2">虛 連 題 氏</td><td>呼衍氏</td><td>須卜氏</td><td rowspan="2">裁
判</td></tr>
<tr><td>丘林氏</td><td>蘭 氏</td></tr>
</table>

좌우현왕제 흉노는 지배계급을 좌우로 구분하여 견제와 균형을 추구하였다.

권을 강화하면서 왕족과 귀족간 갈등이 심화되었다. 무왕은 당의 국학에 왕족을 입학시켜서 왕권을 강화하려고 했다. 의자왕은 친위정변을 일으켜서 좌평에 왕자 41명을 임명하여 귀족들의 불만을 샀다.

백제는 중앙과 지방의 행정을 도성과 거점성 중심으로 조직했다. 중앙은 유목민족의 좌·우현왕제를 따라서 왕족인 부여씨와 귀족인 대성 8족이 담당했다. 좌평(佐平)은 왕을 보좌하는 재상으로 전지왕이 상좌평(上佐平)을 설치했고, 무왕은 국정을 총괄하는 대좌평과 좌평을 대표하는 상좌평을 확립했다. 일반 좌평은 사안에 따라 특정 업무를 담당했는데 내신좌평(왕명 출납), 내두좌평(창고·재정), 내법좌평(예법·의례), 위사좌평(왕궁 수비), 조정좌평(형벌·감옥), 병관좌평(지방 군사)으로 나누었다.

초기 지방은 국(國)으로 통치하다가 각 국을 통합하여 22개의 담로(擔魯)로 개편했다(양서). 담로제는 소국을 구성하던 국읍(國邑)－읍락(邑落)의 체계를 성(城)체제로 재편하여 지방관을 파견했다. 번(藩)은 주나라에서 제후들에게 나눠주던 영지로 백제 전기의 담로와 후기의 방과 같으며, 일본도 고대의 국(國)을 막부체제에서 번으로 변경했다.

동성왕은 영산강 유역을 장악한 뒤에 성체제로 지방을 편재하고, 토착세력은 왕후제로 관리했다(498). 중앙에서 파견된 지방관과 토착세력 사이에 충돌이 빈번히 발생하자 지방 관리자로 왕족을 파견했다.

사비시대는 중앙과 지방을 5부 5방으로 편성하면서 16관등제, 22부제, 중앙의 5부 5항제와 지방의 5방제를 실시했다. 중앙의 5부는 상부, 북부, 중부, 하부, 후부로 나누었다. 지방은 방(方)－군(郡)－성(城) 또는 현(縣)제를 채용했다. 5방은 지방통치의 거점 성으로 책임자인 방령(方領)에 제2관등인 달솔을 임명했다. 군장(軍將)은 제4관등인 덕솔(德率)로 방 아래의 군(郡)을 지휘했고, 군 아래의 현(縣)은 성주(城主) 또는 도사(道使)가 다스렸다.

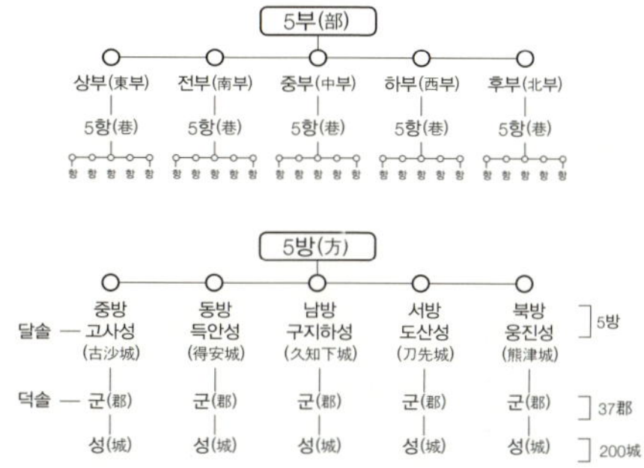

5부 5방제 중앙은 5부로 나누어 관리하고, 지방은 5방을 두고 그 아래에 군과 성을 두었다.

백제 5방성

방	방성	지명
중방(中方)	고사성(古沙城)	정읍(井邑)
동방(東方)	득안성(得安城)	논산(論山)
서방(西方)	도선성(刀先城)	–
남방(南方)	구지하성(久知下城)	구례(求禮, 추정)
북방(北方)	웅진성(熊津城)	공주(公州)

수도작 농업과 해상 무역

농경 지역은 홀(忽) 또는 골(谷)의 명칭을 사용하면서 물얻기 힘든 지역에 연못(池)과 방죽(堤)을 쌓고, 큰 강을 낀 평야지대는 철제 농기구와 우경을 이용했다. 온조왕은 농사에 힘썼고, 다루왕이 논의 개간을 장려했고, 구수왕이 제방을 수리하였고, 고이왕은 진펄(南澤)에 논을 만들었다(삼국사기). 무령왕은 수리시설을 확충하고 한강유역에서 내려온 사

벽골제 '벼고을'의 한자 표기가 벽비리(辟卑離)와 벽골(碧骨)로 벽골제는 백제에서 쌓은 제방이다.

람들의 귀농을 장려했다.

왕은 농번기에 비가 오지 않으면 하늘에 제사(기우제)를 지내거나 연례 행사로 천제(농제)를 지냈다. 백제는 매년 2월(仲春)·5월(仲夏)·8월(仲秋)·11월(仲冬)에 대단(大壇)에서 천제(농제)를 주제했다. 제천 행사는 동명왕 제사, 중신 임명, 대사면을 실시하였고(주서, 삼국사기), 제사가 끝나면 제기와 제물을 땅에 묻었다.

비류왕은 농업에 필요한 저수지로 벽골제(碧骨堤)를 건설하여 논에 물을 대고 장마철에 홍수를 조절하였다. 제방이 간석지에 축조되어 바다의 높은 조수와 파도에서 농경지를 보호하는 방조제였을 가능성도 있다(동국여지승람). 벽골제 발굴조사에서 약 3.3km의 제방이 확인되었다.

벽골제 공사는 종일 둑을 쌓고 나면 다음 날 보면 둑이 무너져 공사가 지연되었다. 어느 날 공사 감독의 꿈에 백발 노인이 "말 뼈를 구해다가 묻고 둑을 쌓으면 무너지지 않으리라."고 했다. 이 말에 말 뼈를 묻고 둑을 쌓으니 무너지지 않았고, 말 뼈의 색이 푸르러 '벽골'이라고 했다.

백제의 해상활동은 연안 항로를 따라서 여름의 동남풍과 겨울의 북서풍을 이용하여 다도해(청산도, 고흥반도)－고토열도－규슈를 연결했다. 반란이 자주 일어나는 서남해 연안과 도서 지역은 군현을 설치하여 통제하였다.

무역의 흔적인 요동지역 삼족 토기와 중국 도자기가 풍납토성에서 발굴되었다. 교역품은 일본산 금송 목관, 남조의 진묘수와 도자기, 태국산 유리구슬의 납 등에서 확인할 수 있다. 해상 교류의 길목인 부안 죽막동에서 항해의 안전과 풍어(豊漁)를 기원하는 해신제를 치렀다. 백제의 제사용 토기, 금속, 도자기 등이 죽막동 제사유적에서 출토되었다.

죽막동 제사터와 배모양 토기 백제는 항해의 안전을 기원하던 제사터와 배모양의 토기를 남겼다. 국립부여박물관

백제의 외교선물 및 특산품

교역국	교역품		
	한성	웅진	사비
백제 → 왜	면포, 활과 화살, 덩이쇠, 오색 채견, 천자문, 매, 철제품, 토기	오경박사 등 유교 및 불교 경전, 토기	역서, 비단, 도끼, 양모카펫, 불상, 불사리, 경론, 천문서, 지리서, 방술서, 바둑판, 금속세공품, 토기
왜 → 백제	야명주(구슬), 구슬	목재	목재
백제→중국	비단, 해산물, 인삼, 밤, 닭	해산물, 베와 비단, 인삼, 밤, 닭	갑옷, 철갑, 조각한 도끼, 과하마, 황칠, 인삼, 밤, 닭
중국→백제	유교 및 불교 경전, 쇠활, 도자기, 차, 서적	도자기, 차, 서적	비단 도포, 채색 비단, 도자기, 차, 서적

백제계 사찰의 가람배치

백제 사찰의 가람(伽藍)은 예배와 수행의 공간으로 금당(金堂), 탑(塔), 문(門), 회랑(回廊), 강당(講堂), 경루(經樓), 종루(鐘樓), 승방(僧房)을 규모, 상호 거리 및 위치 등에서 규칙성을 가진다. 남대문의 사천왕은 사방을 수호하는 신이고, 인왕상은 좌우에 한 쌍으로 성스러운 지역을 지키는 신이다. 중국의 남북조가 가람 배치를 형식화하면서 사찰 건축에도 도입하였다.

고구려의 청암리사지(淸岩里寺址)는 팔각목탑(八角木塔)을 중심으로 동·서·북에 금당을 배치했다(1937년 발굴). 백제는 능사(陵寺), 정림사(定林寺)와 군수리사지 등에 중문, 목탑, 금당, 강당의 1탑 1금당을 배치했다. 정림사는 '대평팔년(大平八年) 무진(戊辰) 정림사(定林寺) 대장당초(大藏唐草)'가 쓰여진 기와로 명칭을 확인할 수 있었다. 동일한 명칭의 사찰이 중국 남조와 일본에도 있었다.

미륵사는 무왕과 왕비가 사자사를 가던 중에 용화산에서 미륵 삼존을 만난 후에 세웠다. "미륵이 세상에서 3번의 설법으로 모든 중생을 구제한다."는 경전에 따라서 3동의 1탑-1금당을 병렬로 배치하였다. 3개 금

미륵사지 가람 미륵사지는 3탑 3금당으로 미륵세계를 구현하였다. 일제강점기에 미륵사의 '品' 자형 가람배치를 확인했고(1910), 동탑지를 발굴했다(1974, 1975).

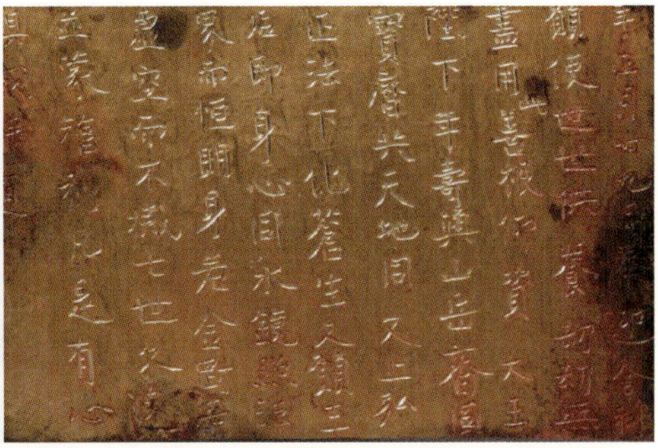

미륵사지 봉영기 금제사리함은 사찰의 창건과 사리 봉안에 대한 내용을 기록하였다.

당터는 기둥 아래의 지하 공간에 배수로를 만들어서 연지까지 연결하여 금당 지하의 용이 이동할 수 있도록 했다.

서탑에서 발굴된 금제사리봉영기는 창건 목적과 시주자(施主者), 건립 연대 등을 앞면과 뒷면에 새기고, 획을 따라 주사(朱昐)를 입혀서 글자를 선명하게 했다. 사택적덕의 딸인 사택 왕후가 재물을 희사하여 가람을 창건하고, 기해년(639)에 사리를 봉안했다는 기록을 남기고 있다.

> … 我百濟王后 佐平沙乇積德女 種善因於曠劫 受勝報於今生 撫育萬民 棟梁三寶 故能 謹捨淨財 造立伽藍 以己亥年正月廿九日 奉迎舍利 …
>
> "… 백제 왕후 좌평 사택적덕의 딸로 오랫동안 선인을 심어 금생에 과보를 받았다. 만민을 기르고 삼보의 동량이 되었다. 정제된 재물을 희사하여 가람을 세우고, 기해년 정월 29일 사리를 공양한다 …"

일본 사찰은 1탑 3금당의 '아스카지식', 탑과 금당이 일직선인 '시텐노지식', 탑과 금당이 좌우에 위치한 '호류지식'으로 구분한다. 아스카지(飛鳥寺)는 목탑을 중심으로 북쪽·동쪽·서쪽에 3개의 금당을 배치했다(596). 시텐노지(四天王寺)는 1탑 1금당으로 강당과 금당, 탑, 남대문

아스카지 아스카지는 1탑 3금당으로 백제계 귀족인 소가노 우마코가 창건했다.

이 일직선이다. 호류지(法隆寺)는 탑과 금당을 서쪽과 동쪽에 배치하는 동전서탑(東殿西塔)의 구조이다.

백제 금강중광의 곤고(金剛)가문은 시텐노지를 관리하는 곤고구미(金剛組)를 세웠다. 이 회사는 접합제나 철물을 사용하지 않고 나무끼리 연결하는 이음새 기법을 사용했다. 일본의 전통 목조건축 양식이 이 방법을 따르면서 수많은 사찰의 건립에 기여했다.

생로병사의 반가사유상과 구제의 마애석불

불상(佛像)은 '깨달은 자'인 부처 또는 붓다(buddha)를 표현하여 그 자체가 불법을 쉽게 보여주는 신앙의 매개체이다. 주불상은 석가모니불(釋迦牟尼佛)·아미타불(阿彌陀佛)·약사불(藥師佛)·비로자나불(毘盧舍那佛) 등이다. 극락 세계는 이 세상 서쪽의 10만 억 불국토로 아미타불이 상주하기 때문에 사람이 아미타불만 외워도 극락에 갈 수 있다(나무아미타불).

보살은 부처를 도와서 보살행(菩薩行)을 하여 성불(成佛)한 사람이다. 미륵보살은 도솔천에서 설법하다가 석가모니불이 입멸한 지 56억 7천만

봉정암 적멸보궁과 정암사 불탑, 법흥사 불계단 석가모니의 진신사리는 불탑이나 불계단에 두었다.

년 후에 화림원 용화수에서 성불하고, 3회 설법으로 272억 명을 교화시킨다. 관세음보살은 극락에서 어려움에 처한 중생을 구제하고, 이승에서 죽은 자를 극락으로 인도한다. 지장보살(地藏菩薩)은 지옥에서 헤매는 중생을 구원하여 극락으로 이끈다.

주요 불전의 주불

불전	주존불	우보살	좌보살
대웅전	석가모니불	제화갈라보살	미륵보살
대웅보전	석가모니불	아미타불	약사불
대적광전	비로자나불	노사나불	석가모니불
극락전	아미타불	대세지보살	관세음보살
무량수전	–	지장보살	관세음보살
미륵전	미륵불	대묘상보살	법화림보살
용화전	미륵불	법륜보살	묘향보살

백제는 남조의 영향으로 온화하고 섬세한 불교문화를 이루었다. 6세기 백제 불상은 평온한 미소와 우아한 자태에 머리의 보관(寶冠), U자형의 긴천의(天衣), 진리와 지혜의 광배(光背)가 특징이다. 익산 연동리 석조여래좌상(石造如來坐像)은 U자형의 옷자락이 어깨를 감싸면서 길게 늘어져서 대좌를 덮고, 둥근 광배 주변에 7구의 작은 부처를 조각했다(600년경).

백제의 불상 석조여래좌상은 장중하면서 세련된 불상이고, 보살입상은 보관을 쓰고 미소가 있다.

보살상은 손에 연꽃이나 정병(淨甁)·보주(寶珠) 같은 지물(持物)을 들고 있다. 옷 입는 형태는 법의(法衣)가 없는 나신(裸身)으로 천의(天衣)를 어깨에 걸치고 몸을 두른다. 몸체는 화려한 목걸이나 팔찌 등으로 장식하고, 머리는 보관·목걸이·팔찌 등을 착용하였다.

반가상은 한쪽 다리를 다른 쪽 무릎 위에 얹고 손가락을 뺨에 댄 채 생각에 잠긴 자세를 취한다. 금동미륵보살반가사유상(국보 78호)은 높이 80cm로 일월식(日月飾) 보관을 쓰고 얼굴에 미소를 띠고 있다. 치마는 U자형의 주름으로 대좌(臺座)에 연꽃무늬가 새겨져 있고, 머리 뒷부분에 광배의 흔적이 있다. 일본인이 조선총독부에 경주 폐사지에서 찾았다고 해서 신라 불상으로 간주했었다(1912). 그러나 일본인 이네다가 충청도에서 올라왔다 하여 백제설과 신라설로 나뉘어져 있다.

금동미륵보살반가사유상(국보 83호)은 크기 93.5cm로 반가부좌한 상태로 머리에 둥근 산 모양의 관(冠)을 써서 '삼산반가사유상(三山半跏思惟像)'이라고도 한다. 상체는 옷을 걸치지 않으면서 연꽃무늬 대좌를 밟고, 머리 뒷부분에 광배(光背)를 꽂은 긴 촉이 남아 있다. 출처가 정확하지 않지만 조화롭고 균형 잡힌 조각으로 백제설이 우세하다.

일본 고류지(廣隆寺) 목조미륵반가사유상은 높이 125cm로 일본에 없

백제계 미륵보살반가사유상 왼쪽 무릎 위에 오른쪽 다리를 걸치고 깊은 명상에 잠겨 있다. 고류지, 국립중앙박물관, 보현사

는 적송(赤松)을 사용하여 삼산관을 쓴 나형(裸形)의 몸체에 치마는 여러 겹의 주름을 이루고 있다. 금동의 부드러움은 적지만 전체적으로 비례감과 목조의 특성을 잘 보여주고 있다.

삼존불(三尊佛)은 석가여래를 가운데 두고 좌우에 보살을 두거나 가운데 보살을 두고 두 여래를 좌우에 배치한다. 보살은 양쪽 협시(脇侍)로 아미타불에 미륵과 관음, 석가모니 또는 대일여래에 문수와 보현, 약사여래에 일광과 월광을 배치한다.

서산마애삼존불(국보 84호)은 법화경을 따라서 석가여래에 관음보살 입상과 미륵보살반가상을 두고 있다. 태안마애삼존불(국보 307호)은 태안 해안을 바라보는 백화산성에서 풍어와 안전을 기원하는 마애불이다. 그리고 예산 석조사면불상은 유일한 사면석불로서 원형의 광배에 불꽃무늬·연꽃무늬를 조각해 놓았다.

백제의 불상이 일본에 다수 존재하기 때문에 불상의 제작법과 특징을 이해하기 쉽다. 호류지(法隆寺)의 '구세관음상(救世觀音像)'은 쇼토쿠 태자의 실물설과 백제의 성왕설로 나뉘어져 있었다. 1919년 발간된 '고사순례'에 처음 소개되었고, 호류지 고문서에 위덕왕이 성왕의 모습을 조각해서 보낸 것으로 확인되었다(1997). '백제관음상(百濟觀音像)'은 높이

서산마애삼존불과 태안마애삼존불 마애석불은 생로병사를 고민하는 부처의 극락정토에 대한 의지를 표현하고 있다.

예산 석조사면불상 사면석불은 동서남북에 약사불, 아미타불, 석가불, 미륵불을 조각했다.

호류지 구세관음상, 백제관음상과 금동석가 삼존상 백제 장인의 작품으로 일월식 광배와 U자형 천의로 장식되어 있다.

2.8m의 몸매와 섬세한 손동작에 잔잔한 미소의 얼굴로 먼 곳을 바라보고 있다. 그리고 아미타삼존불비상(阿彌陀三尊佛碑像)은 중앙에 반가상을 배치하고 좌우에 보살을 조각했다.

백제 목탑의 일본 전승

목탑은 중심 기둥의 심초석을 중심으로 각 층간 비례를 만들고, 각 지붕이 균형을 이루도록 했다. 가장 오래된 백제계 목탑인 호류지 오중탑은 1층 내부 심주(心法)의 둘레에 사천주(四天柱)를 세우고, 그 내부에 수미산을 쌓은 후 소조상(塑造像)을 장식했다. 백제문화 재현단지의 능사 오층탑은 정림사지 오층석탑과 호류지 오중탑을 참조하여 재현했다.

백제는 황룡사 구층목탑, 아스카지 목탑, 시텐노지 목탑, 호류지 목탑을 세웠다. 신라의 자장율사는 선덕여왕에게 황룡사에 목탑의 조성을 건의하면서 백제 장인인 아비지의 파견을 요청했다. 의자왕은 신라에서 보낸 예물의 수용과 건축가의 파견에 대한 조정의 의견을 수렴했다. 아비지는 신라에서 짧은 시간에 황룡사 구층목탑을 건립했고(삼국유사), 동국산업이 경주 보문단지에 황룡사 구층목탑을 재현하였다(2016).

목탑 내부는 부처의 일생을 담은 소조상이나 팔상도를 배치한다. 소조상이나 팔상도는 동면에 유마거사와 문수보살의 문답 장면, 서면에 부처가 사리를 나누는 장면, 남면에 미륵보살의 설법 장면, 북면에 부처의 열반 장면 등을 담는다. 부여 정림사지에서도 소조상 파편이 발견되어 초기 목탑이 있던 것으로 추정된다.

백제 석탑은 각 층의 지붕 돌(옥개석)이 몸 돌보다 상대적으로 깊고 넓다. 정림사지 오층석탑은 지대석 넓이가 14척(고려척)에 높이 8.33m로

오층목탑과 구층목탑 일본 호류지 오중탑을 토대로 능사지 오층목탑을 재현하였고, 미륵사지 서탑을 기초로 황룡사 구층탑을 재현했다.

호류지 오중탑 소조상과 정림사지 소조상 파편 목탑 내부의 소조상 때문에 정림사도 목탑이 있었을 것으로 추정된다.

층계 간 체감 비례와 탑신에 황금비례를 적용했다. 목탑처럼 몸 돌보다 지붕 돌의 폭을 넓게 하여 목조 건물처럼 늘씬해 보이도록 했다. 사비성이 나당연합군의 방화로 7일 동안 불타는 동안에도 소정방의 공적을 알리는 대당평제국비명으로 온전할 수 있었다.

미륵사지는 중앙의 목탑을 중심으로 양쪽에 석탑을 배치했다. 미륵사지 석탑은 여러 석재를 목조건물처럼 끼워서 맞추었다. 동탑은 완전히 무너져서 기존 노반석과 지붕 돌, 서탑의 비례를 바탕으로 복원했다(1992). 서탑은 1층 중앙부에 십자(十)형 통로를 만들고, 2층부터 탑신과 옥개석으로 누각식(樓閣式) 목탑의 형식이다. 일제 강점기에 6층까지 시멘트로 보수했고(1915), 다시 6층의 원형을 최대한 유지하면서 재보수했다(2019).

익산 왕궁리 오층석탑은 백제시대 또는 그 이후 건축양식으로 8각 기

정림사지 오층석탑 목조식 구조에 비례를 적용하여 제작했다. 국가문화유산포털

미륵사지 석탑 변천 목탑처럼 각 면을 돌기둥으로 조성하였고, 시멘트 보수와 해체 보수를 거쳤다. 국가문화유산포털

단에 주춧돌과 판석을 맞물려서 목조탑을 재현했다. 미륵사지석탑의 사리호와 왕궁리석탑의 금제사리함이 동일한 양식으로 무왕 때 제작된 것으로 추정된다. 부여 무량사 오층석탑은 각 층마다 각 면의 모서리와 기둥을 세워서 왕궁리 오층석탑과 유사하게 만든 고려시대의 석탑이다.

왕궁평성 오층석탑과 무량사 오층석탑 목탑처럼 가구식으로 돌기둥과 판석을 맞춰서 세웠다.

하앙식 건축과 치미·수막새 장식기와

초기 건축은 기둥과 기둥을 보로 연결하여 지붕을 떠받치는 가구식이었다. 움집은 추위를 견딜 수 있지만 충분한 공간을 얻기가 힘들었고, 초가집은 내부 공간을 넓게 확보할 수 있지만 건물의 지속성을 얻기 어려웠다. 기와집은 넓은 공간에 침수와 부식을 방지하면서 외관을 화려하게 장식할 수 있었다.

지붕을 떠 받드는 목재도 다양한 크기와 용도로 구성하면서 정사각형 벽에 배흘림 기둥으로 가로선과 세로선, 대각선이 황금비를 이루도록 했다. 기와 지붕은 팔작, 맞배, 우진각, 십자형, 육모, 정자형 등이었다. 수덕사 대웅전은 맞배 지붕에 정면 3칸, 측면 4칸으로 측면이 넓고 황금비를 이룬다.

하앙(下昻)은 목재의 내단(內端)을 도리에 고정시켜서 지붕의 하중을 받고, 외단(外端)이 처마를 받쳐서 균형을 맞춘다. 하항 목재가 지붕에서 처마까지 뻗어 건물을 날렵하고 웅장하게 만든다. 백제의 청동제 소탑과 금동불감(간송미술관)에서 그 흔적을 볼 수 있다.

현존하는 하앙식 건축물인 완주 화암사의 극락전(1425~1429 중건)은 정면 3칸, 측면 3칸으로 전면과 후면의 포작(包作)에 하앙을 사용했다. 일본 호류지의 금당과 오중탑에서 하앙을 볼 수 있다. 오중탑은 에도시대(1688~1704)에 완만했던 경사를 급경사로 바꾸었다.

기와는 눈이나 빗물을 차단하면서 지붕의 부식을 방지하고, 건물의 경관을 치장하였지만 건축에 많은 돈이 소요되기 때문에 사찰, 관청, 왕릉과 왕궁에서 사용했다. 장식기와인 수막새(瓦當)와 치미(鴟尾)가 건물의 경관과 치장에 사용되었다.

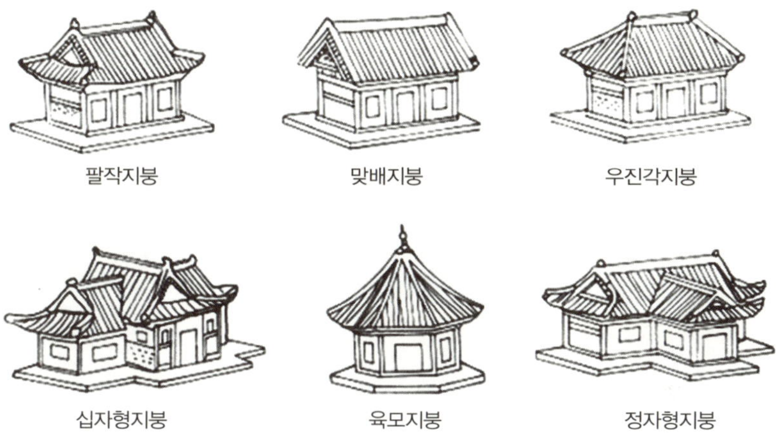

지붕 형태 기와지붕은 주로 팔작지붕과 맞배지붕이 많다. 브래티니커회사

화암사 극락전 극락전은 하앙으로 처마를 올려서 건물을 웅장하게 보이도록 했다.

치미는 봉황의 형상으로 건물을 웅장하게 보이도록 용마루의 양쪽 끝에 배치했다. 부소산 서복사지 치미는 소형으로 뒷면에 연꽃 무늬로 장식했다. 왕흥사지 치미는 대형으로 용마루 좌우의 치미 1벌이 동시에 출토되었다. 미륵사지 치미는 서복사지 치미보다 약간 크지만 상하로 나누어서 제작했다. 고려시대는 용머리와 물고기 꼬리의 용미(龍尾)로 사용했고, 조선시대는 간소한 용두(龍頭)와 취두를 사용했다.

수막새는 여러가지 무늬로 처마를 장식했다. 백제는 섬세하면서 우아한 8개 연꽃 잎으로 구성하였다. 꽃잎은 일정한 형식으로 도안화하여 불교의 대자대비를 상징하였다. 수막새와 치미는 전통양식에서 희소해 지고, 하앙은 중국 양식의 건축술을 채용하면서 소멸되었다. 일본은 사찰

백제 치미 백제의 사찰인 서복사지, 왕흥사지와 미륵사지에서 발견되었다. 국립부여박물관

수막새 백제는 8개 꽃잎의 연화무늬 형태를 사용했다. 경희대박물관

이나 전통 건물을 세울 때 하앙과 장식 기와를 사용하고 있다. 건축 양식은 그것을 향유하는 집단 내 약속으로 구성원의 소속감과 소망에 대한 표현이었다.

외리문전과 백제금동대향로

백제는 도교의 오행설을 따라서 군대의 깃발을 황색으로 통일하였다. 도교 문화는 삼신산과 무릉도원을 표현한 산수문전, 봉래산을 조각한 백제금동대향로, 도교사상의 사택지적비, 왕궁평성의 후원과 정원, 무령왕릉의 매지권, 궁남지의 방장산 등을 남겼다.

토지는 신의 소유이기 때문에 신에게 허락을 받고 사용해야 한다. 무령왕릉 지석(誌石)은 토지신에게 땅을 샀다는 토지 매지권을 기록하고 있다. 그 내용에 도사들이 주문을 외울 때 내는 급급여율령(急急如律令)을 표현하였다. 무령왕릉 입구의 진묘수는 뿔과 날개가 달린 상상의 동물로 죽은 영혼을 지키는 수호자였다.

외리문전은 부여 외리에 발굴된 봉황무늬, 산수무늬, 산수도깨비무늬, 산수봉황무늬, 연꽃도깨비무늬, 연꽃구름무늬, 연꽃무늬, 용무늬의 8가지 문양이다. 산수무늬문전은 산과 나무, 하늘과 물, 누각과 사람을 표현하면서 산 아래의 입석 돌기(突起), 산 위의 수목 배치, 집과 신선, 하단에 물줄기와 봉우리로 신선세계를 나타냈다.

백제금동대향로는 높이 61.8cm, 무게 11.8kg으로 신선 세계를 표현하고 있다. 정상부는 하늘과 태양을 상징하는 봉황이 여의주를 물고 있고, 뚜껑은 74개의 신산(神山)에 5명의 악사, 42마리의 동물과 12명의 인물이 있다. 몸체는 활짝 핀 3단 연꽃 속에 물고기와 새, 다양한 동물들을

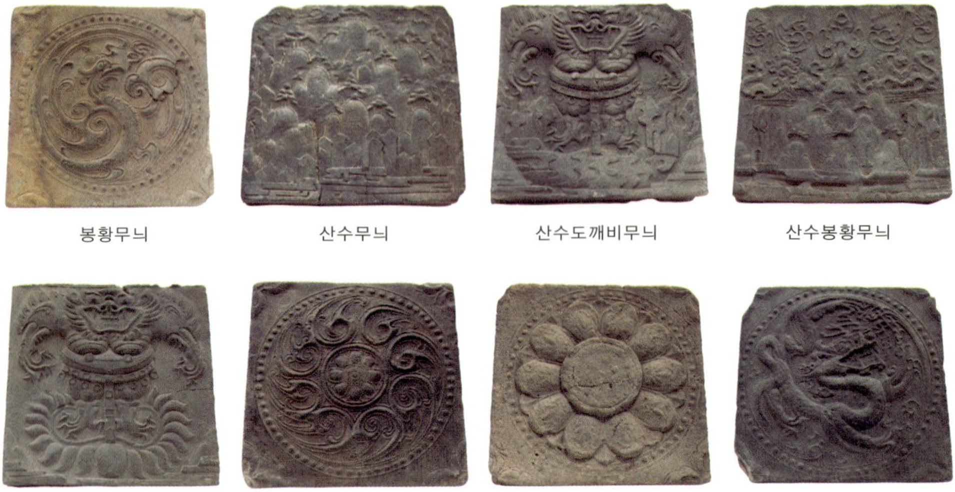

봉황무늬 산수무늬 산수도깨비무늬 산수봉황무늬

연꽃도깨비무늬 연꽃구름무늬 연꽃무늬 용무늬

외리문전 다양한 형태의 8가지 무늬로 구성되어 있다. 국립부여박물관

표현했다. 받침은 연꽃 줄기를 물고 하늘로 힘차게 올라가는 용을 표현했다.

도성은 삼신산(삼산)을 중심으로 남쪽에 대형 연지를 배치했다. 진사왕은 왕궁을 중수하면서 연못을 만들었고, 동성왕도 공산성에 임류각을 세웠다. 대통사지 석조와 부여 석조는 화재에 대비하여 연지를 대신하였다. 그리고 왕궁평성은 후원에 아름다운 돌로 경관을 표현하고 정원에 태호석을 배치했다.

궁남지는 20여 리에서 물을 끌어와 버드나무를 심고 방장산을 조성하고, 의자왕은 궁남지에 망해정(望海亭)을 세웠다. 백제의 장인들이 일본에서 많은 연못을 조성하는데 관여하였고, 신라도 궁남지를 본떠서 안압지와 임해전을 만들었다. 고려와 조선도 삼신산과 누각을 배치한 연지를 궁궐에 조성하였다.

백제대향로 높이 64cm에 받침, 몸체, 뚜껑, 그리고 봉황 장식으로 구성되어 있다. 국립부여박물관

궁남지, 안압지, 부용지 궁남지는 인공 연지로 도성 정원의 원류가 되면서 조선시대까지 그 양식이 이어졌다.

백제 여인의 망부가와 수제천

백제 가요는 '정읍사(井邑詞)', '선운산가(禪雲山歌)', '무등산가(無等山歌)', '지리산가(智異山歌)' 등이 있다(고려사). 정읍사는 행상나간 남편이 오래도록 돌아오지 않자 아내가 산 바위에서 무사히 돌아오기를 비는 노래이다. 국악의 '수제천(壽齊天)'으로 왕이나 왕세자가 이동할 때 위엄을 보여주기 위하여 연주했다. 조선 말기에 노래인 '정읍사'는 사라지고, 연주인 '수제천'이 처용무(處容舞)의 반주로 사용되고 있다. 연주 음악은 피

정읍사와 수제천

(前腔) ᄃᆞᆯ하 노피곰 도ᄃᆞ샤
어긔야 머리곰 비취오시라
어긔야 어강됴리
아으 다롱디리
(後腔) 全져재 녀러신고요
어긔야 즌ᄃᆡ를 드ᄃᆡ욜셰라
어긔야 어강됴리
(過篇) 어느이다 노코시라
(金善調) 어긔야 내 가논ᄃᆡ 졈그ᄅᆞᆯ셰라
어긔야 어강됴리
(小葉) 아으 다롱디리

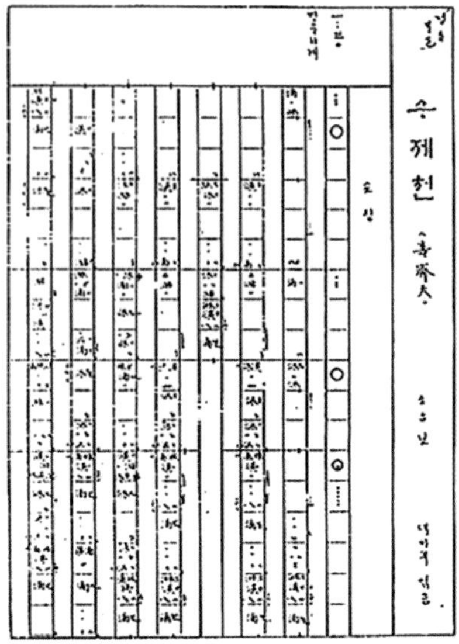

리가 선율을 연주하면 다른 악기들이 나오는 연음의 형식이다.

선운산가는 제목과 유래만이 '고려사'와 '증보문헌비고(增補文獻備考)' 등에 전해오고 있다. 아내가 멀리 떠난 남편을 그리워하고 걱정하는 마음을 표현하였다. 장사하는 정역이 기한이 지나도 돌아오지 않자 그 처가 선운산에서 남편을 기다리며 노래를 불렀다(고려사).

무등산은 진산(鎭山)이고 무진주는 큰 읍으로 이 산에 성을 쌓고 백성이 편안하고 즐겁게 살도록 기원하면서 '무등산가'를 불렀다. 또한 지리산가는 "구례현의 여인이 아름답고 지리산에 사는데 집이 비록 가난하지만 부부의 예를 다하매, 백제국왕이 그 미를 탐내자 여인은 노래를 짓고 따르지 않고 죽음으로 따르지 않겠다."는 것이다.

지리산가와 유사한 도미설화(都彌)가 한성 주변의 팔당 지역에 내려온다. 도미는 의리를 알고 그 아내는 아름답고 절제된 행실로 칭찬을 받

망부석, 선운산가비와 도미나루 정읍사, 선운산가, 도미나루 전설은 백제 여인의 절개를 상징한다.

았다. 개루왕이 도미부인에게 “너를 데려다 궁인(宮人)으로 삼겠다.”고 잠자리를 청하자, 도미부인은 한 종을 시켜서 숙청을 들었다. 왕이 속은 것을 알고 도미의 두 눈을 빼고 작은 배에 태워서 흘려보냈다. 왕이 다시 도미의 아내를 취하려 하여 도망쳤을 때 강가에 홀연히 나타난 배를 타고 천성도(泉城島)의 도미를 만나서 일생을 보냈다.

일본의 무악(舞樂)은 1400여 년 동안 행사에서 사용된 백제의 춤과 음악이다. 좌무(左舞)와 우무(右舞)가 기본형식으로 각 형식에 따라서 음악과 옷 색깔이 다르다. 좌무는 당악(唐樂)을 따르고, 우무는 고려악(高麗樂)에 맞춰서 춤춘다. 소리코(蘇利古) 춤은 백제의 무용가인 미마지(未麻之)에 의해 전수된 사자춤과 탈춤이다.

한강지역 돌무지 문화와 적석고분

고인돌은 무덤이면서 제단으로 땅을 상징하는 네모난 돌방 위에 태양을 상징하는 둥근 돌을 얹었다. 탁자형은 평지에 높은 받침돌로 무덤 방을 평지에 만들었고, 덮개형은 땅을 파고 무덤방을 돌로 덮었다. 바둑판형은 무덤방 주위에 돌무지를 쌓고 다시 덮개 돌을 놓았다.

강화 고인돌은 탁자형으로 받침돌에 덮개 돌을 놓았다. 보령 죽청리 고인돌은 낮은 받침의 덮개형 고인돌로 제단을 만들고 주변에 남방식 고인돌을 배치했다. 신안 방월리 고인돌은 7기 고인돌이 칠성바위를 형성하고 있다. 제주 고인돌은 지석없는 무지석식, 3~4개 지석이나 2중의 지석식, 판석형 지석식으로 발전하였다.

적석총(돌무지무덤)은 지면을 평평하게 고른 후에 돌을 쌓는 돌무지 형태로 조성했다. 꼭대기는 기와 건물인 향당을 세워서 제사를 지내는데 몽골의 오보에도 돌무덤 위에 나무 집을 짓는다. 돌무지는 시베리아, 만

한반도 고분양식의 변천

묘제	선사시대	삼국시대	고려시대	조선시대
지석묘	■			
적석총	■	■		
적석목곽분		■		
횡혈식석실분		■	■	
전방후원분		■	■	
전축분		■		
석곽분	■	■	■	
석관묘	■			
토광묘	■	■	■	■
옹관묘	■	■		
화장묘	■	■	■	

죽청리 고인돌, 방월리 고인돌, 제주돌공원 보령 죽청리는 북방식 고인돌이고, 신안 방월리는 남방식 고인돌이며, 제주도는 북방식과 남방식이 혼재되어 있다.

석촌동 3호분과 운학동 돌무지무덤 백제의 적석총은 기단식과 무기단식으로 돌을 쌓았다.

주, 한반도, 일본열도에 걸쳐서 분포하고 있다.

만주 집안(集安) 일대는 1만 기 이상의 고구려 적석총이 분포한다. 태왕릉은 상단에 향당을 설치하여 제단과 석실을 두었는데 여기에서 '신묘년호태왕(辛卯年好太王)'이 쓰인 청동방울과 '원태왕릉안여산고여악(願太王陵安如山固如岳)'이 새겨진 벽돌을 발견했다. 광개토대왕비가 가까워서 광개토대왕 고분으로 알려져 있다. 장군총은 장수왕의 무덤으로 거대한 화강암을 쌓아서 그 안을 자갈로 채웠다. 각 면은 거대한 호석을 세 개씩 배치하여 내부 돌이 밀리지 않게 했다. 대동여지도는 이 지역을 황성(皇城)과 황묘(黃墓)로 표기하였다.

백제의 한성 일대 '돌무데기' 지명은 석성이나 돌무지, 적석총 등이 있었던 곳이다. 옛 지명 돌마리(石村)는 한자 표기로 석촌동(石村洞)으로 변했는데 위례 신도시 지역은 1960년대까지 '돌무데기'로 불렸다. 일제 강점기에 야스이 조사단이 석촌동과 가락동 일대에서 280여 기, 방이동 일대에서 16기의 백제 초기 고분의 분포도를 작성했다(1917). 1970년대 잠실 일대의 난개발로 수많은 적석총 유적이 파괴되었다. 석촌동 3호분은 근초고왕의 무덤으로 추정되며 복원된 3단보다 더 높은 7단으로 알려져 있다.

한성과 가까운 용인의 돌무데기 무덤은 무기단식의 정사각형이나 원형으로 자연석을 이용하였다. 운학동 돌무지는 완벽한 형태로 이곳에서 동제를 지냈고, 제사할 때 외부 사람들이 들어올 수 있었지만 나갈 수는 없었다. 한강 이남의 고구려계 적석은 일정하게 돌을 규칙적으로 쌓아서 만든 아차산성, 단양유구, 의성유구 등이 있고, 산청 구형왕릉은 돌로 쌓은 적석총이다.

신라의 고분은 나무널무덤(기원전 2세기~기원후 2세기 중반)이 주요한 묘제였다. 4세기 중반 이후에 지배자의 칭호가 이사금에서 마립간, 왕으로 바뀌면서 묘제도 변했다. 마립간기 적석목곽분(돌무지덧널무덤)은 석실에 관을 안치하고 그 위는 잔돌로 채워서 거대한 봉분을 만들었다. 그

의성적석유구와 산청 구형왕릉 고구려계 적석은 돌로 기단을 쌓아서 봉분을 만들었다.

경주 대릉원과 김유신묘 적석목곽분은 당나라와 사대관계에서 원형의 토광묘로 바뀌었다.

안에 순장과 함께 금제 부장품을 매장했다. 마립간이 왕으로 호칭을 바꾸면서 돌방무덤으로 바뀌었다.

전축분 무령왕릉의 남조문화

낙랑군은 요동과 중국을 연결하여 교류를 촉진하는 매개자로 예(濊), 한(韓)과 왜(倭)의 내속을 관리했다. 요동의 공손씨가 대방군(帶方郡)을 설치하면서 낙랑군에서 관리하던 내속을 주관했다. 마한 소국들은 낙랑군과 대방군을 왕래하면서 활발하게 교역을 했다.

4세기 초 중국의 화북 지방이 혼란해지면서 낙랑군과 대방군에 대한 지배력이 약화되자 이 틈에 고구려가 낙랑군과 대방군을 공격하여 몰아냈다. 유민들이 백제로 남하하거나 일본열도로 이주하였고, 이 시기에 백제는 동진에서 '낙랑태수'의 책봉을 받았다.

백제는 초기 낙랑군과 대방군의 문화를 받아들이다가 후에 동진(東晉)에서 전수받았다. 전축분(벽돌무덤)은 낙랑에서 2세기 말부터 유행하여 평양 토성리(土城里), 황해도, 공주 송산리 6호분과 7호분에 영향을 미쳤다. 전축분인 송산리 6호분은 사신도, 해와 달, 별을 그렸고, 두 장의 벽돌을 맞대서 한 쌍이 되도록 쌓았다.

7호분(무령왕릉)은 배수로 공사 중에 도굴되지 않은 상태에서 발굴되었다(1971). 무령왕릉은 묘지석으로 축조 시기와 무덤의 주인을 알 수 있었다. 진묘수가 입구 쪽을 노려보는 자세로 외부 침입자가 훼손하지 못하도록 무덤을 수호하고 있다. 뿔 하나인 진묘수는 죽은 자의 영혼을 서왕모(西王母)에게 인도하는 안내자이다.

지석은 무덤의 널길에 주인의 이름, 관직명, 사망일을 적은 해서체의

무령왕릉 진묘수와 중앙아시아 진묘수 진묘수는 무덤을 지키는 상상의 동물이나 인물상을 배치했다. 국립공주박물관, 국립중앙박물관

묘지(墓誌)와 간지도(干支圖), 매지권(買地券)으로 구성되어 있다. 지석은 백제의 사상, 내세관, 상장 의례를 등을 기록하고, 매지권은 지신에게 땅을 구입하기 위해 지불한 화폐와 그 내용을 적었다.

錢一万文 右一件
乙巳年八月十二日寧東大將軍
百濟斯麻主以前件錢詢圡王
圡伯土父母圡下衆官二千石
買申地爲墓故立券爲明
不從律令

돈 1만문, 이상 1건. 을사년 8월 12일 영동대장군인 백제 사마가 주관하여 앞 건의 돈으로 토왕과 토백, 토부모, 토하중관 치천석에게 물어 신지의 토지를 사서 묘로 삼는다. 그런 까닭으로 문서를 만들어 밝히니 율령을 따르지 않는다.

왕의 지석은 죽은 사람에 대한 신원을 적었고, 뒷면은 십간십이지(十干十二支)를 새겼다. 서쪽 방향에 신(申)·경(庚)·유(酉)· 신(辛)·술(戌) 등은 쓰지 않았는데 이곳에 죽음의 신인 서왕모가 있기 때문이다.

寧東大將軍 百濟斯
麻王年六十二歲 癸
卯年五月丙戌朔七
日壬辰崩到乙巳年八月
癸酉朔十二日甲申 安厝
登冠大墓立志如左 尒
영동대장군 백제 사마왕은 나이가 62세인 계묘년 병술일이 초하루인 5월 7일 임진일에 돌아가셨다. 을사년 계유일이 초하루인 8월12일 갑신일에 등관에 있는 대묘에 안장하였다. 묘지는 이와 같이 기록한다. 끝

왕비의 지석은 왕비의 장례를 치르고 왕과 합장하였다. 묘지는 "일만문의 돈으로 매입하여 무덤을 만들었다."는 내용으로 토지신에게 사용의 정당성을 알리고 있다.

丙午年十一月百濟國王太妃壽終
居喪在酉地己酉年二月癸
未朔十二日甲午改葬還大墓立
志如左
병오년 11월 백제국왕의 태비가 돌아가시니 유지에서 거상하였다. 기유년 초하루가 계미일인 2월 12일 갑오일에 고쳐 장사지내어 대묘에 돌아가도록 했다. 묘지는 이와 같이 기록한다.

고대 무덤의 위세품은 초기 동검이었지만 4세기 이후 동경으로 대체되었다. 동경은 만다라 문양으로 벽화의 구조처럼 천장과 구도를 규격화하거나 정형화된 형태로 표현했다. 벽화 대신에 보존하기 쉬운 동경으로 대체되었을 가능성이 있는데, 무령왕릉은 벽화없이 3개의 동경만 발견되었다.

왕 머리 쪽의 의자손수대경(宜子孫獸帶鏡)은 원형의 손잡이를 중심으로 '宜(의)', '子(자)', '孫(손)'의 글자를 배치했다. 왕비 머리 쪽의 수대경(獸帶鏡)은 네 명의 신선과 세 마리의 상서로운 동물을 새겼다. 그리고

무령왕릉 동경 왕의 머리에 의자손수대경, 왕비의 머리에 수대경, 왕의 발부분에 방격규구신수문경이 있었다.

방격규거신수문경(方格規矩神獸文鏡)은 신선이 상투 튼 머리와 반나체에 창으로 4마리의 짐승을 사냥하는 모습, 12간지 글씨와 명문을 새겼다.

尙方佳竟 眞大好 上有仙人不知老 渴飮玉泉 飢食棗 壽如金石兮
"하늘의 아름다운 거울은 정말로 크게 좋고, 하늘의 신선은 늙음을 알지 못한다. 목마르면 옥같은 물을 마시고 배고프면 대추를 먹어서 생명이 쇠와 돌같다."

무령왕이 왜에 보낸 스다하치만신사(隅田八幡神社)의 인물화상경(人物画像鏡)의 계미년도 무령왕릉 지석에 따르면 503년이다.

癸未年八月日十 大王年男弟王在意柴 沙加宮時斯麻念長寿遣
開中費直穢人今州利二人等取白上 同二百旱作此竟
"계미년 8월 10일 대왕 시기에 사카궁의 남동생에게 사마가 동생의 장수를 염원하여 보낸다. 개중비직, 예인 금주리 두 사람이 최고급 구리 200으로 거울을 만들었다."

백제왕릉의 횡혈식 석실고분

왕릉은 한성 남서쪽, 웅진 서북쪽, 사비 동남쪽으로 방위보다 지형을 중시했다. 일본의 아스카고분도 왕궁 동남쪽에 위치하고 있다. 왕릉의 남쪽은 조상과 하늘의 사자인 학(鶴)을 나타내는 지명을 가지고 있었다.

횡혈식 석실분(돌방무덤)은 고인돌에 봉분을 얹은 형태로 중앙에 석관이나 석곽을 배치하여 흙을 덮는다. 하남의 이성산성에서 금암산에 이르는 능선에 석곽묘군이 펼쳐져 있다. 방이동 1호분은 지름 12m, 높이 2.2m로 널길(연도)과 널방(현실)을 가진 횡혈식 석실분이다. 공주 수촌리 고분군은 토광목곽묘, 횡혈식 석실분, 수혈식 석곽묘 등이 혼합되어 있다.

송산리고분은 왕릉 7기를 포함하여 20여 기의 고분이 있다. 횡혈식 석실분은 널길을 커다란 판석으로 연결하고, 현실(玄室)은 돔의 형태로 맞추어서 마감했다. 정지산 제사유적은 산 능선의 평탄한 곳으로 왕과 왕비의 시신을 임시 안장하던 곳이다.

능산리고분군은 내부 단면이 육각형과 사각형인 횡혈식 석실분으로 대부분 도굴된 상태에서 일부 머리 장신구 및 허리띠 등만 찾았다. 1호

방이동고분과 수촌리고분 횡혈식 석실분은 적석총에서 발전된 왕족과 귀족들의 묘제였다.

송산리고분군과 사신도 벽화 송산리고분은 전축분과 횡혈식 석실분으로 구성되어 있다.

능산리고분군과 동하총(1호분) 사신도 능산리고분은 횡혈식 석실분으로 동하총에 사신도가 있다.

분 동하총(東下塚)은 잘 다듬어진 판석 1매로 각 벽을 구축하고, 벽에 사신도, 연꽃과 구름을 표현했다. 2호분은 돌을 맞춘 볼트(Vault)형의 천장을 쌓았으며, 3호분과 5호분은 판석으로 벽면과 천장을 구축했지만 중하총은 터널형의 전축분을 모방했다.

익산 쌍릉은 북쪽 묘인 대왕묘와 남쪽 묘인 소왕묘로 후조선(後朝鮮)의 기준과 왕비무덤, 서동(무왕)과 선화공주의 무덤설이 있다(1915). 나무널의 금송은 능산리고분군과 무령왕릉에서 사용된 것과 동일하다. 왜구가 고려시대에 도굴하여 유물이 거의 발견되지 않았다.

왜의 횡혈식 석실분은 4세기 말 규슈에서 시작하여 야마토(大和)까지 전해졌다. 규슈는 로오지고분과 스키자키고분에서 사용하였다. 야마토

쌍릉의 대왕묘와 소왕묘 쌍릉은 후조선의 기준과 왕비의 무덤설, 무왕과 왕비의 무덤설로 나뉘어져 있다. 국립중앙박물관

의 다카마쓰(高松塚)고분은 죽순을 캐던 농부가 발견하였는데(1972), 동벽에 해와 청룡, 서벽에 달과 백호, 북벽에 현무, 천정에 북두칠성의 벽화가 있다. 이시부타이(石舞臺)고분은 7세기 초 소가노 우마코의 무덤으로 추정되며, 돌이 마치 춤추는 것처럼 보이는데 비와 바람에 봉분의 흙이 사라지면서 덮개 돌만 있다.

아스카 석무대 돌 한 개가 75톤인 30여 개의 돌이 마치 춤추는 것 같다.

『石舞台』の 名の 由来に ついては、一般には 石の形状から とされていますが、昔狐が女性に 化けて 石の上で 舞を見せた話や、この地に やって来た 旅芸人が 舞台が なかったので 仕方 なく この 大石を 舞台に演じたという 話もあります。もちろん 今は 石の 上に 登る ことは 禁止 されています。お弁当などの 飲食も ご遠慮 願います。(이시부타이고분의 설명 중에서)

제6장

지중해
해상국가
나라백제

마한 소국들의 백제 편입

중국의 유민들이 춘추전국시대에 만주와 한반도 서북지역으로 이동하여 정착했다(삼국지). 마한(馬韓)은 기원전 3세기부터 4세기 중반까지 존재한 소국연맹으로 초기 아산만 목지국이 중심이었지만 3세기 전반부터 백제국이 주도하였다. 다른 소국인 건마국은 고조선의 준왕이 위만에게 왕검성을 빼앗기고 내려와서 금마(金馬)에 세웠다(삼국유사, 제왕운기).

마한은 평야의 발달로 농업 생산력이 크면서 강이 발달하여 수로 교통도 발달했다. 하위 체제인 읍락은 재산과 권력을 분배하는 사회 단위로 대략 3천 명~5천 명 정도가 있었다. 읍락이 '별읍(別邑)'으로 성장하여 '국(國)'을 이루면서 대국(大國)은 1만여 가구로 신지(臣智)가 다스렸고, 소국(小國)은 수천 가구로 읍차(邑借)가 다스렸다. 최고 지배자는 진왕(辰王)으로 불렸다.

대국인 영산강 유역의 신미국(新彌國)이 진 왕조에 조공하면서 대방·가야·왜를 연결하는 서남해 해상권을 장악하였다(진서. 삼국지). 소국들은 농업과 교역, 철 생산으로 경제력을 확보했는데 반남 세력이 백제국에서 관등과 전권을 받고 교역을 주도했다. 해남 북일 세력은 탐진을 중심으로 완도·진도·제주 일대에서 해상활동을 전개했다.

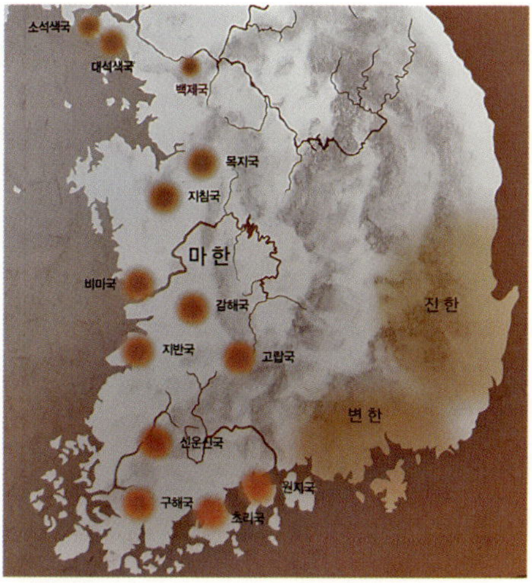

마한 주요국 백제국, 목지국, 건마국, 신미국이 주요 세력으로 성장하였다.

백제국이 목지국, 건마국, 신미국을 차례로 복속하면서 4세기에 영산강 유역에 도달했다. 국왕은 중국에서 책봉으로 '왕작(王爵)'을 받았고, 왕이 지방관들에게 '후작(候爵)'을 수여했다. 개로왕은 지방관들에게 '불사후'의 작위를 주면서 금동관과 대도를 하사했다. 금동관은 연맹체를 넘는 부족국가 수준의 수장을 표시하고, 은상감대도는 제작자와 글 쓴 사람을 새겨서 그 의미를 부여하였다.

> "서치대왕(瑞齒大王) 때 아구(牙口)가 8월 중순 큰 솥 4자 정도의 대도를 수십 번 두들겨서 좋은 칼을 만들었다. 이 칼을 차는 자는 자손대대로 그 은혜를 입는다. 칼 만든 장인은 이태가(伊太加), 글 쓴 이는 장안(張安)이다."

나주 영동리고분군의 5~6세기 인골은 안면이 각지고 윤곽이 뚜렷한데 DNA분석에서 일본인에 가까웠다. 왜의 전방후원분에서 출토된 토기가 영산강 유역에서도 발견되었고, 전방후원분인 후나야마(船山)고분의 금동신과 금동관은 수촌리고분과 입점리고분의 유물과 비슷하다. 백제가 지방관에게 수여한 환두대도가 일본 기리시마산 횡혈식 고분에서도 발견되었다.

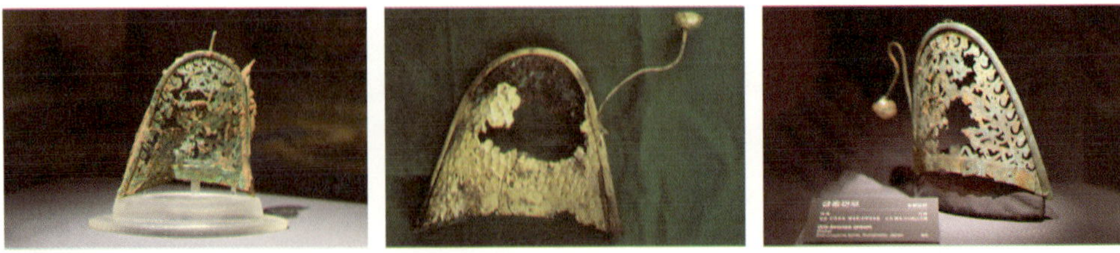

금동관 백제왕이 수여한 금동관이 공주 수촌리고분, 익산 입점리고분, 규슈 에다후나야마고분에서 비슷한 형태로 발견되었다.

가야연맹의 신라 복속

가야는 600여 년 동안 한반도 남동쪽을 지배했지만 '삼국사기'에는 기록이 없으며 '삼국유사'와 '일본서기'에 있다. 가야의 기원과 멸망에 대하여 가야는 토착민족과 정복민족 또는 왜족과 가야족으로 구성된 혼합 사회였다. 그리고 변진족이 신라와 가야로 분리되었다가 멸망하면서 지배계층이 규슈로 이동했을 것으로 추정한다.

가야 연맹은 서쪽의 장수에서 동쪽의 김해까지 세력을 확장하였다. 소국인 가락국은 철 생산지인 수나라(須那羅) 또는 소나라(素那羅)로 왜와 교역이 활발하였다. 나라(변진)의 철이 한·예·왜에서 돈처럼 사용되었다(삼국지).

금관가야(狗倻國)는 3세기 중반 이후 가야연맹을 이끌다가 낙랑군과 대방군의 소멸로 교역의 대상을 잃었다. 고구려 광개토대왕이 5만여 명의 군사를 보내서 백제·가야·왜의 연합군을 물리쳤다. 김해 유적의 두개골은 금관가야의 북방계와 남방계 흔적을 보여주고 있다.

대가야(多羅國)는 국왕 하지가 남제에서 '보국장군본국왕(輔國將軍本國王)'의 책봉을 받았다(남제서, 479). 백제가 주도한 관산성 전투에서 왜와 함께 참여했다가 많은 병사를 잃으면서 신라에 복속되었다(삼국사기·

일본서기, 562). 신라가 "대가야를 정복한 것이 아니라 백제에서 빼앗았다."는 기록도 있다(송서, 속일본기).

왜 긴메이 천황은 "가야 연맹을 회복시켜 예전처럼 부부와 같은 관계를 회복하라."고 유언했었고, 백제 성왕은 가야 사람들에게 "형제처럼 서로 가까우니 가야 사람들도 백제를 아버지나 형제처럼 대하세요."라고 했다(일본서기). 대가야 마지막 왕인 월광태자는 가야산에 월광사(月光寺)를 짓고 만년을 보냈다.

해인사 국사단은 산신인 정견모주의 신당으로 산신의 두 아들인 이진아시왕이 대가야, 수로왕이 금관가야를 세웠다는 전설이 있다. 대가야는 고속회전 물레, 굴가마 등으로 단단한 토기를 제작하여 왜의 토기에 영

고대 가야인과 김수로왕릉 김해는 구지봉을 중심으로 남방계 거북신앙에 대한 전설이 많다.

가야산과 해인사 가야산은 삼재(화재, 수재, 풍재)가 들지 않은 산으로 해인사가 있다.

향을 미쳤다. 가야의 토기와 철 기술이 규슈에 영향을 미치면서 일본 산업의 두 축인 도자기와 제철산업의 토대를 제공했다.

왜의 야요이시대와 아스카 문화

일본열도는 약 3만 년 전부터 한반도와 교류를 하였으나 1만 년 전 해수면 상승으로 서로 분리되었다. 이에 따른 인구 이동이 지난 3천 년간 지속적으로 일어나서 벼농사, 청동기, 철기, 관개농업 등을 일본에 전파시켰다. 고대에 중국 5호 16국시대(304~439)의 전란, 고구려의 남진으로 왜에 한반도 유민들이 유입되었다.

일본인 유전자는 한반도 이주민과 토착민으로 이루어진 야요이(弥生)인에서 유래하고 있다. 하니하라 가즈로는 한반도에서 건너간 도래인과 토착민의 비율을 85:15로 추정했다. 동일한 민족과 결혼할 경우 혈통을 어느 정도 순수하게 보존할 수 있지만, 이민족과 결혼하면 순수성이 1/2, 1/4, 1/8, 1/16 등으로 감소한다. 따라서 민족이나 성씨의 정체성은 특수한 경우를 제외하고 기록이나 의식 속에 존재할 뿐이다.

백제와 왜는 서로 왕자를 파견하고 군사 동맹으로 관계를 강화했다. 백제는 왜에 문화를 전파하면서 왕자를 파견하여 우호관계를 맺었다(일본서기). 아직기는 왜에서 말 사육과 승마술을 전하다가 태자의 스승이 되었다. 오진 천황이 그에게 좋은 선생의 추천을 요청하자 왕인을 소개하였다(일본서기). 왕인이 논어 10권과 천자문 1권을 가지고 가서 태자의 스승이 되었고, 그는 '후미노비토(書首)'와 '후미노니토(文首)' 가문의 시조가 되었다(고사기).

왕인은 문헌에 기록이 없지만 월출산 성기동에서 출생했다. 이곳 사

왕인유적지와 창덕궁 소요정 영암 성기동은 왕인박사의 탄생지이며, 소요정은 왕이 계사를 하던 곳이다.

람들은 매년 3월에 계욕(禊浴)을 하면서 왕인처럼 훌륭한 사람이 되기를 기원하고 있다. 계욕은 3월 첫번째 뱀의 날인 상사일(上巳日)에 흐르는 물로 몸을 씻고 악을 떨쳐 버린다. 창덕궁 소요정(逍遙亭)도 조선시대에 국왕이 계사를 행하던 장소였다.

진사왕이 천황에게 예의를 다하지 않자 기노쓰노 쓰쿠네를 파견하여 죽였다(일본서기). 진사왕은 젊어서 살해당한 것으로 추정되고 있다(삼국사기). 아신왕은 태자 전지를 왜에 보내서 우호를 다졌는데 최초의 왕족 파견이었다(삼국사기). 백제와 왜는 397년부터 427년까지 7차례의 사절단을 교환하면서 왕족이나 태자를 왜에 머물게 하거나 혼인관계를 형성했다.

궁월군은 하타씨(秦氏)의 시조로 야마토에 정착했고(일본서기), 후손들이 우즈마사(太秦)로 성씨를 바꾸고 코료지(廣隆寺)를 창건했다. 전지왕은 누이동생 신제도원, 왕녀 적계여랑과 지진원 등을 보냈다. 비유왕은 누이동생과 7명의 여인, 직지왕도 왕녀를 보냈으며, 개로왕이 동생 곤지(昆支, 461)를 파견하였다. 아좌태자는 왜에서 쇼토쿠 태자의 초상화를 그렸다.

백제 전문가와 기술자들이 야마토에 정착하면서 이 지역을 '이마끼아

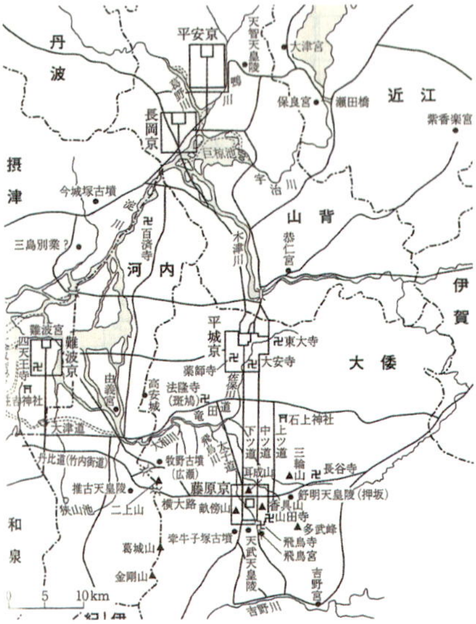

야마토와 아스카 야마토국이 고대국가 형성의 중심지였다.

야(今來漢)'로 불렸다. 개로왕 때 파견된 도공장인 신한고귀가 토기제작 기술을 전파하였고, 직조장인 소소는 직조기술을 가르쳤다. 주조장인 인번이 술을 빚는 기술을 전하고 주신이 되어 신사에 모셔졌다(고사기).

단양이, 고안무, 마정안, 문휴마나와 왕보손, 동성자언, 왕유능타와 동성자막고, 마나문노, 마미지 등이 파견되었다. 오경박사 단양이는 오경(五經)에 능통하여 유학을 전파하였고, 의박사 왕유능타는 의약기술을 전파하였다. 와박사 마나문노는 기와와 전돌의 제작기술을 전하여 사찰과 왕궁의 건축에 기여하였고, 조각가 도리는 불상을 제작하여 초기 불교의 발전에 기여하였다. 악사 마미지는 음악과 춤을 가르쳐서 전통 음악의 스승이 되었다.

6~7세기 가야, 백제, 고구려가 멸망하면서 많은 유민들이 왜로 이동하였다. 또한 백제 부흥운동이 실패하면서 대규모 이동이 이루어졌다. 일제강점기에 인구이동이 자유로워지면서 많은 사람들이 일본에서 한반도와 만주로 이동하기도 하였다.

소가노 우지의 권력독점과 덴지 천황

일본 나라분지(奈良盆地)는 약 2만 년 전 후기 구석기부터 농경사회를

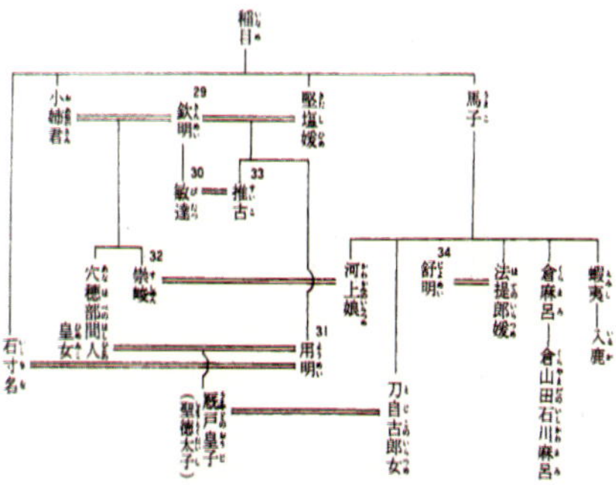

소가씨 계보 소가노 우지는 천황의 외척이었고, 이시부타이(석무대)는 소가노 우마코의 무덤이다.

형성했다. 그 중심인 야마토(大和)는 나니에(難破)의 요도강(淀川)을 따라서 한반도 문화를 받아들였다. 규슈 세력인 진구황후가 야마토를 정복하고 고대국가를 형성하였다. 야마토국(大和國)은 3세기 세워진 최초의 왕국으로 6세기 초까지 규슈, 산잉, 오카야마, 키나이, 칸토 등을 정복했다. 국호가 왜에서 일본(日本)으로 변경되자 대왜국(大倭國), 대화국(大和國)으로 변화되었다.

아스카는 5세기 후반 웅략왕이 초뢰조궁(初瀨朝宮)을 지으면서 정치의 중심지가 되었고, 아스카시대는 1900년 전후 세키노 다다사, 오카쿠라 덴신에 의하여 제시된 개념이다. 야마토국은 불교의 도입을 둘러싸고 소가 우지와 모노노베 우지가 싸워서 소가노 우지가 권력을 독점했다. 소가노 이루카는 쇼토쿠 태자의 아들인 야마시로가 왕위를 물려받지 못하면서 불만을 제기하자 그 일족을 몰살했다. 소가 우지(蘇我氏)는 백제의 목라근자(모쿠라 곤시)의 후손으로 추정되고 있다.

나카노오에 노미코가 을사(乙巳)의 변에서 소가노 우마코를 참수하여 정권을 장악하였다. 고토쿠 천황은 타이가개신(大化改新)으로 율령제를 도입하고 중앙집권제를 수립하였다. 토지의 국유화, 대부 이상에게 식봉차등 지급, 키나이(畿內)와 쿠니(國)의 범위 규정, 부역 폐지와 조용조 실

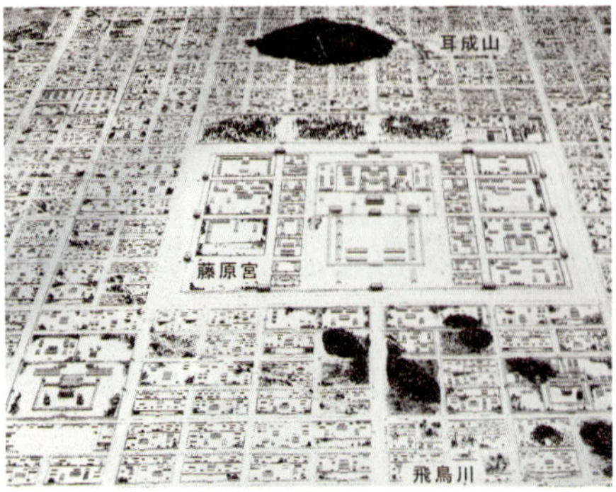

후지와라쿄와 야마토평원 일본 최초의 장안성을 모방한 도성으로 야마토평원에 위치한다.

시 등의 개혁이 이루어졌다.

소가노 우지의 몰락으로 백제와 왜 사이에 갈등이 발생하였고, 의자왕은 천황과 후지와라에게 선물을 보내면서 친선을 도모했다. 고토쿠 천황이 신라와 당나라에 접근하자 이에 반발한 나카노오에 황자(덴지 천황)가 정권을 잡고 백제 중심으로 바꾸었다. 덴지 천황은 백제 부흥전쟁에 병력을 파견하여 백촌강 전투를 치렀으며, 아스카에서 오미(近江)로 왕궁을 옮겼다.

덴지 천황은 신라에 적대적이면서 국가의 체제 정비와 개혁을 추진했다. "태양 쪽에 있어 부르게 되었다(구당서), 왜가 해 뜨는 곳과 가까워서 고쳤다(삼국사기)."면서 국호를 '일본(日本)'으로 바꿨다. 백제가 '해 뜨는 밝은 땅'이고, 일본이 '해가 뜨는 곳'으로 유사하다.

東有神國謂日本亦有聖王謂天皇

"동쪽에 신국이 있으니 일본이라 일컫고 또한 성왕이 있나니 천황이라 일컫는다(일본서기)."

덴지 천황이 사망하면서 왕위계승을 둘러싸고 덴지 천황의 동생과 아들이 대결하는 임신(壬申)의 난이 발생했다(672). 동생인 오아마 황자가 덴무 천황으로 즉위하여 중앙집권 국가를 추진했고, 덴무 천황이 죽고 황후였던 지토 천황이 천황제의 토대를 마련하였다. 일본은 중앙집권 국가를 형성한 7세기 중·후반을 '하쿠호(白鳳)문화'라고 부른다.

타이가개신의 천황제와 정치구조

고대 야마토의 수장은 대왕(大王) 또는 천왕(天王)이었지만 대외적으로 왜왕, 왜국왕, 대왜왕이었다. 천황(天皇)은 영주산에 사는 진인(眞人)으로 북극성(北極星)을 천황대제(天皇大帝)와 부상대제동황부(扶桑大帝東皇父)로 신격화한 명칭이다. 아마테라스 오오카미가 천황가의 원조이며(고사기, 일본서기), 천황의 한자 발음은 고대에 덴와(天皇)였다가 중세에 덴노우(てんのう)로 변했다.

고토쿠 천황(645)이 고구려에 보낸 교서에 "명신은 천하를 다스리는 일본 천황(明神御宇 日本天皇)"으로 쓰면서 7세기 후반 덴무 천황 또는 지토 천황 시기부터 본격적으로 사용되었다. 13세기 천황 사용이 중지되었다가 메이지유신으로 부활되었다. 1대 진무(神武), 10대 스진(崇神), 14대 진구(神功), 15대 오진(應神)이 신(神)으로 추앙받고 있다.

기원전 660년에 즉위한 진무 천황은 창조된 인물로 추정되고, 스진 천황이 처음 나라를 다스린 인물로 평가받는다. 스진 천황가는 후에 진구 황후가로 교체되었다. 진구 황후가 신라 원정에서 돌아오는 길에 오진 천황을 낳아서 스타히치만신사(隅田八幡神社)의 군신(軍神)이 되었다.

일본은 천황가의 조상신과 유력 씨족의 우지가미(氏神)에 대한 서열을 정하면서, 천황가의 절대성과 호족의 지위 확보를 위하여 '신찬성씨록(新撰姓氏錄)'을 작성했다(684). 우지는 마히토(眞人), 아소미(朝臣), 쓰쿠네(宿禰), 이미키(忌村), 미치노시(道師), 오미(臣), 무라치(連), 이나키(稻置)의 8성(姓)으로 분류했다. 황실은 마히토와 아소미 등의 상위 성씨를 받았으며 유력가문과 호족들도 높은 성씨가 부여되었다.

일본의 율령제는 제례를 주관하는 신기관(神祇官)과 정치를 관장하는 태정관(太政官)으로 분리했다. 천황은 종교의 수장, 관위의 수여, 연호의 제정, 역(曆)의 개정 등으로 역할이 제한되었다. 중국의 율령은 황제의 제사권과 통치권을 모두 인정했지만, 왜의 율령은 천황의 제사권만 인정하고 있다.

황실의 계보는 황통보(皇統譜)로 관리하면서 일본의 수상만 열람할 수

가시와라신궁 메이지 천황이 첫 번째 천황인 진무를 기리며 가시와라궁지에 세웠다(1880).

교토 황궁과 오사카성 천수각 율령제에서 종교와 정치가 천황의 신기관과 막부의 태정관으로 분리되었다.

있다. 황친은 천황의 형제나 아들인 친왕, 자매나 딸인 내친왕, 그 이하 자손인 왕과 여왕으로 구분한다. '신황실전범(新皇室典範)'은 황후, 태황태후(조모), 황태후(모친), 친왕, 친왕비, 내친왕, 왕, 왕비 및 여왕으로 구분하면서 황족을 천황의 자녀와 그 가족으로 제한하고 있다.

왜의 불교 도입과 백제계 도다이지

아스카시대(550~710)는 백제계 도래인 주도로 불교 공인과 정치 질서를 확립하였다. 불교가 공인되기 전에 백제인 시바노 다치토가 야마토 다타이치군(高市郡)에 초가집을 짓고 부처를 모셨다(부상약기와 법화험기, 522). 왜에서 불교의 수용을 놓고 귀족세력간 싸움이 벌어졌다. 긴메이 천황과 소가노 이나메가 모노노베 노오코시와 나카토미 노가마소를 물리치고 불교를 수용했다.

백제 성왕은 노리사치계를 보내서 최초 사찰인 토유라지(豊浦寺)에 금동불상을 안치한 뒤에 9명의 승려와 박사 6명을 추가로 파견하였다. 승려 도장이 성실종(成實宗)을 전파하면서 위덕왕도 16명의 승려를 보냈다.

왜는 성왕(성명왕)과 위덕왕에게 명왕의 칭호를 부여했고, 위덕왕은 '대위덕명왕'으로 아스카시대부터 헤이안시대(710~1192)까지 왕실에서 공양했다. 비타쓰 천황은 백제대정궁(百濟大井宮)을 지었고, 죠메이 천황은 백제궁과 백제대사(百濟大寺)를 세웠다.

소가노 우마코는 백제의 왕흥사(王興寺)를 본떠서 1탑 3금당의 씨사(氏寺)인 아스카지(飛鳥寺)를 창건하였는데, 카마쿠라 시대에 소실되었다가 에도 시대에 재건되었다. 텐지천황이 백제 승려인 의연에게 오까

오까지 원래 궁궐이었다가 사찰로 바뀌었다.

다치바나지와 고류지 쇼토쿠태자는 다치바나지에서 태어나 난파에 시텐노지를 건설했고, 고류지영보전에 목조미륵보살 반가사유상이 있다.

구(岡宮)를 하사하자 의연은 오까지(岡寺)로 변경하였다.

쇼토쿠 태자가 전쟁의 승리를 기원하면서 시텐노지(四天王寺)를 창건하여 오랫동안 유지되다가 2차 세계대전 때 대공습으로 육시당(六時堂)을 제외하고 대부분 파괴되었다. 쇼토쿠 태자는 백제에서 미륵반가사유상을 받고 하찌오까지(峰岡寺)도 건립했으며(603), 그의 초상화는 일본 지폐에 가장 많이 등장하고 있다.

고류지(廣隆寺)는 진하승이 쇼토쿠 태자에게 받은 목조미륵반가사유상(일본 국보 1호)을 영보전에 두기 위하여 건립하였다(일본서기, 603). 또는 고류지가 스이코 천황이 쇼토쿠 태자의 공양을 위해 건립했다(고료지

도다이지 남대문과 금당 일본 최대의 화엄사찰로 남대문은 '대화엄사(大華嚴寺)'의 간판을 달고 있다.

연기, 838). 사찰은 603년에 시작하여 622년 완성했다는 설과 603년에 지은 호코지와 622년에 지은 다른 사원을 합병했다는 설이 있다. 백제계 하타씨(秦氏)의 씨사로 본전에 쇼토쿠 태자상이 있고, 진하승의 우즈마사전과 목조미륵보살 반가사유상은 영보전에 있다.

쇼무 천황은 전국에 고쿠분지(國分寺)와 고쿠분니지(國分尼寺)를 건립했다(741). 고쿠분지는 지방 70여 개 국에 설치하였고, 가장 큰 고쿠분지가 카스가산(春日山)의 도다이지(東大寺)였다. 도다이지는 화엄종의 대본산으로 남대문에 '대화엄사(大華嚴寺)'라는 편액을 걸었다. 백제 출신의 구니나가노 기미마로가 사찰을 열 때 수많은 백제계 이주민들과 고니키시 게이후쿠(百濟王敬福)도 참석했다. 백제계 료벤이 신라의 심상을 초청하여 화엄경을 설법할 정도로 화엄종이 활성화되었다.

도다이지 금당(金堂)은 세계 최대의 목조건물이고, 이곳의 비로자나불(毘盧遮那佛)은 높이 16m의 세계 최대 실내 불상으로 고후쿠지(興福寺)와 더불어 일본 불교를 대표하였다. 일본에서 승려가 되는 계단(戒壇)이 규슈의 관세음사(觀世音寺), 간토오의 약사사(藥師寺)와 나라의 동대사(東大寺)에만 있다.

교종 화엄사찰과 선종 구산선문

신라의 오교(五敎)는 의상의 화엄종(부석사), 보덕의 열반종(경복사), 자장의 계율종(통도사), 원효의 법성종(분황사), 진표의 법상종(금산사)을 기본도량으로 성립했다. 옛 신라 지역의 화엄종과 옛 백제 지역의 법상종이 가장 영향력이 큰 교종의 사찰이었다.

화엄종은 광명의 부처인 비로자나불(毘盧遮那佛)을 중시하고 천지만물을 긍정적으로 인식한다. 원효는 6두품 출신으로 '나무아미타불'만 외치면 누구나 서방정토로 간다는 화엄 철학을 전파했다. 그의 사상은 신라사회에서 일반 대중의 평등과 불교 사회의 구현에 기여했다.

> 일심(一心)은 '우주 만법의 수용처로 진실되고 조화로운 전체'를 의미한다. 일심 속에 전체가 있고 전체 속에 하나가 있다. 일심을 제대로 인식하면 모두 부처가 될 수 있다.

원효의 친구인 사복이 "옛날 경(經)을 싣고 다니던 암소가 죽었으니 함께 가서 장사 지내자."고 했다(삼국유사). 장례 후에 원효는 "죽는 것도 나는 것도 모두 괴롭다."고 했다. 고려 현종은 고선사에 있던 원효의 금라가사(金羅袈裟)와 불정골(佛頂骨)을 궁궐의 내전에 안치했다.

의상은 당나라 종남산에서 화엄종 2대조 지엄의 가르침을 받았고, 사회 갈등을 통합하기 위하여 왕실과 지배층의 절제를 강조했다. 의상이 주도한 화엄십찰(華嚴十刹)은 문제가 있는 땅에 사찰을 세워서 땅의 기운이 올라오지 못하도록 하여 정복지의 주민을 회유하거나 구신라인의 특권을 정당화하였다. 각 사찰은 비탈진 산 중턱에 축대를 높이 쌓아 내부에서 멀리 조망할 수 있고, 외부에서 웅장하게 보이도록 축조했다.

화엄십찰은 팔공산 미리사, 지리산 화엄사, 태백산 부석사, 가야산 해인사와 보광사, 상왕산 보원사, 계룡산 갑사, 금정산 범어사, 비슬산 옥천사, 무산(모악산) 국신사, 부아산(북한산) 청담사, 팔공산 미라사, 치악산 비마라사였다(법장화상전, 삼국유사). 부석사는 옛 고구려 지역이고, 청담사는 삼국이 치열한 전투를 벌인 곳이다. 해인사와 보광사는 신라와 백제의 접경지역, 갑사와 보원사는 백제의 거점지역, 범어사와 옥천사는 가야와 왜의 활동 지역이었다.

화엄사는 6세기 중엽에 백제의 연기조사가 창건하고, 신라의 자장율사와 의상대사가 중창하였다. 신라 말기 견훤이 후원한 관혜대사의 남악(화엄사)과 왕건이 지원한 희랑대사의 북악(부석사)이 대립했다. 고려시대에 대각국사 의천이 재건하면서 선종의 대본산으로 승격되었다. 화엄사는 국보 5점과 보물 8점으로 많은 국가 지정 문화재를 보유한 사찰이다.

신라 말기에 무열왕계의 전제정치로 귀족세력이 대항하면서 혼란한 시기였다. 선종은 개인적인 노력으로 득도할 수 있다면서 호족세력을 중심으로 확장했다. 옛 백제 지역의 실천 불교로 선종은 중앙 정부의 간섭을 배제하고 독자 세력을 구축하면서 6두품 이하의 호족층과 서민층의

부석사 무량수전과 고선사지 오층석탑 부석사는 화엄종의 중심 사찰이었고, 원효는 고선사에 머물렀다.

호응을 얻었다. 사람의 인성이 부처의 마음으로 사색을 통하여 내가 부처라는 인식을 가져야 된다는 믿음을 강조하였다.

구산선문(九山禪門)은 6두품 이하의 당나라 유학을 다녀온 승려나 화상들이 주도하였다. 사찰은 주로 교종의 사찰보다 낮은 위치의 분지에 위치한다. 홍척의 실상산문이 가장 먼저 개창되었고, 가지산문(보림사), 동리산문(태안사), 성주산문(성주사), 사자산문(흥녕사), 사굴산문(굴산사), 희양산문(봉암사), 봉림산문(봉림사), 그리고 수미산문(광조사)이 성립되었다.

화엄사 국보 각황전, 석등, 목조비로자나삼신불좌상, 영산회 괘불탱, 사사자삼층석탑이 있다.

보원사지 철불 서산 가야산은 보원사지, 개심사와 서산마애삼존불이 있다.

희양산문은 미륵불에 귀의한 단의장 옹주와 지증대사의 희사로 세워졌고, 9산선문 중에서 유일하게 중국에 가지 않고 산문을 성립시켰다. 최치원의 지증대사 비문은

> "정(靜)할 때 산이 세워지고 움직일 때 골짜기가 응한다. 무위의 이익은 다투지 않고 이긴다."

라고 하였다. 최대 산문인 성주산문은 무염대사(낭혜)가 당나라 마곡의 법을 공부하고 남포 호족인 김헌과 함께 열었다. 김헌은 무열왕의 아들이었던 김인문의 후손으로 성주사 일대의 토지를 세습하였다. 성주사는 백제 법왕이 전쟁에서 죽은 병사의 넋을 위로하려고 오합사로 창건했고, 최치원의 낭혜화상백월보광탑비는 신라 최대의 금석문으로 5천여 자를 기록하고 있다.

문경 봉암사와 보령 성주사 호족 세력의 기반인 선종의 대표적인 사찰이었다.

백제의식의 민중불교 미륵신앙

대승 불교는 종교적인 목적과 지배체제 합리화의 이데올로기로 각 국가나 지역별 특성을 반영하면서 토착화되었다. 성왕은 스스로 미래의 대통불인 전륜성왕이라 했고, 백제는 미륵신앙과 용신앙(미르신앙)이 널리 확산되어 개인의 사상과 생활을 지배하고 있었다.

백제 지역은 미래에 대한 소망과 확신을 기원하는 사찰이 다양한 유래와 함께 건립되었다. 사비 임천(林川)에 살던 승려의 꿈에 한 마리의 금빛 새가 날아와서 금빛을 바위에 비추자 관음보살로 변했다. 성왕은 길조로 여기고 그 자리에 '한새절(大鳥寺)'을 창건했다. 또한 예산 향천사(香泉寺)도 백제 의각대사가 당나라에서 가져온 불상을 모실 사찰을 찾다가 황금색 까마귀 한 쌍이 가르쳐 준 곳에 지었다.

신라 말기 법상종은 교종이면서도 미륵하생의 이상 사회 건설을 중시하였다. 진표가 법상종의 중심인 금산사(金山寺)를 중창하면서 미륵신앙의 중심이 되었다(금산사사적, 766). 미륵신앙은 억압과 고통이 없는 미륵하생의 용화세계를 염원했던 옛 백제인들에게 희망을 주었다.

대조사 미륵불 황금새가 미륵보살로 변하면서 대조사가 되었고, 미륵불상은 머리에 석탑 형식의 관을 쓰고 있다.

금산사 미륵전과 법주사 팔상전 미륵신앙을 대표하는 두 사찰은 목탑으로 전각을 조성했다.

진표의 제자인 영심(永深)은 속리산에 길상사(吉祥寺)를 세워서 최대 미륵사찰인 법주사(法住寺)로 발전하였다. 청주 일대가 태봉의 세력 기반이 되면서 궁예가 미륵신앙을 받아들이고 스스로 '미륵'이라 했다. 견훤도 미륵신앙을 중시하면서 민중들의 열망에 호응했다. 그는 막내 금강에게 왕위를 물려주려다가 장남 신검에게 붙잡혀서 금산사에 유폐되었다.

고려시대에 풍수지리설과 미륵신앙이 결합하여 내세를 기원하는 거대한 미륵불상을 조성하였다. 익산 미륵사를 중심으로 관촉사 미륵석불,

관촉사 은진미륵과 운주사 미륵와불 은진미륵은 고려시대에 조성된 가장 큰 미륵불이고, 미륵와불은 암반에 거대한 미륵마애불로 조성되었다.

대조사 미륵석불, 안국사지 미륵석불이 있고, 동북쪽으로 월악산 미륵사지 미륵석불이 세워졌다. 화순 운주사는 전통 사찰의 가람을 따르지 않고 1천 개의 탑과 불상을 조성했는데, 황석영의 '장길산' 때문에 미륵신앙의 근거지로 알려졌다.

미륵신앙은 대체로 사회혼란기나 격동기에 피지배층과 소외집단에서 환영을 받았다. 권문세족의 폭거와 수탈이 많았던 고려 말기, 임진왜란 이후와 구한말에 성행했다. 정감록(鄭鑑錄)이 미륵신앙과 결합하여 신비주의와 종말론적인 지상천국을 제시하였다. 모악산은 신흥 종교의 거점으로 최재우의 동학(1824), 강일순의 증산교(1901), 박중빈의 원불교(1916) 등이 일어났다.

마한과 규슈의 옹관묘와 전방후원분

옹관은 철기시대에 생활용 옹기로 시작했다가 전용 U자형의 대형옹관으로 발전했다. 옹관묘는 기원전 6000년경 시작하여 동아시아 전역에 확산되었다. 철기시대는 부장품이 없었지만 3세기부터 토기, 구슬, 철기

초기 옹관과 신촌리 옹관 옹관묘는 작은 옹기에서 시작하여 대형 옹관 2개를 짝짓는 형태로 발전하였다. 국립중앙박물관

등의 부장품을 함께 묻었다. 여러 개의 옹관을 한곳에 묻는 가족 묘지나 씨족 묘지의 형태로 발전했다.

5세기 거대한 고분은 2~3m 크기의 대형 옹관 2개를 짝지은 이음식으로 한쪽에 구멍을 내고 판석으로 막았다. 반남고분군 8호분에서 4기의 옹관(甕棺)과 단지·뚜껑·대접·유리·옥 등이 출토되었다. 9호분에서 9기의 옹관과 금반지·큰칼·구리팔찌·유리구슬·토기 등을 발견했다.

일본은 조몬시대에 일상 토기를 유아의 매장 혹은 화장에 사용했다. 야요이시대의 대형 옹관묘가 요시노가리 유적에서 확인되었다. 베트남은 기원전 1000년부터 형성된 사후인(Sa Huynh)문화에서 옹관묘의 흔적을 볼 수 있다. 시신은 U자형의 항아리에 넣고 모자 형태의 뚜껑을 덮은 후에 세웠다. 횡혈식 석실분이 도입되면서 석실에 옹관을 배치하는 혼합된 양식이 나타났다.

돌방무덤은 그 형태가 장고형의 전방후원분으로 변했다. 전방후원분은 사각형(방)의 제단을 만들고 시신을 안치하는 둥근(원) 봉분을 조성하

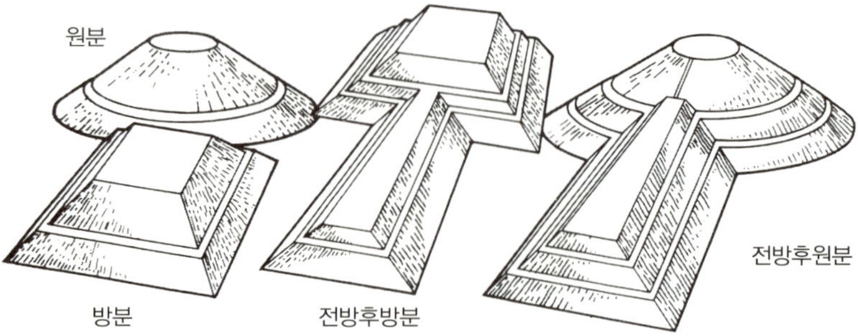

전방후원분 형태가 방분, 전하후방분, 전방후원분으로 발전했다.

고 주위를 해자로 둘렀다. 일본에서 대규모 고분이 조성된 3세기 중반부터 7세기 초까지 고분시대(古墳時代)로 부른다. 고분의 조성에 대규모 인력이 동원되었고 고도의 토목 기술을 사용하였다.

전방후원분은 3세기 중엽 구릉지에 전방부가 낮은 형태로 조성되다가 5세기부터 평야지대에 대형으로 만들었다. 6세기 전방이 후원보다 커져서 다이센료고분(仙陵古墳)은 길이 525m, 높이 39.3m로 피라미드, 진시황릉과 함께 세계 3대고분이다. 규슈의 사이토바루고분군은 해자없이 전방후원분 31기로 구성되었다.

영산강 지역의 영광 월계고분은 산의 구릉지에 구축된 초기 형태의 전방후원분이며, 나주 신촌리와 덕산리 고분은 6세기 양식으로 해자를 둘렀다. 전방후원분의 건설 주체로 왜인설은 축조 세력이 왜계 백제관료, 현지 왜계 집단, 마한계 왜인 등을 제시한다. 재지수장설은 백제에서 독립한 현지 수장 세력이 왜의 문화를 수용하면서 시작되었다는 주장이다.

전방후원분이 한반도에서 먼저 조성되었다는 증거를 찾아 '임나일본부설(任那日本府說)'을 반박하려고 하였다. 그러나 영산강 지역은 일본보다 늦은 5세기 중반 이후에 조성되었는데 왜의 전방후원분이 5세기에

영광 월계고분군 20m 내외의 구릉에 전방후원분 1기와 원형분 1기를 조성했다.

거대해졌다가 6세기 이후 원분(圓墳)으로 소멸되는 시기에 해당된다. 대왕의 칭호가 천황으로 바뀌면서 전방부가 없어지고 원형의 후원만 남았다. 백제가 왕후제로 영산강 유역을 지배하면서 전방후원분도 사라졌다.

전방후원의 형태는 천원 지방의 원리를 적용하면서 하늘과 땅을 연결했던 고대 마한과 왜의 전통에서 그 기원을 찾을 수 있다. 초기 무덤들은 돌무지와 적석고분에서 방형을 따르다가, 고대국가가 탄생하면서 원형으로 바뀌었다. 전방후원분은 두 형태가 바뀌던 시기에 마한지역과 왜에 나타나서 발전하였고, 전방은 원형분에서 사각의 소형 상석으로 대체되었다.

유목민족의 순장제도와 동복

흉노의 쿠르간(Kurgan)은 거대한 목곽 위에 돌무지와 흙을 덮는 순장무덤이다. 인간이 죽으면 현세와 같이 생활하기 때문에 내세에서 쓸 부장품을 묻고 순장했다. 순장은 특정한 국가나 종족에게 국한되지 않은 고대 사회의 지배와 예속의 관습이었다. 순장 고분은 중앙아시아, 시베리아, 동아시아 전역에 광범위하게 퍼져 있다.

신라의 적석목곽분은 목관의 머리 쪽에 권력과 재력의 상징인 3~4kg의 순금제 공예품을 부장했고, 사후 1주기에 시종 50명과 말 50마리를 순장하였다. 세월이 흐르면서 목관의 부패로 돌무데기와 흙이 섞이기 때문에 도굴도 어려워서 순장과 부장품을 온전히 유지한 상태로 발굴되고 있다.

가야고분은 중앙에 구덩이를 파고 돌로 4벽을 만든 수혈식으로 4~5세기 주부곽 순장(금관가야), 5~6세기 주곽 순장(아라가야), 순장곽 순장(대가야)으로 변했다. 지산동고분은 산기슭에 대형 고분이 중심 능선, 중형 고분이 능선 돌출부에 있고, 소형 고분은 중대형 고분의 주위나 경사면에 자리한다. 지산동 30호분은 무덤 주인과 순장자 3인의 돌널로 구성되어 있다. 44호분은 1기 주석실과 2기 부장석실로 36명 이상을 순장했다. 대성동고분군과 복천동고분군은 3세기 말에서 5세기 초까지 목곽묘로 순장자를 안치하는 주곽과 부장품을 넣는 부장곽으로 구분했다.

고대국가에서 순장은 흙으로 만든 도용과 토우로 대체되었다. 진시황릉은 흙으로 만든 병마용 토우를 부장했고, 한나라도 인물과 동물의 모

지산동고분과 말이산고분 가야고분은 산의 능선을 따라서 거대한 봉분으로 조성하였다.

형을 부장했다. 가야, 신라와 왜의 무덤에서도 수많은 토우가 발굴되었다. 왜는 4세기 무렵부터 사람이나 동물 모양의 인형인 '하니와(埴輪)'를 묻었다.

가야와 신라의 무덤은 유목민족의 오로도스형 동복(銅鍑, 구리솥)을 무장하였다. 동복은 유목민족의 청동 솥으로 기원전 9세기 스키타이가 사용하면서 확산되었고, 시베리아에서 그 형태가 흉노식으로 변형되었다. 낙랑과 고구려의 부장품, 3세기 가야의 유물과 신라의 부장토기인 기마인물상에도 있지만 백제 지역은 동복이 발견되지 않고 있다.

만주족의 화과(火鍋)는 동복처럼 둥근 금속 그릇으로 반합(飯盒)도 동복과 유사한 형태이다. 손잡이는 휴대하거나 막대걸이가 가능하도록 설계되어 있으며, 이동하면서 쉽게 주식을 해결할 수 있도록 만들었다. 몽골과 시베리아의 유목지대는 순장에 사용했던 도구들을 아직도 일부 사

대성동고분 순장 사후에도 현세의 삶이 계속된다는 사상에서 이루어졌다.

이집트, 당나라, 신라의 토우 순장제도가 사라지면서 부장품으로 토우나 도용을 대용하였다.

동복과 반합 동복은 북방계 고분의 부장품에서 볼 수 있는 청동솥으로 반합과 유사하다.

용하고 있다.

철 제련과 토기 제작의 왜보급

한반도 남방형 고인돌이 조몬시대(기원전 3세기 이전)부터 야요이시대(기원전 3세기~3세기)까지 규슈에서도 조성되었다. 규슈에서 발견된 낚시바늘이 부산 동삼동 패총과 양양 오산리 유적에서도 발견되었다. 왜는 한반도에서 농경문화와 청동기문화를 전수받았고, 부여 송국리 문화가 야요이 문화에 많은 영향을 미쳤다. 한반도에서 온 사람들이 야요이시대의 지배층을 형성하면서 조몬인은 혼슈로 밀려났다.

왜에서 기마와 철기는 모든 사회 구조를 바꾸는 중요한 역할을 수행했다. 철제의 무기와 농기구가 생산력을 증대시켜서 계급 사회를 형성하였고, 기마는 전투력을 향상시켜서 부족을 통합하였다. 왜는 주술적인 농경사회에서 철기사회로 바뀌면서 야마토국의 이원성, 천황의 형제 승계, 여성의 지위, 정치·군사제도 등을 기마유목민족의 전통에서 가져왔다.

에가미 나미오는 "야마토 왕조가 한반도에서 남하한 기마민족에게 정복되었다."는 기마민족설(騎馬民族說)을 제기했다. 4세기 초 규슈 쓰쿠

조몬토기 왜는 한반도 남부의 마한과 가야와 교류하면서 토기제작과 금속문명을 발전시켰다.

송국리 유적과 요시노가리 유적 송국리 유적은 요시노가리문화에 영향을 미쳤다. 국립중앙박물관

시(筑紫)에 한반도·왜의 연합왕국이 세워졌는데 스진왕이 중심 세력이었다(일본서기). 오진왕이 4세기 말 기내를 정복하여 야마토 정권을 수립하였다.

코벨(J. Covell)은 북부여의 멸망으로 유민들이 백제, 마한과 가야를 거쳐서 규슈와 야마토에 진출했다고 제시했다(346). 부여족이 15대 오진왕에서 26대 게이타이왕(361~506)까지 계승한 것으로 추정했다. 그 당시 백제도 왕족이 해씨에서 부여씨로 바뀌고, 백제와 왜의 왕족간 인적 교류와 혼인 관계가 이루어졌다.

고분시대(3세기 말~5세기 초)의 마구류, 무구류, 토기들은 한반도와 유사한데 왜가 가야와 마한에서 철제품을 수입하다가 가공 기술을 습득

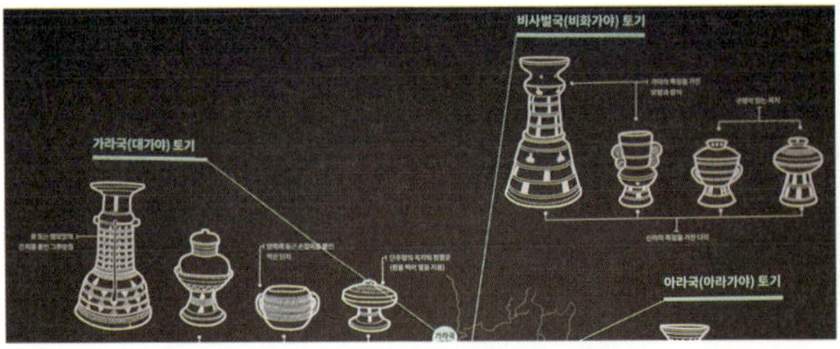

가야 토기 기대, 장경호, 고배, 개배의 순으로 발전하였는데 가야연맹은 지역적으로 분열성을 나타낸다. 국립중앙박물관

하였기 때문이다. 왜는 합천, 고령과 물금, 남평과 충주에서 생산된 철을 수입했다. 백제가 왜에 5세기 후반 풀무를 비롯한 제철 기술을 전수하여 규슈의 이토, 시마, 사와라는 근대에도 일본 제철산업의 핵심지역이 되었다.

스에키(須惠器)토기는 긴 목과 나팔꽃 모양의 밑바닥, 세모와 네모의 구멍 등으로 가야 토기의 영향을 받았다. 토기 생산은 유력한 가문의 후원 하에서 규슈의 산업을 발전시켰다. 16세기부터 규슈는 자기 생산의 중심지로 발전하여 일본 근대화의 토대를 마련하였다. 고대에 마한과 가야의 유민들이 왜로 이동하였고, 왜도 규슈에서 야마토로 이동하면서 혼합 문화를 형성하였다.

백제삼서에 기초한 일본서기

'삼국사기'는 신라사를 중심으로 고기록, 유적, 중국 문헌에 근거하여 삼국의 역사를 정리했다(1145). 총 28권 중에 백제본기가 6권(23~28권)으로 지명, 인명, 관직 등을 정리했지만 부여·가야·발해의 역사는 직접 다루지 않고 있다. 고구려의 호전성과 백제의 술수를 부도덕한 것으로 간주하면서도 신라의 유교 정치는 도덕적인 것으로 평가했다.

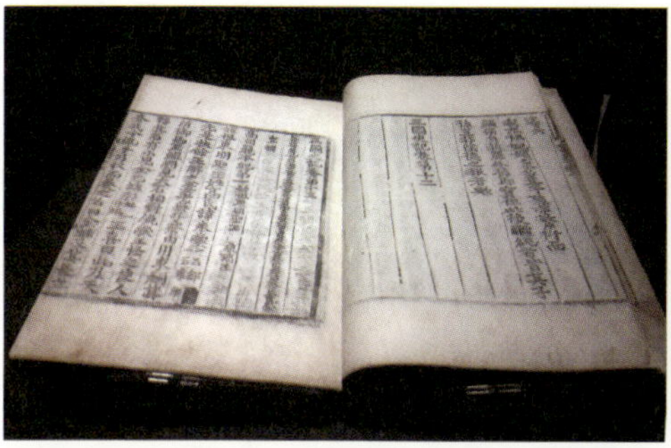

삼국사기와 일본서기 한반도와 일본열도에서 가장 오래된 역사서이지만 기록된 연대는 450년의 시차가 존재한다.

한성 백제는 낙랑과 대방의 유민들을 받아들여서 한문과 유학을 흡수하였다. 근초고왕은 박사 고흥(高興)을 시켜서 최초의 국사인 '서기'를 편찬했다(375). 고씨는 중국계 성씨로 낙랑이나 대방에서 귀화한 사람이라는 견해가 있다. '서기'는 왕권을 합리화하면서 왕족을 신성화하고, 왕과 왕족의 권위를 얻으려는 목적에서 이루어졌다.

'일본서기'도 '일본'으로 개명하면서 독립적인 역사관을 형성하기 위하여 쓰여졌다. 기원전 660년부터 기원후 697년까지 왕조 형성과 왕권 쟁탈 등을 30권에 쓰고 있다. 제40대 텐무 시기에 '일본기'로 불렸다가 칸무 천황 이후 '일본서기'로 변경했다(784). 백제와 왜가 거의 동등한 국가로 다뤄지면서 백제삼서(百濟三書)인 백제기(百濟記), 백제신찬(百濟新撰), 백제본기(百濟本記)에 근거하여 기록했다(일본서기).

'백제기'는 한성시대의 대성 8족인 목(木)씨를 중심으로 가야 왕족들의 백제 망명과 대외관계를 기록하고 있다. 목라근자와 사사노궤가 가야 7국과 마한 지역을 평정했고, 고구려의 한성 정복으로 목협만치가 남쪽으로 이동했다. '일본서기 신공기(神功紀), 응신기(應神紀)'는 백제기를 기초로 작성했다.

웅진시기를 다룬 '백제신찬'은 개로왕이 적계여랑(지진원)과 곤지를 왜

일본의 백제 유적 일본은 백제계 유적을 보존하면서 고대의 한반도와 일본열도의 관계를 조명하고 있다.

에 보낸 것을 시작으로 말다왕(동성왕)의 시해와 사마왕(무령왕)의 출생을 기록했다. '일본서기'의 웅략기(雄略紀)와 무열기(武烈紀)는 백제신찬에 근거하고 있다.

그리고 '백제본기'는 무령왕에서 위덕왕까지 인명과 관직명, 역사 등을 기록했다(501~557). 백제 왕족이 일본에서 활동한 전승과 관료로 편입한 내용을 다루었다. '일본서기'의 계체기(繼體紀)와 흠명기(欽明紀)'는 백제본기를 중심으로 구성되었다. 고대 백제사는 상당 부분 '일본서기'를 통하여 엿볼 수 있지만 그 진실성에 대하여 의문을 제기하기도 한다. 무령왕릉의 지석은 오랜 기간 논쟁이 되었던 진실에 대한 실마리를 주었지만 여전히 부정적인 입장이 우세하다.

'삼국사기'와 '일본서기'는 기록에서 일부 차이가 있다. '일본서기'는 "백제의 초고왕이 255년 죽고, 구수왕이 256년 계승했다."고 했는데 '삼국사기'보다 41년 정도 늦다. '일본서기'에 구수왕이 264년 죽고 침류왕이 264년 즉위했으나, '삼국사기'는 각각 234년과 384년으로 기록했다.

'일본서기'는 장덕 구귀, 고덕 마차문, 시덕 작간나, 계덕 기마차, 대덕 진타 처럼 '덕'의 관직을 적고 있다. '삼국사기'는 좌평·달솔·은솔·한솔까지의 관직과 인명만 존재한다.

중국은 왕가의 교체를 역성혁명으로 당연하게 받아들인다. 한반도는 백제(초고계와 고이계)와 신라(박, 석, 김)의 왕족 교체, 고려와 조선의 국가 교체를 혼용한다. 일본은 천황가의 단절이나 교체를 인정하지 않고, 막부 중심의 정치세력 교체(후지와라, 카마쿠라, 무로마치, 에도)만 정리하고 있다.

김헌창의 난과 장보고의 암살

신라 말기에 선덕왕이 죽자 김주원을 왕으로 옹립하려 했으나 우천에 입궐이 늦어지면서 상대등 김경신(원성왕)이 왕으로 추대되었다. 김주원은 명주로 물러나고 그의 아들인 김헌창이 중앙에서 시중으로 활약하였다. 소성왕이 즉위한 지 1년만에 사망하자 태자 청명이 13세에 애장왕이 되었고(800), 숙부인 김언승이 난을 일으켜서 헌덕왕이 되었다(809). 김헌창은 헌덕왕파의 견제에 무진주(武珍州), 청주(菁州), 웅천주(熊川州)의 도독으로 이동하였다.

김헌창은 김주원의 원한을 갚기 위하여 반란을 일으켰다. 그는 국호 '장안'과 연호 '경운'으로 새로운 정부를 선포했다. 신라는 반란 세력과 왕권 세력으로 양분되면서 대규모 내란으로 발전했다. 옛 백제 지역은 신라에 대한 반감으로 반란군이 쉽게 장악할 수 있었지만, 옛 고구려지역은 가담하지 않았지만 신라를 지원하지도 않았다. 반란은 진압되었지만 민심의 분열로 불안정이 커졌고, 반란에 나섰던 무열왕계 귀족들도

청해진 장도 김헌창은 웅천주에서 반란을 일으켰고, 장보고는 청해진에서 암살당했다. 독립기념관

왕위계승에서 밀려났다.

이정기는 고구려 유민으로 안사의 난에 공을 세워서 '평로치청절도사 겸 해운압신라발해양번사'로 임명되었다. 관할 지역인 등주(登州)와 영주(營州)는 해상무역의 중심지였을 뿐만 아니라 그의 병력도 10만 명으로 작은 왕국을 형성했다. 덕종이 그의 세력이 커지는 것을 두려워하여 전쟁을 선포했다. 이정기가 장안 입성을 눈앞에 두고 병사하자 아들 이납이 항복하고 '평로군절도치청주관찰사'를 제수받았다.

장보고는 이정기 부하인 왕지홍의 휘하에서 30세에 무령군의 소장이 되었다. 그러나 이정기군이 항복하면서 무령군도 해체되었고, 장보고는 신라로 돌아왔다. 그는 흥덕왕에게 청해진의 설치를 요청하여 대사의 직분과 1만여 명의 군사를 받았다. 청해진은 산동성 적산포와 일본 규슈를 연결하면서 해적을 소탕하고 교역을 독점하였다.

장보고는 동아시아의 해상권을 장악하자 산동반도 적산포에 신라방인 법화원을 세우고 30여 명의 승려를 상주시켰다. 신라 사람들이 법화원에서 유학 또는 장사하러 나갔고, 신라가는 사람들도 이곳에서 머물렀다. 엔닌은 일본으로 가는 도중에 풍랑을 만나서 장보고 선단의 도움을 받았다(입당구법순례행기).

장보고는 김우징이 왕위쟁탈전에서 패하고 찾아오자 그를 받아들였다. 왕위계승 분쟁이 일어나자 장보고 군사가 민애왕을 밀어내고 김우징을 신무왕으로 추대했다. 그의 위력에 놀란 귀족들이 염장을 시켜서 장보고를 암살한 후에 청해진을 해체하고, 주민들은 벽골군(김제)으로 강제 이주되었다.

장보고의 출신은 '안동장씨대동보'에 완도 당좌리 주민들은 해마다 정월 대보름날 새벽에 장보고 당제를 지낸다. 전날에 모닥불을 피우고 밤을 새다가 굿패가 '청해장군 장보고'기와 '영'기를 들고서 장도와 당집을 각각 세 바퀴 돈다. 당제가 끝난 후에 굿패가 집집마다 돌면서 지신을 밟고 저녁에 갯제로 마무리한다.

후삼국시대의 해양세력과 호족세력

신라는 왕권의 안정화로 중대에 전성기를 이룩하였지만, '96각간의 난'으로 하락기에 접어든다. 지방은 중앙에서 직접 관할하지 않았기 때문에 지방 향리가 특권을 유지하면서 호족세력으로 성장했다. 호족세력이 대토지를 소유하고 전쟁 포로나 노비를 거느리면서 귀족세력을 위협했다. 소외된 6두품 세력도 정치개혁을 요구했으나 실현되지 못하자 사회 불만 세력으로 변했다.

왕건이 후삼국을 통일하던 시기에 발해 멸망(926), 중국의 5대 10국시대, 일본의 막부시대 시작으로 큰 혼란이 일어났다. 소빙기 추위대가 내려오면서 기근으로 불안정한 사회가 지속적으로 조성되었다. 지방 행정이 불안정해지면서 호족세력과 소외계층을 중심으로 반란이 발생하였다.

상주 금하굴과 전주 모악산 견훤은 금하굴에서 태어났다는 전설을 가지고 있고 전주 모악산을 중심으로 후백제를 통치했다.

신라 하대는 진골간 권력다툼과 왕위쟁탈전으로 정치적 혼란이 거듭되었다. 중소 해양세력이 성장하면서 중앙정부가 방수군을 파견하여 해당 지역을 통제했다. 그러나 중앙정부의 지방 통제력도 크게 위축되면서 견훤과 궁예가 후백제와 후고구려를 세우는 원인이 되었다.

청해진이 해체되고 50년 후에 서남해 해양 세력을 중심으로 후백제가 탄생했다(892). 견훤(867~936)은 상주의 호족인 아자개 장남으로 후계에서 밀리자 군인이 되어 비장(裨將)에 올랐다(삼국사기, 삼국유사). 견훤은 서남해 해양 세력을 통제하는 방수군을 배경으로 강주(진주)에서 세력을 확장했다. 그는 강주(진주)에서 서쪽의 무진주(광주)를 정복하고, 서남해 해양세력의 지원 하에서 후백제를 세웠다.

도성인 나주는 북쪽의 금성산과 남쪽의 영산강으로 한성처럼 물자가 풍부하고 지역이 넓었다. 도성이 완산(전주)으로 옮겨지고, 완산에 평지성인 고토성과 방어성인 동고산성을 쌓았다. 유학생 출신인 6두품의 최승우가 새로운 세상을 꿈꾸면서 견훤을 지원하였다. 견훤은 박씨인 선덕왕, 경명왕, 경애왕의 정통성을 문제삼고 경애왕을 제거한 후에 김씨인 경순왕을 세웠다.

견훤은 중국의 오월과 후당에 사신을 보내서 후백제의 수립을 알리고 책봉을 받았다. 신라와 고려가 군사적 협력 관계를 맺어 후백제와 거란을 견제하였고, 이에 후백제와 거란이 외교관계를 수립하여 고려를 협공하려고 했다. 백제의 계승자라는 역사성을 내세워서 일본에 두 차례 사신을 보냈지만, 일본은 견훤을 신라의 신하로서 정통성을 인정하지 않았다.

견훤은 홍성의 운주에서 왕건의 고려군에 패하면서 전세가 역전되자 투항을 결정했다. 그러나, 장남인 신검이 항복에 반대하고 반란을 일으켜서 견훤을 금산사에 유폐시켰다. 신검은 왕위계승을 승인받기 위하여 후당에 사신을 파견하였지만 황산전투에서 패하고 멸망했다.

왕건이 후백제를 정벌하기 위하여 황산(黃山)에서 동태를 살피다가 잠이 들었다. 그는 꿈속에서 자신이 머리에 솥을 쓰고 물속으로 들어가는 꿈을 꾼 후에 승리를 확신하면서 백제군을 물리칠 수 있었다. 견훤의 최승우처럼 당나라 관리 출신의 최언위가 건국에 공헌하면서 후에 한림원 대학사와 평장사에 올랐다.

왕건은 황산을 '천호산(天護山)'으로 개명하고, 이곳에 '나라를 크게 연다'는 개태사(開泰寺)를 창건했다. 개태사 조전원문은 "왕건이 936년 후백제의 유민들을 달래고 병사들의 원혼을 위로하였다."고 기록했다. 개태사에 왕건의 꿈에 나타난 솥처럼 큰 쇠솥은 창건 당시부터 사용하던 것이고, 어진전은 왕건의 옷 한 벌과 옥대, 영전을 보관하고 있다. 삼존석불은 의도적으로 손과 발을 크게 만들어서 남쪽을 하여 반란이 일어나지 않도록 비보하였다.

왕건은 후백제 전투에서 여러 차례 죽을 고비를 넘기고 후백제인을 미워하였다(택리지). 논산 황산령은 계백장군의 황산벌 전투와 후백제 황산전투의 무대로서, 백제군사박물관과 국군훈련소인 연무대, 국방 대학원이 위치한다.

개태사 쇠솥과 법주사 쇠솥 사찰이 승려와 승병들에게 밥하던 무쇠솥이다.

계백장군 동상과 개태사 어진전 황산벌은 황산벌전투와 황산전투의 현장으로 왕건은 화엄사찰인 개태사를 창건하였다.

제7장

동아시아의 침략전쟁과 독자문화

신라구의 침략과 다자이후의 대응

왜(倭)가 1백여 척으로 신라를 공격했다는 기록이 있지만 왜는 야요이 시대로 원정 침략할 정도의 선박 기술과 무기 체계를 갖추기 어려웠다. 신라는 4세기 중반 내물왕 때 왕자 미사흔을 파견하여 왜와 관계 개선을 도모했다. 백제와 왜가 긴밀한 관계를 유지하였기 때문에 신라는 뚜렷한 협력관계를 진전시키지 못했다.

신라가 왜의 침공을 받자 고구려 광개토대왕이 5만 군사를 지원하여 물리칠 수 있었다. 왜가 백제에서 도적질한 활동은 없지만 신라는 무열왕 이전까지 550년간 33회 정도 침입했다(삼국사기). 삼국 통일 이후 신라 해적인 신라구(新羅寇)가 교토로 공물을 운반하던 배를 약탈하면서 양국 관계가 악화되었다. 일본은 이키섬(壹岐島)에 군사를 주둔시켜 신라를 공격하려다가 헤미오시까스(惠美押勝)의 난으로 중지했다.

'삼국사기'는 신라구에 대한 기록이 없고, 일본의 신라구 기록은 고려의 성립 이후에 나타나지 않는다. 신라 해적선의 피해가 컸기 때문에 다자이후는 신라구를 토벌하는 데 군사를 동원했다. 다자이후는 규슈의 9국과 3도를 관할하면서 민간 상인의 무역을 관리하였다.

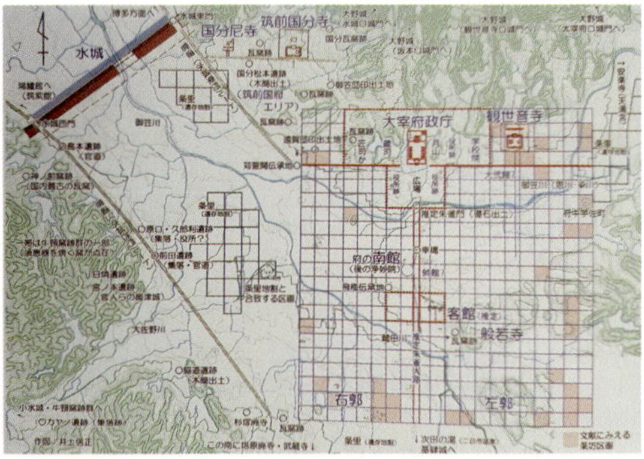

다자이후 다자이후는 대륙으로 가거나 일본으로 들어오던 입구였다.

후지하라 노모도요시가 하카타(博多)에 정박해 있던 신라 선박과 내통하여 반란을 일으켜서 일본인의 적개심과 경계심을 일으켰다. 일본은 마쓰라(松浦)에 도사(島司)와 산인(山陰)·산요(山陽)에 수비병을 배치하고 산인제국의 연안 감시를 강화했다. 신라구가 피해를 준 지역은 후에 왜구의 근거지가 되었다.

발해도 신라에 적대적인 관계를 유지했는데 발해가 당나라의 등주를 공격하자 신라군은 발해를 협공하였다. 신라는 발해 공격이 실패하자 당나라에 2차 발해 침공을 제안할 정도로 양국간 군사적 갈등이 심하여 다시 818~820년 사이에 충돌하였다. 신라는 국경에 성을 쌓고 발해를 감시하며 적대국인 거란의 군사활동에도 참여했다.

남양만과 당성 신라에서 당나라가던 포구로 해양 감시와 방어를 위한 당성을 쌓았다.

발해와 일본은 동해를 통하여 8세기 초부터 10세기 초까지 발해에서 35차례, 일본에서 13차례의 사신을 파견했다. 일본은 동중국해나 동해를 이용하여 중국과 교류하면서 한반도를 통한 문화의 전수를 줄였다.

백제문화의 부활, 백제계 탑들

신라의 삼층 탑은 보륜을 얹은 단탑이나 쌍탑을 조성하였다. 각 탑은 여러 개의 긴 돌로 구축된 지대에 2층의 기단을 쌓고, 기단부·탑신부·상륜부 순으로 축조했다. 지대석(地臺石)은 각 면석에 모서리 기둥(우주)을 표시하고, 중간에 2주의 받침기둥(탱주)을 모각하였다. 탑신부의 각 면은 우주를 표시하였고, 옥개석이 윗층의 탑신석을 받도록 했다. 상륜부는 노반에 복발(覆鉢)과 앙화(仰花)를 놓고, 중심기둥인 찰주(擦柱)에 보륜(寶輪)·보개(寶蓋)·수연(水烟)·용차(龍車)·보주(寶珠) 등을 꽂았다.

고려시대에 백제 양식의 건축물과 탑이 옛 백제 지역에 다시 등장했다. 백제 탑처럼 마감 석재의 각과 기단부를 낮추고, 머리 돌을 몸 돌보다 더 길게 빼고 처마를 약간 들리도록 제작했다. 머리 돌 받침부는 몸

봉암사 단탑과 실상사 쌍탑 신라의 석탑은 삼층에 상륜부를 갖추고 단탑이나 쌍탑으로 구성했다.

은선리 삼층석탑과 월남사지 삼층석탑 백제의 가구식과 신라의 벽돌식을 혼합한 양식이다.

귀신사 삼층석탑과 탑동 삼층석탑 백제의 가구식과 긴 머리 돌에 신라의 삼층탑 형식을 취하고 있다.

돌과 분리하여 목조 가구의 형식을 갖추었다.

은선리 삼층석탑은 1층 몸 돌이 다른 층보다 불균형적으로 크고 2층과 3층의 몸 돌이 갑자기 크게 축소되고 있다. 월남사지 삼층석탑도 1층 몸 돌이 높고 2층 몸 돌부터 체감률이 낮아진다. 두 탑은 백제의 가구식 구조에 신라의 3층탑과 벽돌식 구조를 따르고 있다.

귀신사 삼층석탑은 여러 장의 돌을 맞춰서 기단을 만들었고, 몸 돌의 모서리는 우주를 선명하게 조각한 다음에 머리 돌의 네 귀퉁이를 살짝 들리게 했다. 탑동 삼층석탑은 1층 몸 돌이 크고, 2층·3층 몸 돌의 높이가 급격히 체감하면서 머리 돌이 길고 끝이 올라가는 백제 양식을 따르고 있다.

비인 오층석탑과 청량사지 오층석탑(남매탑) 정림사지 오층탑처럼 몸 돌 위에 2단의 지붕 받침을 올렸다.

정림사지 오층석탑 계열의 비인 오층석탑은 목조건축처럼 모서리에 기둥을 세우고, 몸 돌 위에 지붕 받침을 2단으로 올렸다. 청량사지 오층석탑(남매탑)도 기둥과 몸 돌을 한 개의 돌로 쌓고 기단 위에 5층의 탑신을 얹었다. 두 탑은 맨 위층이 다른 층과 불균형으로 복원 과정에서 변형되었거나 소실된 것으로 추정된다. 청량사지 오층석탑은 백제 멸망의 설화를 담고 있다.

> "어느 날 저녁에 젊은 스님이 공부를 하던 중에 호랑이 소리가 들려서 나갔다. 호랑이는 목에 여자의 비녀가 걸려 있어서 빼 주었더니 사라졌다. 며칠 후 저녁에 호랑이 소리에 나가보니 지난번 호랑이가 한 처녀를 업고 왔다. 스님이 다시 데려다 주도록 혼냈지만 처녀를 놓고 가버렸다. 처녀가 깨어나 밤에 호랑이에게 물려서 왔다고 말했다. 스님이 그녀에게 돌아가라 했지만 부부로 살겠다며 가지 않았다. 스님은 불자로 결혼할 수 없기 때문에 처녀도 비구니가 되어서 평생을 함께했다. 사람들이 이 사실을 알고 두 사람을 기리는 남매탑을 세웠다."

장하리 삼층석탑은 작은 기단에 기둥석과 면석을 각각 따로 만들었다.

지붕 돌 추녀가 길게 수평으로 나와서 모퉁이만 살짝 들려 있다. 일본 이시도사 삼층석탑은 백제인들이 머리 돌을 길게 하고 각 층은 두 개의 돌을 수직으로 쌓았다.

장하리 삼층석탑과 이시도사 삼층석탑 머리 돌이 길게 뻗은 백제식 석탑이다.

탑의 원형인 목탑은 외적의 침입으로 전란 때마다 불타서 천 년 이상 오래된 것이 없다. 조선 후기에 건축된 법주사 팔상전, 쌍봉사 대웅전, 금산사 미륵전 등이 목탑의 형식을 취하고 있다. 법주사 팔상전은 석가모니의 일생을 8장면으로 나누어서 그린 팔상도(八相圖)로 소조상을 대체하고 있다. 금산사 미륵전도 정유재란에 불타서 재건하였고, 외부 3층에 내부 1층의 목탑 구조를 이루고 있다. 쌍봉사 대웅전은 중건(1628), 전소(1982), 복원(1986)의

법주사 팔상전, 금산사 미륵전, 쌍봉사 대웅전 목탑은 외부에서 보면 층을 이루지만 내부는 모든 층이 하나로 연결되어 있다.

법주사 팔상도 석가모니 일생이 비람강생, 도솔래의, 사문유관, 유성출가, 수하항마, 설산수행, 녹원전법, 쌍림열반의 8장면으로 표현되고 있다.

과정을 거쳤고 평면과 구조가 목조탑을 따르고 있다.

일본은 백제의 목탑을 계승하면서 내부가 하나로 연결되었지만 외부에서 보면 오중구조인 오중탑을 세웠다. 일본은 석탑보다 목탑을 세우면서 크기에 관계없이 오층 구조로 되어 있다. 호류지(法隆寺) 오중탑은 일본 목탑의 원형으로 601년에서 607년까지 건립했고(31.5m), 고후쿠지(興福寺) 오중탑은 1426년 재건되었다(50.8m). 교토 닌나지(仁和寺) 오중탑은 일본 왕실의 사찰로 1644년에 건립했다(36m). 나고야 니타이지(日泰寺) 오중탑은 최근에 조성된 전통 양식의 목탑이다(1904).

호류지 오중탑, 고후쿠지 오중탑, 닌나지 오중탑, 니타이지 오중탑 일본탑은 오층목탑의 백제 양식을 고수하고 있다.

여몽연합군의 1, 2차 일본정벌

고려가 국가를 정비하던 시기에 원나라는 세계를 정복하고 있었다. 고려는 몽골의 침공에 강화도로 천도하면서 결사 항전하다가 굴복했다. 고려 황실은 원의 부마(사위)가 되어 왕실 용어와 관직을 원보다 낮추고, 왕명도 '충(忠)'자가 들어가는 묘호를 사용했다. 고려는 원에 공물과 공녀를 보냈고, 원나라 문물이 들어오면서 몽골풍과 몽골어가 유행하였다.

삼별초가 고려 왕조의 굴복에 반기를 들고 강화도에서 반몽항전을 시작했다. 그러나 이탈자와 내분의 발생으로 지도부가 배에 재물과 가족들을 싣고 진도로 내려갔다. 진도는 해상 활동이 쉽고 육지와 접해서 본토로 드나들기 쉬웠다. 입구인 울돌목은 물살이 세서 수전에 약한 몽골군의 접근을 어렵게 했다.

삼별초는 승화후 왕온을 옹립하여 왕조를 공표하고, 나주, 장흥, 남해, 제주 등을 장악해 나갔다. 밀양의 지방 세력이 봉기하여 삼별초에 투항했고, 개경의 관노가 몽골의 다루가치들을 살해하고 들어왔다. 삼별초는 일본에 사신을 보내서 군사적 연대를 요청하기도 했다. 그러나 여몽

강화 선원사지와 강진 백련사 고려는 선원사에서 팔만대장경을 제작했고, 최씨 무신정권이 백련사를 지원하였다.

연합군이 용장산성을 함락시키면서 왕온과 배중손이 피살되었다(1271). 진도 주변인 강진의 백련사와 월남사는 최씨 무신정권에서 지원한 사찰이었고, 진도의 용장산도 최항이 머물렀던 곳으로 저항의 거점이 될 수 있었다.

진도에서 김통정이 잔존 세력을 이끌고 제주로 이동하여 저항했다. 그렇지만 삼별초가 저항하다가 최후에 항파두리성에서 진압되었고, 일부 세력은 삼국시대부터 조공무역을 하던 류큐국까지 이동한 것으로 추정된다. 오키나와 구스쿠 성곽은 일본 본토나 중국의 성곽과 구조적으로 다르고, '癸酉年高麗瓦匠造(계유년고려와장조)' 등의 명문 기와가 출토되었다. 계유년은 삼별초가 제주에서 패했던 해이며, 성곽은 개경성, 강화성, 용장산성 등과 구조적으로 유사하다.

원나라는 가마쿠라 막부가 복속을 계속 거부하자 고려군을 포함한 군사를 동원하여 1274년과 1281년에 규슈 북부 지방을 공격했다. 일본은 1차 원정을 분에이노에키(文永の役, 1274), 2차 원정을 코우안노 에키(弘安の役, 1281)라고 부른다.

1차 원정은 몽골군 2만 5천과 고려군 1만 5천여 명으로 쓰시마섬을 점령하고, 배 900여 척이 다카시마에 상륙했다(1271). 김방경의 고려군

강화산성과 용장산성 강화산성은 몽골에 항전하기 위하여 쌓았고, 용장산성은 삼별초에 의하여 축성되었다.

항파두리성과 항몽순의비 삼별초는 제주도에 항파두리성을 쌓고 결사 항전하였다.

이 내륙으로 진격하여 막부군의 하카타만 방위선을 붕괴시켰지만, 태풍이 불면서 200여 척의 배가 침몰하고 막부군의 저항으로 실패했다.

2차 원정은 몽골의 강남군 10만 명과 동로군 1만 명, 고려군 3만여 명으로 이키섬을 점령하고 하카타 공격을 준비했다(1281). 그러나 여몽연합군의 함대가 태풍에 서로 충돌하거나 바위에 부딪혀서 2차 원정도 실패로 끝나고, 몽골은 아이누족이 살던 사할린을 점령했다.

여몽연합군이 일본을 침공하면서 규슈 지방의 군사력과 경제를 붕괴시키고, 무사들이 몰락하면서 막부를 약화시켰다. 일본은 여몽연합군의 침공에 따라 자신들의 정체성과 한반도에 대한 인식을 바꾸었다. 일본 불교는 몽골의 일본 정벌에서 희생당한 사람의 명복을 비는 엔가쿠지(円

覺寺)와 비석을 세웠다(1282). 이러한 피아전사자 공양은 전쟁에서 사망한 원혼의 보복을 두려워하여 아군과 적군을 가리지 않고 명복을 비는 일본 불교의 전통이다.

왜구의 한반도 침략과 쓰시마 정벌

왜구(倭寇)는 "왜가 바다를 통하여 구적(寇賊) 행위를 한다."는 의미이다. 일본의 서해안 일대에서 생활 기반을 상실한 중소 무사와 어민들의 집단이었다(고려사). 호족세력들이 장기 내전에 경작지의 황폐화로 농업 활동을 할 수 없게 되자, 쓰시마·이키·마쓰우라지역 왜구가 한반도와 중국해에 대한 정보를 얻어서 노략질을 일삼았다.

왜구는 수십 척에서 수백 척의 배로 다니면서 해안지방을 습격하여 조창(漕倉)과 조운선(漕運船)을 약탈했다. 고려는 왜구의 약탈에서 공물을 보호하기 위하여 조창을 내륙으로 옮기고 육로로 조세를 운반했다. 고려 중기부터 약 220년(1223~1443)간 648회(고려 519회, 조선 129회)에

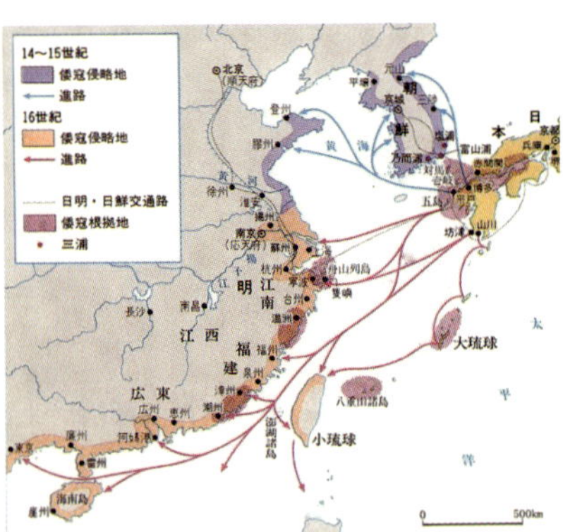

왜구 활동로와 신안 사치도 왜구는 동아시아의 해안과 서해안 섬에서 약탈을 일삼았다.

걸쳐서 왜구가 침입했다. 고려가 대몽항쟁을 시작한 1223년에 왜구의 침입이 시작되었지만, 여몽연합군의 일본원정으로 침입 횟수가 잠시 줄었다가 고려 말기에서 조선 초기까지 크게 증가하였다.

여몽연합군이 삼별초를 진압하고 서남해 해상 세력을 탄압하면서 암태도, 진도, 장산도, 흑산도 등의 주민이 육지로 이동했다. 이 틈에 서남해의 공백이 발생하면서 왜구의 침입이 잦아졌다. 고려는 외교사절을 파견하여 왜구 활동을 진정시키고, 수군 증강과 무기 개발에 노력하였다. 일본도 이시카가 다카우지가 남북조를 통일하고 무로마치 막부가 적극적으로 왜구를 단속하면서 왜구의 침입도 약 70여 년간 4회 정도에 불과했다.

왜구 활동이 다시 시작된 1350년부터 1392년까지 총 468회의 침입이 발생하였다. 고려군이 1350년 2월에 300여 명의 왜구를 사살했고, 왜구가 4월에 100여 척으로 조운선을 약탈했다. 왜구는 1351년 8월에 130척의 배를 이끌고 인천 부근의 자연도와 삼목도, 남양부와 쌍부현(수원시)에 침입했다.

우왕 때 20여 척의 왜구선이 전라도 공격을 시작으로 금강의 공주까지 침략했다. 최영이 홍산전투(鴻山戰鬪)에서 왜구를 무찔렀다(1376). 왜구 3천여 명이 진포에 침입하여 약탈해 갔고(1379), 이듬해 최무선이 진포에서 화약으로 왜선 500여 척을 불살랐다. 왜구는 타고 온 선박의 파괴로 돌아가기 어렵게 되자 상주와 운봉을 공격하였고, 이성계가 황산전투(黃山戰鬪)에서 물리쳤다(1380). 이성계는 돌아오던 중에 전주 오목대에서 승전을 자축하는 연회를 열었다.

조선 초기 왜구가 120척으로 동래·기장·동평성을 함락시키고 병선 16척을 탈취하였다. 왜선 39척이 명나라로 가다가 비인현(庇仁縣) 도두음곶(都豆音串, 도둔리)을 약탈했다(1419).

홍산대첩비와 도두음곶 동백정 홍산은 금강에서 쉽게 도달할 수 있는 평야의 중심지였고, 도두음곶은 중국으로 가던 연안해로에 위치하였다.

전주 오목대와 황산대첩비 이성계는 황산대첩에서 승리하고 오목대에서 승전 연회를 열었다. 황산대첩비는 일제강점기에 일본인에 의해 절단되었다.

쓰시마(大馬島)는 한반도뿐만 아니라 중국도 주요 기항지로 인구가 적고 농토가 척박하여 왜구의 소굴이 되었다. 소씨(宗氏)가 쓰시마도주로 가마쿠라 막부(鎌倉幕府)부터 관리해 왔다. 왜구의 침입이 계속되자 공양왕은 박위를 시켜서 쓰시마의 배 3백여 척과 주택을 불살랐다.

세종 때 이종무가 배 2백여 척과 수군을 거느리고 쓰시마를 소탕했지만, 규슈 영주들이 개입하면서 완전히 정복하지 못했다. 대마도 영주의 아들인 소모가 부산포와 제포를 공격했던 삼포왜란도 일어났다(1510).

일본은 전국시대가 도래하면서 내부적인 권력투쟁으로 왜구의 활동도 줄었다. 고려는 2차례의 일본 원정 실패와 왜구의 침입으로 왕권이 약화되면서 신진 사대부가 득세하고 기존 정치세력의 몰락을 가져왔다.

다이묘의 침략전쟁, 임진왜란

일본은 15세기 후반 '오닌의 난'을 기점으로 약 100여 년간 전국시대를 맞이한다(1467). 그 당시 포르투갈인이 규슈의 다네가섬에 상륙했다가 중국의 닝보(영파)로 돌아갔다. 예수회 선교사인 하비에르(F. Xavier)가 1549년 8월 일본에 대한 보고서를 작성하여 유럽에 보내면서 일본과 동양을 이해하려는 '동방학'에 대한 관심을 촉발시켰다. 규슈의 가톨릭 신자들이 신흥세력으로 성장하면서 도요토미 히데요시의 견제를 받았다.

도요토미 히데요시는 전국시대 종식 후의 혼란 속에서 신흥 세력을 견제하고, 인구 팽창에 따른 토지의 부족을 타개하고자 하였다. 그는 조선과 전쟁을 통하여 경쟁 세력을 약화시키면서 부족한 경작지를 보충하려고 했다. 명나라가 조선과 일본이 협력하여 침략하는 것이 아닌가 하

일본의 쇼군 전국시대는 도쿠가와 이에야스가 토쿠가세키가하라 전투로 종식시켰다.

가라쓰 나고야성과 임진왜란 전투로 조선 침략을 위해 축조한 성이며, 일본 국왕사가 한양으로 가던 길을 따라서 북상했다.

는 의심을 품었기 때문에, 조선은 사신을 보내서 해명하였고, 류큐국이 일본의 침략 준비를 명나라에 알렸다.

도요토미 히데요시의 요청으로 파견된 서인의 정사(正使) 황윤길과 동인의 부사(副使) 김성일은 일본의 조선 침공에 대한 의견을 달리하였다. 황윤길은 일본의 전쟁 준비를 인정하면서 도요토미 히데요시를 뛰어난 지략가로 보고하였다. 그러나 김성일은 일본의 침략 준비가 부족하고 도요토미 히데요시를 두려워할 필요가 없다고 했다.

일본은 조선에 "명나라를 공격할 수 있는 길을 빌려달라(征明假道)."는 명분으로 침략을 단행했다. 조선 침략이 결정되자 다이묘(大名)들이 조선 침략을 위하여 만든 나고야성에 집결하였다. 조선통신사가 머물던 쓰시마는 침략을 위한 준비 기지이면서 중간 기착지로 활용되었다.

코니시 유키나가 군대가 선봉에서 1592년 4월 14일 부산에 상륙하고, 일본의 국왕사가 한양가던 길을 따라서 진격했다. 그는 상인 출신의 독실한 가톨릭 신자로 도요토미 히데요시의 최측근이었다. 일본군이 북상하여 한양을 단숨에 차지하였고, 선조는 임진강을 건너서 평양으로 피신했다. 명나라가 구원병을 파견하여 전쟁이 교착 상태에 이르면서 휴전 회담이 시작되었다.

일본군이 평양을 점령하고 2개월 후에 명나라 심유경과 코니시 유키나가간 강화 교섭이 시작되었다. 도요토미 히데요시는 2차 용산회담에서 명나라에 강화 사절의 파견을 요구했다. 3차 회담(大阪會見)에서 조선의 4도(함경도, 평안도, 강원도, 황해도)와 한양을 돌려주고, 명나라 황녀를 후비로 보내면서 조선의 왕자와 대신을 인질로 보내도록 요구했다(1596).

3차 회담이 결렬되자 도요토미 히데요시는 14만 천여 명의 병력으로 정유재란을 일으켰다(1597). 일본은 가덕도 해전을 시작으로 칠천량해전까지 조선 수군을 물리쳤다. 일본군은 호남의 남원전투, 황석산전투, 전주 함락 등에서 승리하였지만, 명나라군의 직산전투와 이순신 장군의 명량해전에서 패하였다.

일본군은 호남지역을 빼앗기 위하여 남원·영광·김제 등에서 무고한 양민을 학살하면서 '코베기'를 자행했다. 도요토미 히데요시가 전쟁 중에 사망하자 5명의 원로들이 군대를 철수시켰다(1598년 8월). 도쿠가와 이에야스는 조선과 우호관계를 회복시키려고 포로 송환에 성의를 다하

울돌목 명량대첩과 행주산성 행주대첩 이순신은 명량해전에서 133척을 격파하였고, 권율이 행주산성에서 왜군을 무찔렀다.

였다. 조선도 백성들을 안정화시켜야 했기 때문에 기유약조(己酉約條)를 맺고 외교관계를 정상화시켰다(1609).

임진왜란으로 명나라는 후금에 멸망하고(1644), 조선(인조반정, 1623)과 일본(에도막부, 1603)은 지배세력이 바뀌었다. 조선은 '임진왜란과 정유재란'으로 부르며 일본인들의 난동으로 표현하였다. 일본은 '분로쿠노 에키, 게이초노 에키'로 반란 세력이나 이민족 정벌 전쟁으로 부른다. 중국은 '항왜원조'로 일본에 맞서 조선을 도운 전쟁이라고 하였다.

조선은 구원병을 보낸 명나라 신종을 위해서 사당인 대보단(大報壇)을 창덕궁 후원에 설치하였다. 송시열은 화양계곡에 신종과 의종의 사당을 세워서 제사하도록 부탁하였다. 제자들이 화양서원에 만동묘(萬東廟)를 설치하여 신종과 의종의 제사를 지냈다. 조선은 명나라의 내정간섭, 일본의 약탈, 군대 자위권 상실로 혼란이 크게 가중되었다.

유성룡은 임진왜란을 정리한 '징비록(懲毖錄)'에서 일본을 강국으로 묘사하였다. '징비'는 '시경(詩經)'의 "내가 징계해서 후환을 경계한다(予其懲而毖後患)."에서 나왔다. 7년 왜란의 원인과 전황에 대하여 근포집, 진사록, 군문등록, 녹후잡록에서 선공후사(先公後私)와 유비무환(有備無患), 지인지감(知人之鑑), 개혁사상(改革思想)을 강조했다.

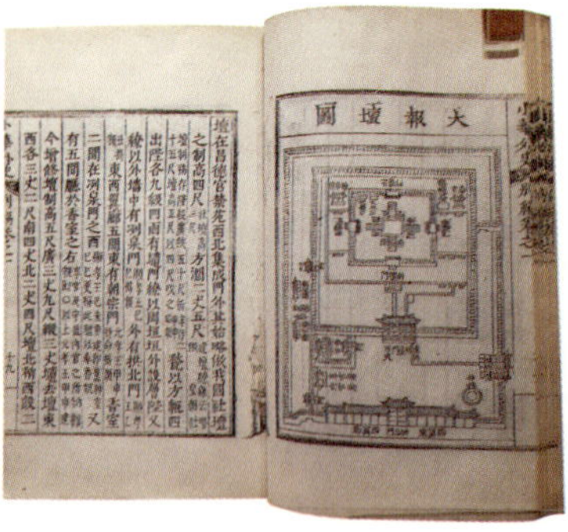

대보단과 만동묘 명나라 신종의 사당인 창덕궁 대보단을 설치하고, 송시열의 유언으로 화양서원에 만동묘를 세웠다.

진주성과 징비록 국립진주박물관은 임진왜란의 기록과 유물을 전시하는데, 징비록은 임진왜란에 대한 기록이다.

임진왜란은 사망자 200만 명(총인구 500만 명, 40%)과 포로 20여 만 명으로 한국전쟁의 사망자 450만 명(남북한 2,500만 명, 18%)보다 사망률이 훨씬 컸다. 끌려간 조선인 포로가 서양 상인들에게 팔려서 다른 나라로 간 사람도 많았다. 16세기 말은 중세에서 근대로 넘어가는 서양 역사의 대척점으로 중국 중심의 세계 패권이 서양으로 넘어가는 과도기적 위치에 있었다.

남부지방의 왜성 축조

순천은 기후가 온화하고 교통이 발달하면서 산과 들, 바다가 어우러진 천혜의 자연조건을 갖추었다. 이 지역은 고대부터 남해안의 중심지로 농산물과 해산물의 혜택 속에 인재가 많이 배출되었다. 백제의 검단산성, 조선의 낙안읍성, 일본군의 순천왜성이 있다. 이 성들은 고대의 축성술, 중세의 축성술과 일본의 축성술을 비교할 수 있는 성곽이며, 남부지방의 생활을 확인할 수 있는 곳이다.

검단산성은 완만한 경사면에 약 430m를 성벽으로 둘러싼 테뫼식 산

고창읍성과 해미읍성 왜구에 대한 방어 취약지구에 읍성을 구축하였다.

성이다. 축성은 기단없이 성벽 안에 흙이나 돌을 넣고 외벽은 돌로 쌓는 내외협축(內外夾築) 방식이다. 백제의 나무 그릇과 가구가 성곽의 우물에서 발견되어 백제시대 축성된 산성을 조선시대까지 사용한 것으로 확인되었다.

낙안읍성(樂安邑城)은 왜구의 침입에 대비하여 쌓은 읍성으로 세종과 성종 때 석성으로 바꾸었다(1424). 성안은 동문·서문·남문을 큰 도로로 연결하고, 적의 공격에 대비하여 치성을 쌓았다. 대부분 읍성이 산과 평지를 연결한 평산성이지만 낙안읍성은 산을 연결하지 않은 평지성이다.

전국의 읍성은 지방의 관아와 주민의 거주지를 둘러서 외부의 침입을 방어할 목적으로 쌓았다. 고려시대에 작은 규모의 토축(土築)에서 시작하였고, 세종 때부터 방어력을 높이는 옹성(甕城)과 치성(雉城)·해자(垓字)를 설치하였다. 일제강점기에 조선총독부가 읍성철거령으로 대부분 헐렸다.

일본군은 전주에 집결하여 거점을 확보하기 위하여 부산, 웅천, 울산, 순천 등에 28개의 성을 쌓았다. 왜성은 평지와 산지에 마름모꼴의 돌로 성을 쌓고, 밖은 해자로 외부의 적을 방어했다. 성벽은 철포를 막을 수 있도록 벽을 두껍게 만들고 외부를 회반죽으로 칠하였다.

검단산성과 낙안읍성 순천은 백제시대에 검단산성을 쌓았고, 낙안읍성으로 왜구에 대비했다.

순천왜성 천수각터와 히메지성 천수각 왜성은 주변의 해자와 천수각을 중심으로 방어하였다.

천수각(天守閣)은 지휘관과 수뇌부가 전황을 파악하면서 지휘할 수 있도록 성의 중앙부에 높게 쌓았다. 망루형 천수각은 위층과 아래층이 다른 형태로 외부는 5층으로 보이지만 내부는 7층으로 구성되어 있다. 층탑형 천수각은 위층과 아래층의 형태가 동일한 일체형으로 외부와 내부의 층계 수가 같다.

코니시 유키나가가 광양만 바닷가에 1597년 9월부터 11월 말까지 순천왜성을 쌓았고, 바깥 해자를 바닷물로 채워서 다리로 안과 밖을 연결했다. 3만 5천여 명의 조명연합군이 1만 5천여 명의 왜성을 점령하지 못했을 정도로 공격하기 어려웠다. 이순신 장군이 왜성 앞바다인 장도를 점령하고 명나라군과 함께 공격하였다.

조공과 책봉의 동아시아 질서

동아시아는 오래전부터 외교사절을 파견하여 서로 선진문물을 받아들였다. 15세기 초 이성계에 의하여 조선이 건국되었고, 일본은 무로마치 막부가 등장하면서 동아시아에 새로운 질서가 형성되었다. 조공 사신이 정기적으로 명나라에 가거나 명나라 사신이 방문하여 문화 교류와 공적인 무역을 수행했다.

이성계는 왕위에 올랐지만 명나라의 책봉을 받지 못했고, 이방원이 건문제에게 처음으로 책봉을 받았다. 무로마치 막부의 아시카가 요시미츠도 국왕의 책봉을 얻으면서 조선과 일본은 서로 사신을 파견하여 평화와 우호를 유지했다.

조선은 중국의 행사나 계절이 바뀌는 세시에 조공사절단을 보냈다. 사절단이 지나는 중국의 지방민들은 그 비용을 부담할 의무를 가지고 있었다. 도성이 남경이었던 14세기 말과 요동과 요서가 혼란했던 17세기 전반에 배로 이동했다.

조공 사절은 대표자인 정사(正使)를 중심으로 외교문제를 해결하고 조공품을 진상했다. 연행단은 정식 인원 30명과 개인 수행원 70~250명 내외로 구성되었다. 황제는 조공국 사신에게 조공품보다 3배 이상의 회사품(回賜品)을 선물했다. 조공국은 횟수를 증가시키려고 했지만 명나라는 비용 때문에 횟수를 줄이려고 했다. 명나라가 3년 1회의 조공을 요구했으나 조선은 1년 3회를 계속하여 실시했다.

그러나 조선은 청나라에 조공하면서 약 100여 년간 은 30만 냥을 조공하고, 회사품으로 은 4,000냥 정도를 받았다. 사절단은 1년 1회 오는 것으로 축소되었지만 사신들은 북경을 자유롭게 다니면서 무역도 할 수 있었다.

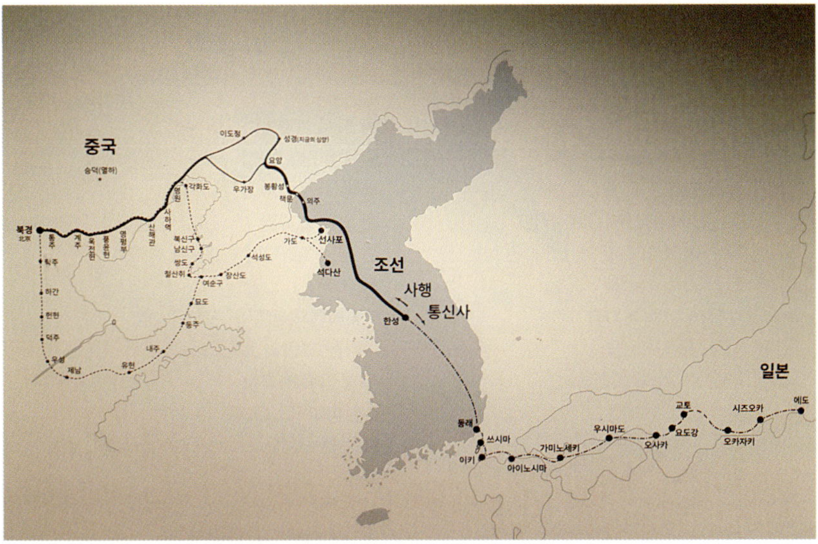

연행사길과 통신사길 연행사와 통신사는 육로와 해로를 모두 이용했다. 국립중앙박물관

조선은 조공 사절이 달력을 가져오면 관상감(觀象監)에서 달력을 복제하여 12월 말까지 8도에 배포했다. 달력 제정은 황제의 권한으로 그 누구도 수정할 수 없었고, 완전히 중국의 달력과 일치해야 했다. 역법(曆法)은 1년 동안의 해와 달, 날씨 등의 변화를 기록하기 때문에 생업을 유지하는데 중요한 정보였다.

한양 양반인 경화세족이 청나라에 사신으로 파견되었다. 그 당시 연경은 세계의 중심지로 중국 문물뿐만 아니라 서양의 문물도 볼 수 있는 곳이었다. 연행사들은 외국의 발전된 학문과 기술을 수용하여 이용후생 도구로 삼자는 북학(北學)을 주장했다.

박지원은 수행원으로 건륭제의 만수절(萬壽節, 칠순)에 러허강(열하강)까지 다녀오면서 '열하일기(熱河日記)'를 저술했다(1780). 그는 이용후생(利用厚生)의 북학을 주장하면서 실생활에 필요한 각종 농기구의 제작과 농업의 폐단에 대한 시정을 요구하였다(과농소초).

청나라 조공품

	1637년	1888년
품목	금 100온스 은 1,000온스 물소뿔로 만든 활 200개 큰 종이 20장들이 1,000권 작은 종이 20장들이 1,500권 표범 가죽 100장 수달피 가죽 400장 사슴 가죽 100장 푸른 쥐 가죽 300장 차 1,000 꾸러미 후추 10파운드 염색나무 200파운드 큰칼 26개 칼 20개 5개 발톱의 용무늬 돗자리 4장 다양한 그림의 돗자리 40장 흰모시 200필 비단 2,000필 다양한 색깔의 무명 10,000필 다양한 색깔의 세마 400필 물들이지 않은 삼베 1,400필 쌀 10,000가마	흰 모시 200필 붉은 비단 100필 녹색 비단 100필 흰 비단 200필 흰 무명 1,000필 생 무명 2,000필 5개 발톱의 용무늬 돗자리 2장 다양한 그림의 돗자리 20장 사슴 가죽 100장 수달피 가죽 300장 좋은 칼 10개 큰 종이 20장들이 2,000권 작은 종이 20장들이 3,000권 쌀 20말들이 40가마

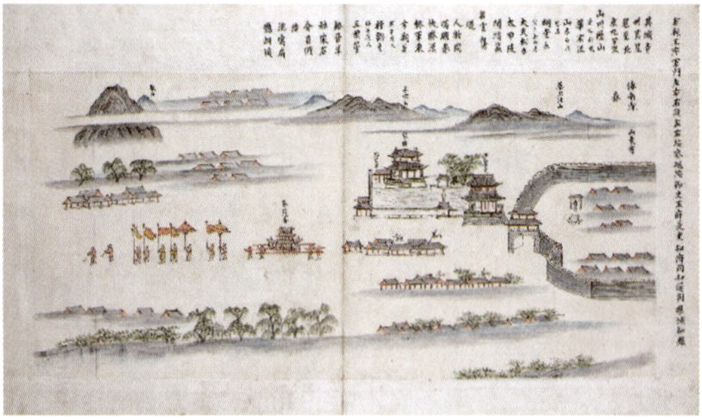

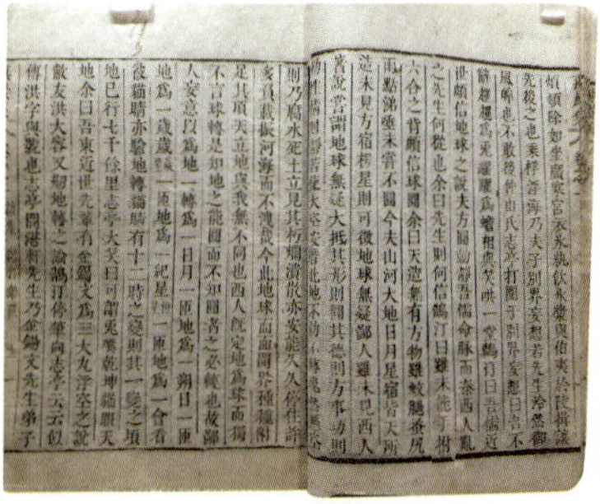

항해조천도와 열하일기 바닷길로 갔던 이덕형 일행의 사신행차길을 담았다. 박지원은 연행사 수행원으로 열하일기를 남겼다. 국립중앙박물관

조선 통신사와 일본 국왕사의 교류

조선과 일본은 책봉 체제에서 쇼군인 아시카가 요시미츠가 조선에 국서를 보내왔다. 조선은 무로마치 막부의 장군을 외교권의 주체로 인정하면서 백제의 멸망 이후 600여 년의 국교 단절 상태를 끝냈다. 양국은 국교를 재개하여 임진왜란 전까지 조선통신사가 18회 사절단으로 파견되었고, 일본 국왕사가 70회 사절단으로 들어왔다.

조선은 초기 보빙사(회례사)로 부르다가 세종 시기에 통신사(通信使)로 바꾸었다. 일본은 400~500명의 통신사가 규슈에서 에도(東京)까지 왕복하는 비용을 부담하였다. 조선은 막부 쇼군(將軍)을 '일본국대장군'에서 '일본국왕'으로 바꾸고, 일본 사절단을 '일본국왕사(日本國王使)'로 불렀다.

일본국왕사는 삼포(三浦)를 경유하여 한양에 왔고, 예조에서 기본적인 외교 업무를 처리하였다. 정사(正使)는 경도오산(京都五山)의 승려가 임명되었다. 생필품이나 불교 관련 물품을 가져갔는데 삼포왜란과 을묘왜변으로 교류가 중지되기도 했다.

도요토미 히데요시의 요청으로 교류를 복원했지만 임진왜란으로 다시 중단되었다. 에도 막부의 성립으로 통신사가 재개되면서 임진왜란에 잡혀간 포로를 데려오는 기유약조로 외교를 정상화하고, 이후

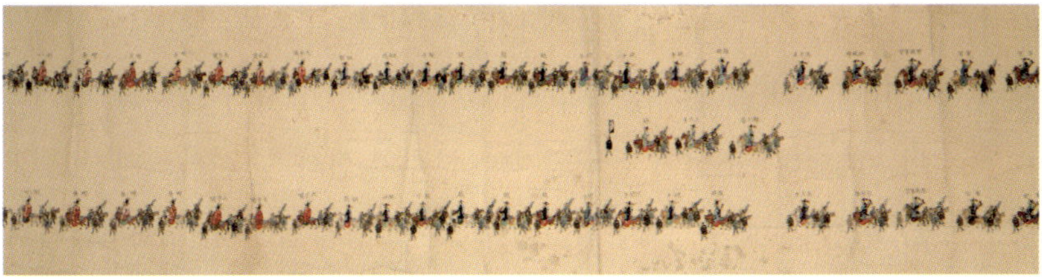

조선통신사 행렬도 조선이 조선통신사를 파견하였고, 일본이 일본국왕사를 보냈다. 국립중앙박물관

1811년까지 12회를 파견했다.

조엄은 수차(水車)와 배다리(舟橋)를 들여오면서 적극적인 일본 문물의 도입을 주장했다. 쓰시마의 오후나에(お船江)는 통신사들의 배가 머물렀던 세이잔지(西山寺)와 코쿠분지(國分寺)가 있다. 에도 막부가 쇄국정책과 가톨릭 박해로 정국이 혼란에 빠지면서 통신사도 중단되었다.

메이지유신 이후 조선은 강화도조약으로 신사유람단(紳士遊覽團)과 수신사(修信使)를 일본에 파견했다. 신사유람단은 문부성, 내무성, 농상무성, 사법성, 공부성, 외무성, 대장성, 세관 등을 조사하였다. 양국간 상호 교류는 조선 문화의 일본 전파와 일본 문화의 조선 도입에 기여하였지만, 조선은 흥선대원군의 개혁 실패와 쇄국정책으로 일본보다 근대화에 뒤지게 되었다.

누르하치의 후금과 병자호란

여진족은 목축과 수렵사회에서 농경사회로 전환하면서 국가를 탄생시켰다. 조선 건국의 출발점이었던 함경도 경원(慶源)은 시베리아와 만주의 문화가 유입되는 유목민족의 활동 무대였다. 주로 여진족의 활동무대로 이성계의 고조인 이안사가 이 지역 다루가치(達魯花赤)였고, 그 아들인 이행리도 관리를 지냈다. 이징옥이 계유정난으로 파면되자 스스로 '대금황제(大金皇帝)'를 내세운 '이징옥의 난'을 일으켰다(1453).

누르하치의 직계인 맹가첩목아(猛哥帖木兒)는 이 지역에서 살다가 회령으로 이주하였다. 조선이 건국되자 이성계의 신하로 공물을 바쳤고 책봉으로 상호군(上護軍)에 제수되었다. 조선에 장자인 아곡(阿谷)을 시켜서 공물을 바치고 양속관계(兩屬關係)를 유지했다. 그러나 명나라가 만주에서 혼란을 일으켰던 맹가첩목아와 그 아들인 동산을 살해하였다.

여진의 왕과(王果)와 그 아들 아태(阿台)의 세력이 커지면서 자주 명나라와 충돌하였다. 명나라는 이성량(李成梁)을 시켜서 왕과 세력을 토벌하였고, 아태가 아버지의 원수를 갚기 위하여 명나라 변경을 침입하였다. 누르하치의 조부 각창안은 장자인 예돈파도로의 딸을 아태에게 시집보냈고, 아태의 딸이 누르하치의 아버지 탑극세의 처가 되면서 친족혼 관계를 맺었다.

아태의 휘하에서 누르하치는 힘을 축적하여 1583년부터 모든 여진부족을 건주여진에 귀속시켰다. 그는 명나라의 건주좌위도독(建州左衛都督)과 조선의 용호장군(龍虎將軍)으로 자신을 낮추면서 조공하였다. 임진왜란 때는 조선에 구원병을 자청할 정도로 성장하였다. 선조는 하세국을 시켜서 누르하치의 성장을 확인하였고, 신충일은 '건주기정도기(建州紀程圖記)'에서 여진의 정세를 상세하게 보고하였다.

누르하치는 망자합을 만포진에 보내서 자신이 한성에서 벼슬을 받고 싶다고 했다. 선조는 여진에 직첩을 수여하고 관복과 급여로 면포 1백동을 주었다. 누르하치는 조선에 보낸 국서에 '건주등처지방국왕퉁(建州等處地方國王佟)'으로 국왕을 자칭하였다. 그는 명나라에 바치던 조공을 끊고 조선에 식량과 생필품의 원조를 요청하였다.

광해군은 일본과 국교를 재개하면서 화기도감(火器都監)을 확대하여 각종 화포를 주조하고, 일본에서 조총과 장검 등을 구입하였다. 병력과 지휘관을 얻기 위하여 모든 무과 합격자들은 변방에 배치하여 야전능력을 확보하도록 하였다. 도성의 함락에 대비하여 강화도를 정비하고 대동법으로 군량미를 확보하면서 한양 주변의 방어체계를 확립하였다.

누르하치는 조선과 관계를 유지하기 위한 노력을 기울였고, 광해군도 재위 기간 내내 누르하치를 자극하지 않았다. 누르하치가 후금(後金)을

광해군묘 광해군은 15년간 왕으로 집권하고, 인조반정으로 18년간 야인생활을 했다.

건국하면서 조선과 명나라가 후금을 공격한다는 소문이 퍼졌다. 명나라가 47만여 명의 후금토벌군을 결성하면서 조선에 원병을 요청하자 강홍립을 파병하였다. 싸얼후산 전투에서 후금이 명나라의 대군을 무찌르자 강홍립은 조선군 출병의 불가피성을 통고하고 투항하였다.

광해군이 '인조반정(仁祖反正)'으로 폐위되면서 조선과 후금 사이에 큰 균열이 발생하였다(1623). 조선은 명나라를 중시하고 후금을 멀리하는 '친명배금(親明排金)'정책을 취하였다. 후금이 조선을 공격하여 정묘호란이 발생하였고, 양국이 형제관계로 화약을 맺었다.

후금이 만주와 북경을 정복하여 '청(淸)'으로 바꾸고, 조선에 '군신관계(君臣關係)'를 요구하면서 병자호란(丙子胡亂)이 발생하였다(1636). 청군이 12월 9일 압록강, 14일 개성을 지나면서 내려오자 인조는 남한산성으로 피신했다. 청 태종은 전투를 벌이지 않고 망월봉(望月峰)에서 조선군을 감시하며 40여 일을 보냈다.

조선 조정은 인조반정에 참가한 주화파(主和派, 최명길)와 직접 참여하지 못한 주전파(主戰派, 김상현)간 청과의 협상에 대한 논쟁이 일어났다. 주화파인 최명길이 강화를 요청하는 글을 써 보내자, 청 태종은 조선의 항복과 척화를 주도한 주전파 2, 3인을 보내라고 답했다. 인조는

남한산성 서문과 삼전도비 인조는 삼전도까지 걸어가서 항복하고, 여진문자로 삼전도비(대청황제공덕비)를 세웠다.

혹독한 추위와 굶주림으로 45일 만에 삼전도에서 무릎을 꿇고 항복하고, 명나라와의 관계도 완전히 끊었다.

소현세자는 9년 동안 청에서 볼모로 있다가 돌아온 후에 사망하였다. 그는 조선과 청나라 사이에서 외교적 역량을 발휘하면서 조선의 입장을 전달하였다. 명나라의 멸망으로 소현세자가 귀국하면서 왕권이 취약했던 인조와 반청세력의 견제를 받았다. 귀국 시 환영받지 못했던 그가 서양 문물과 서적을 가져왔다는 인조와 신하들의 비난 속에서 갑자기 사망하였고, 그 가족들도 독살되거나 의문의 사망을 당하였다.

봉림대군 효종은 10년간 볼모 생활에서 돌아와 북벌을 계획하기도 했다. 조선조총군이 '나선정벌(羅禪征伐)'에서 러시아 주력군을 무찔렀다. 조선은 임진왜란의 후유증을 치유하지 못한 상태에서 병자호란이 일어나서 국가적인 혼란이 가중되었고, 인조반정에 따른 왕권의 약화와 정통성 문제로 조선 말기까지 불안정한 상태가 지속되었다.

개혁 군주의 한글창제와 대동법 실시

개국 이후 조선은 왕권을 강화하고 개혁을 통하여 민본주의를 실현하였다. 진나라의 시황제처럼 세종대왕도 훈민정음으로 문자를 통일하고, 도량형 정비로 부당한 착취를 막았다. 훈민정음은 "바른 정치는 바른 소리(正音)에서 나온다."라는 유학에 근거하였는데 양반층은 한문을 사용하였고, 중인층은 이두나 향찰을 사용하고 있었다. 훈민정음 창제에 집현전 학사들이 가장 심하게 반발하였는데, 성삼문과 신숙주의 경우 완성된 시기에 들어와서 거의 관여하지 못했다.

훈민정음은 일반 사람들의 의사소통에 활용되면서 백성의 권익을 신장하고 왕권강화에도 도움을 주었다. 최초 한글 소설인 '홍길동전(洪吉童傳)'에서 허균(許筠)은 사회의 불의를 고발했다. 처음으로 훈민정음이 갑오개혁에서 칙령 제1호 공문식(公文式)으로 사용 국문에 한역(漢譯)을 부하거나 국한문을 혼용했다. 주시경의 국어연구학회가 '한글모'로 고치면서 '한글' 명칭이 나타났고, '한글사'가 '한글' 잡지를 발간하면서 '한글'이 일반화되었다.

조세제도는 조(租)·용(庸)·조(調)로 나누어서 백성을 괴롭혔다. 조는

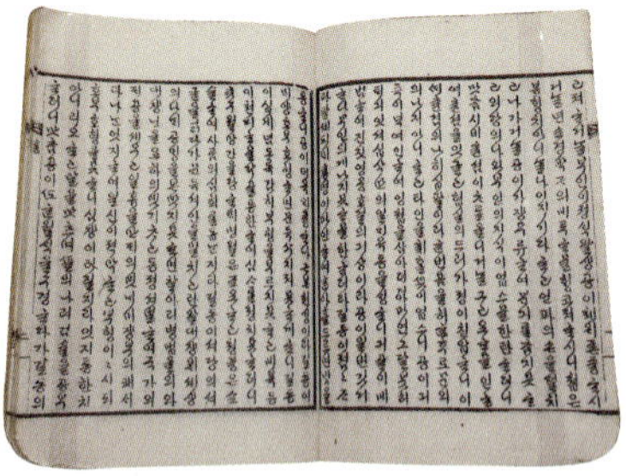

홍길동전과 갑오개혁 지령 훈민정음은 백성의 교화와 왕권강화에 기여하였고, 갑오개혁은 최초로 한글을 공문에 사용했다. 한글박물관, 국립중앙박물관

토지세로 쌀과 콩으로 거두는 방식이다. 세종은 여론 조사를 실시하여 토지 비옥도와 풍흉에 따라 전분 6등제와 연분 9등제로 토지를 공평하게 나누었다. 용은 성인 남자의 노동력 징발이고, 조는 고을의 특산물을 거두는 제도였다.

임진왜란 이후 양반층의 토지 점유 확대와 농민층의 몰락은 조(공납제)를 더 이상 존속시키기 어렵게 만들었다. 대동법(大同法)은 공물 납세에서 구하기 어려운 특산물에 대한 상인들의 농간으로 폐해가 커지자 공납물을 쌀로 통일하였다. 각 관청은 징수된 쌀로 물품을 구입하거나 인력을 고용하는데 사용하였다.

광해군 때 경기도에서 시작하여 강원도·충청도·전라도로 확대되었지만, 제주도는 번속(藩屬)으로 실시하지 않았다. 그동안 공물 중개로 폭리를 취했던 지주와 방납인들의 불만 속에 지배계층 내 반란인 인조반정이 일어났고, 광해군의 폐위로 강원도를 제외하고 대동법도 폐지했다. 효종은 국가 재정이 어렵게 되자 김육·조익 등을 시켜서 다시 대동법을 시행했다.

대동법은 지주에게 불리하였지만 농민의 부담을 덜어 주었다. 쌀 징수가 어려운 경우 같은 양의 잡곡이나 무명, 베, 화폐로 대신 납부할 수

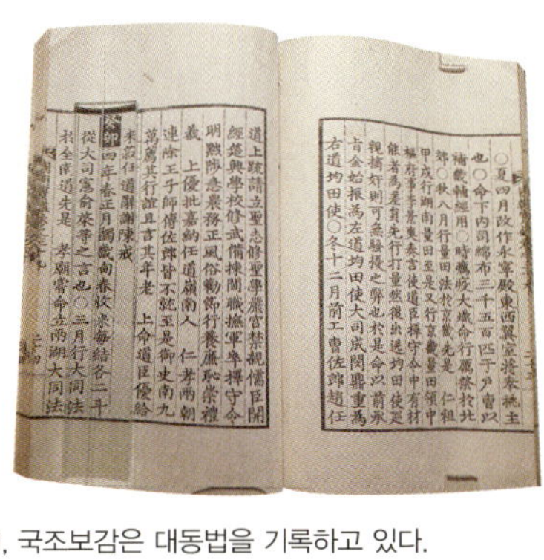

화성 대동법 기념비와 국조보감 대동법은 특산물을 쌀이나 포로 납부하며, 국조보감은 대동법을 기록하고 있다.

도 있었다. 이렇게 징수된 물품은 다른 물건과 교환할 수 있는 상품화폐의 역할을 하였고, 보완적으로 "항상 평준으로 물가를 균일하게 조정한다."는 상평통보(常平通寶)가 발행되었다.

상평통보는 1개 1문 또는 1푼으로 합계에 따라서 10푼 1전(錢), 100푼 1냥, 1,000푼 1관의 단위를 구분하고, 숙종 때인 1678년에서 1894년까지 유통되었다. 당일전은 최초의 상평통보이며, 당이전은 당일전보다 2배의 가치가 있었다. 당오전은 재정난을 해소하기 위하여 5배 가치로 발행했고, 경복궁 중건을 위하여 100배 가치의 당백전을 제작했다.

왕권이 취약했던 18세기 중엽에 당파싸움·노론의 벌열(閥閱)·세도정치(勢道政治)가 혼재하면서 정치기강의 문란으로 재정난을 초래하였다. 상납미가 과도하게 책정되어 많은 양의 쌀이 한양으로 수송되면서 지방재정이 파탄나고, 이를 악용한 탐관오리들이 득세하였다. 한편, 세금으로 거둔 곡물과 면포가 유통되면서 전국의 시장 형성과 도시 발달에 기여했다. 상공업자의 성장은 농촌사회의 신분질서를 파괴하여 사회체제를 해체하였다.

조선의 인구정체와 일본의 인구성장

인구는 가장 중요한 국력의 구성 요인으로 한 국가의 잠재력을 나타낸다. 인구 대국은 자본 축적과 국가제도를 안정화시켜서 발전하였지만, 인구 소국이나 계급사회는 사회적인 역동성의 결여로 정체된 사회를 형성하였다. 농업사회는 인구증가 시 목초지나 경작지가 필요하기 때문에 전쟁이나 이주 정책으로 필요한 토지 욕구를 해소했다.

삼국시대는 고구려 69만 호, 백제 76만 호, 신라 17만 호이었고(삼국

유사), 남북국시대에 당나라 4,800만여 명, 신라 300만여 명, 일본 500~600만여 명으로 추산되고 있다. 소빙기였던 11세기에 인구가 정체되었다가 농업기술이 발달한 15세기 부터 인구가 동아시아에서 증가하였다.

17~19세기 동아시아의 인구변동 (단위: 만 명)

연도	조선	일본	중국
1600년	1,172	1,227	15,000
1700년	1,435	3,127	15,000
1790년	1,822	2,987	31,300
1850년	1,647	3,229	43,000

일본사연표 및 지도(吉川弘文館, 2018)

15세기 조선의 인구는 550~750여 만 명, 쌀 생산량 500여 만 석, 조세 60만 석의 경제규모였다. 농업기술이 보급되면서 쌀 생산량의 증가로 임진왜란 직전에 1,000~1,400여 만 명에 달하였다. 인구의 증가는 토지 소유에 대한 압력을 증가시켜서 인구 밀도가 높은 지역에서 낮은 지역으로 이동이 이루어졌다.

당파싸움이 사회적 혼란을 부추기자 백성의 삶을 더욱 궁핍하게 만들면서 17세기 소빙기에 흉년의 빈발로 인구도 성장하지 못했다. 농민들이 왜란과 호란에 소작농으로 농지를 잃어버리고, 사회 핵심계층인 농민의 몰락으로 조선도 사양길에 들어섰다. 조선 말기에 많은 개혁적인 정책과 사회 변화의 시도에도 핵심계층의 소멸로 역동성을 잃어버렸다.

명나라는 17세기 초 1억 5천만 명 정도였는데, 18세기 말 청나라는 3억 명, 19세기 중엽 4억 2천만 명까지 증가했다. 그러나 청나라는 인구관리의 실패로 아편전쟁(1840)과 태평천국의 난(1850)이 일어났다. 인구

증가가 1인당 경작지를 감소시켜서 실업자를 양산하여 국가도 해체되었다.

일본은 인구성장을 토대로 16세기 말 임진왜란에 15만 명의 대군을 소집할 수 있었다. 인구가 임진왜란의 후유증으로 17세기 초 1천5백만 명까지 줄었다가 18세기 초 2천5백만 명까지 다시 증가했다. 일본은 인구증가에 따른 정책으로 해외 유학생들과 이민자들을 우대했고, 전문교육을 받으면 병역을 면제했다. 일본 농민들이 태평양 도서와 동남아지역으로 이주하여 농산물을 생산했고, 2차 세계대전 이후에도 적극적인 이민정책을 실시했다.

일본의 인구정책은 주변국들에게 전쟁과 식민지배의 고통을 주기도 했다. 히도라 쓰요시 내각은 인구의 10%인 1백만 호 500만 명을 만주로 송출하는 계획을 세웠다(1936). 그 당시 이주했던 일본인들이 제2차 세계대전의 패전으로 '잔류고아·잔류부인 문제'를 일으켰다. 중국과 일본이 1972년 국교를 정상화하면서 1999년까지 총 6,041세대 1만 9,252명을 귀국시켰다.

백제상인 보부상의 자본축적

백제는 철저한 장인정신과 상인정신을 가지고 풍요로운 삶을 영위하면서 상거래가 발달했다. 상거래는 행상을 통하여 이루어졌고, 교통의 중심지에 장시(場市)가 세워졌다. 백제 상인의 전통은 보부상으로 발전하여 시장과 시장을 연결했다. 보상은 머리에 이거나 등에 멜 수 있는 세공품 위주의 사치품을 주로 팔았고, 부상은 농산물, 수공업 제품, 수산물, 약재를 취급했다.

김홍도의 평양감사향연도 보부상이 등짐을 지고 초립을 착용하고 있다. 국립중앙박물관

조선의 보부상은 지역의 상품 이동을 촉진하여 자본의 형성에도 기여했고, 일정 지역이나 전국의 장시를 무대로 활동했다. 16세기 후반부터 5일장이 하루에 왕복할 수 있는 30리에서 60리 간격으로 형성되어 여인숙과 음식점, 객주(客主)와 여각(旅閣)이 등장하였다. 장시는 18세기 중엽 전국에 1,000여 개 소가 개설될 정도로 활성화되었다.

보부상은 나라가 어려울 때나 전시에 군사물자, 식량, 무기를 조달하면서 전장에도 나갔다. 백달원이 이성계를 도와서 조선왕조의 창업에 공을 세웠고, 임진왜란과 정유재란에서 운반, 정찰, 통신 등을 지원했으며, 병자호란 때 남한산성까지 상여(喪輿)로 물자를 운반했다. 인조는 보부상에 대한 감사의 표시로 패랭이 모자의 좌우에 목화솜을 달아서 구별하게 했다.

홍경래의 난(1811)에 허항이 1천여 명을 이끌고 진압에 앞장섰고, 프랑스함대가 강화도를 점령하였을 때 상병단(商兵團)을 조직하여 항전했다. 흥선대원군도 보부상을 보호하는 혜상공국을 설치하고 신표(信標)를 발급하여 신표가 없으면 장사를 금지하였다.

구한말에 보부상은 총본부를 개성의 발가산(發佳山)에 두고서 오조물건(五條物件)의 전매권을 획득했다. 대한제국에서 보부상은 상무사(商務社)를 조직하여 특권을 얻었고, 영업세 징수를 대행했다. 일제강점기는 일본의 경제 침투에 맞서 황국협회(皇國協會)를 조직하여 대항했다.

옛 백제지역의 보부상 중에서 예덕상무사, 원홍주육군상무사, 저산팔읍상무사가 호서지역의 장시를 장악했다. 저산팔읍(苧産八邑)상무사는 부여, 홍산, 남포, 비인, 한산, 서천, 임천, 정산 등의 8개 고을을 관할했다. 이 지역 보부상들이 모시 거래로 저세(苧稅)를 담당하면서 '한산모시'가 전국적인 명성을 얻으면서 모시를 대표했다.

저산팔읍 보부상들은 은곡천(서천)의 대명교와 대명바위(고인돌), 홍산의 만덕교, 남면의 금천교, 길산포의 홍교(질메다리) 등의 석교(石橋)를 지나 다녔다. 은곡천 대명바위(거북바위)는 거대한 남방식 고인돌로 칠성바위와 거북돌의 역할을 수행하는 보부상의 이정표였다.

대명바위와 대명교 중수비, 길산 홍교 대명바위는 남방식 고인돌로 보부상의 이정표였고, 보부상들은 대명교와 홍교를 건넜다.

저산팔읍 보부상 저산팔읍 8개 시장이 전국의 모시 시장을 주도하였다.

길산포구는 일제강점기에 군산으로 쌀을 운송했던 집하장이었는데 장항 매립공사, 1930년대 장항 개항과 장항선 개통, 1990년대 금강하구둑의 완공으로 포구의 기능을 상실했다. 저산팔읍의 중심인 홍산상무사는 매년 3월에 총회인 공문제(公文祭)를 열고, 백제문화제에서 보부상놀이의 전통을 지켜오고 있다.

근대화 의지, 갑오개혁과 신분제도 폐지

조선은 당파싸움으로 국제적인 변화를 수용하지 못하고 세계사에서 소외되었다. 하멜(H. Hamel)이 일본의 나가사키로 가던 도중에 난파되어 제주도에 13년간 억류되었다(1668). '하멜표류기'는 조선이 세계사에서 소외된 정도를 단적으로 표현하고 있다. 조선은 임진왜란으로 국력이 약화된 상태에서 인조반정 이후 새로운 왕들은 힘없는 군주가 되었다. 사대주의 당파싸움과 세도정치, 유림 세력의 횡포로 민심이 이반되면서 사회적인 혼란에 빠졌다.

김홍집 내각은 농민의 불만과 개혁의 요구를 실행할 군국기무처를 설치하고, 3차에 걸친 갑오개혁(甲午更張)을 단행했다. 제1차 개혁은 개혁안 약 210건을 제정하였고, 홍범14조(洪範十四條)를 반포했다. 제2차 개혁은 박영효가 총 213건으로 행정구역은 23부 337군으로 개편되었다. 제3차 개혁(을미개혁)은 140여 건의 법령을 공포하고, 신분제도를 폐지했다.

노비제도는 오래전부터 세습되었고, 사회적 변화를 가로막는 요인이 되어 왔다. 고조선은 8조금법에 "도둑질한 자를 노비(奴婢)로 삼았다."는 기록이 있다. 노비는 전쟁 포로, 죄를 짓거나 빚을 갚지 못해서 된 경우

홍범14조(高宗實錄, 1894년 12월 12일)

1. 청국에 依附하는 생각을 끊어 버리고 자주독립하는 기초를 확실히 세울 것.
2. 王室典範을 制定하여 大位의 계승과 宗戚의 分義를 밝힐 것.
3. 대군주가 正殿에 나아가 일을 보아 국정을 친히 각 대신에게 물어 재결하고 后嬪·宗戚은 干預함을 용납치 않을 것.
4. 왕실사무와 국정사무를 須卽 분리하고 서로 혼합하지 않을 것.
5. 의정부와 각 아문 직무·권한의 제정을 밝게 작정할 것.
6. 인민이 세를 바치는 것은 다 법령으로 작정하고 멋대로 명목을 붙여 함부로 거두지 말 것.
7. 조세의 課徵과 경비의 지출은 다 탁지부에서 관할할 것.
8. 왕실비용을 솔선하여 절감함으로써 각 아문과 지방관의 모범이 되도록 할 것.
9. 왕실비와 각 관부의 비용은 미리 1년 회계를 작정하여 재정의 기초를 확립할 것.
10. 지방관제를 속히 개정하여 지방관리의 職權을 한정할 것.
11. 國中의 聰俊子弟를 널리 파견하여 외국의 학술과 기예를 傳習할 것.
12. 將官을 교육하고 징병법을 정하여 군제의 기초를 확정할 것.
13. 민법과 형법을 嚴明하게 제정하여 監禁과 懲罰을 濫行치 않음으로써 인민의 생명과 재산을 보전할 것.
14. 사람을 쓰되 문벌에 구애받지 말고 선비를 구함에 두루 조야에 미쳐 인재등용의 길을 넓힐 것.

가 많았고 대부분 세습되었다. 노비는 부여와 고구려의 하호(下戶), 삼국시대의 천민 집단, 고려의 특수구역(향, 소, 부곡)으로 이어져 왔다. 고려는 초기에 노비안검법으로 풀어주기도 했지만, 부모 중에서 한쪽이 천인이면 그 자식도 천인이 되었다. 거란족, 여진족(말갈족), 타타르족이 고려사회에서 화척, 양수척, 재인, 기생 등의 천민을 형성했다. 고려의 노비제도는 조선에서 그대로 이어지다가 갑오개혁에서 공식적으로 폐지되었다(1894).

갑오개혁 의정존안과 1호공문서 갑오개혁에서 논의된 의견을 정리하고, 최초의 한글 공문서가 작성되었다.

갑오개혁은 근대화 의식 속에서 탄생한 갑신정변과 동학혁명의 요구였다. 그러나 을미사변의 발생과 김홍집 내각의 친일 행위, 단발령에 대한 유생층의 반발, 아관파천(俄館播遷)으로 성공하지 못했다. 갑오개혁이 미완으로 끝나고 친일세력들이 득세하면서 자주적 사회 변화와 제도의 개선을 이루기까지 오랜 시간이 걸렸다.

농민의 투쟁, 동학혁명과 소작쟁의

동학혁명은 외세를 배격하고 새로운 세상을 꿈꾸는 민족의 자발적인 의지에서 일어났다(1894). 동학은 주역, 단군 사상과 정감록 사상의 영향 속에 민족주의적인 성격을 가지고 있다. 최제우가 "현재가 말세로 머지않아 천지개벽이 온다."는 종말론적인 세계관에서 창시하고, 2대교주 최시형이 한문 경전인 '동경대전(東經大全)'과 한글 경전인 '용담유사(龍潭遺詞)'로 정리했다. 신자들이 부적의 휴대를 중시하는 천신사상과 무속적인 사고의 토대 속에서 성장하였다.

동학은 일본과 서양, 특권층을 몰아내고 새로운 국가를 세운다는 의지로 노란 깃발을 내걸었으며, 동학군을 조직하여 고부에서 탐관오리인

황토현 전투지와 우금치전적 기념탑 동학혁명군은 황토현 전투에서 승리하고 우금치 전투에서 최후의 결전을 벌였다.

군수 조병갑을 쫓아냈다. 일본의 침략에 대항하여 혁명군이 황토현 전투에서 승리하고 정부와 휴전 교섭인 전주화약을 맺었다(1894). 일본군이 경복궁을 점령하고 내정에 간섭하자 일본군 타도를 목표로 2차봉기를 일으켰다. 전봉준 남접과 손병희 북접의 농민군 4만여 명이 공주 우금치(牛禁峙)에서 최후의 일전을 벌였지만 패하고, 전봉준이 순창에서 체포되어 종료되었다.

일본은 동학혁명, 청일전쟁, 러일전쟁에 승리하면서 대한제국의 주권을 박탈하고 강제로 점령하였다. 일본은 한일협정서(韓日協定書)를 체결하고 300만 원의 관세를 담보로 다이이치은행에서 차입하여 화폐개혁을 단행했다(1894). 일제는 1905~1911년까지 화폐제도를 정리하여 민족의 상업자본 형성을 막았다. 토지조사국이 '토지조사령'으로 토지조사를 하면서 다수의 무연고 토지가 일본인에게 넘어갔다. 그 결과 소작농과 소·자작겸농이 전체 농민의 77%에 달하면서 지주 3%가 50% 이상의 농지를 소유하는 지주제가 성립되었다.

1920년대 소작료는 타조(打租)와 도조(賭租)로 구분하였다. 타조는 소작료를 수확량에 따라서 일정 비율(보통 5:5)로 납부하였고, 도조는 봄철에 미리 수확량을 예상하여 소작료를 결정하였다. 암태도의 소작료가 타

동양척식 목포지점, 조선은행 군산지점, 조선18은행 인천지점 일제는 동양척식회사를 중심으로 전국에 은행 지점을 설치하여 민족자본의 성장을 막았다.

소작인항거기념탑과 암태도 승봉산 최초 소작인 항거 농민운동이 암태도 승봉산을 중심으로 일어났다.

조로 결정되면서 소작인들의 불만이 누적되었다.

암태도 소작농들이 지주에게 소작료 4할을 요구하는 암태도 소작쟁의(巖泰島小作爭議)를 일으켰다(1923). 지주인 문재철이 소작료 4할을 거부하면서 물리적 충돌이 일어나 소작인회 간부 13명을 구속했다. 암태면민들이 석방 투쟁을 벌이고 전국적인 연대로 소작료 4할이 이루어졌다.

1910년대 일제의 회사령은 상품과 자본의 자유로운 이동을 제한하였다. 조선 경제는 민족자본의 산업자본화가 연결되지 못하면서 일본인과 친일세력에게 주도권이 넘어갔다. 회사령은 1920년 폐지되고 회사설립이 신고제로 완화되었지만 일본 자본의 유입이 가속화되었다.

조선과 일본간 관세가 폐지되고 단일시장의 형성으로 경제의 종속화를 심화시켰다. 은행들은 제1차 세계대전 중에 합병을 거쳐서 20개로 축소되었고, 은행령과 만주사변으로 한성·조선상업·동일·호남·경상합동·대구상공의 6개 은행만 남겼다(1939).

규슈세력의 성장과 정한론자 득세

백제인들은 일본의 귀족으로 역사를 이끌어 오면서 신라에 대한 앙금을 가지고 있었다. 오우치씨(大内氏)는 백제 멸망으로 규슈와 야마구치에 정착한 백제계 가문이었다. 고후쿠지(興福寺)사적기는 "오우치는 원래 일본인이 아니다."로 기록했다.

시조 임성태자는 추고 천황 때 스오국(周防国)의 다타라하마(多々良浜)에 정착했다. 그는 성왕의 제3왕자 혹은 위덕왕의 셋째 아들로 쇼토쿠 태자가 성씨와 영지로 오우치현(大内県)을 하사하였다. 그가 하사받은 검이 코류지(興隆寺)에 있고, 그의 행적은 '오우치다타라씨보첩(大内多々良氏譜牒)'에 기록되어 있다.

오우치가문(大内氏)은 한반도 무역을 독점하면서 성장했다. 헤이안 말기에 오우치 노스케가 스오노곤노스케(周防權介)에 임명되면서 스오의 지방관인 고쿠가(國衙)를 장악했다. 오우치 히로요가 본거지를 야마구치(山口)로 옮기고 무로마치 막부에 복종했다(1363). 그의 아들인 오우치 요시히로가 규슈 지역을 제압하고 남조(南朝)와 통합 교섭을 맡으면서 메이토쿠 난에 참여했다.

3대 쇼군 아시카가 요시미츠쓰가 요시히로의 세력을 제압하자 오에이 난을 일으켰다. 오우치 노리히로와 오우치 마사히로 부자가 다이묘의 지위까지 올랐다. 오우치 요시오키는 무로마치 막부에 영향력을 행사할 정도의 세력이었으며, 오우치 요시타카가 센고쿠 다이묘(戦国大名)로 중흥

루리코지 오층탑과 야마구치 문장 루리코지 오중탑은 오우치가문에서 세운 31.2m의 목조탑이다(1442). https://www.travalearth.com

을 이룩했다.

오우치 가문은 조선에 왜구 퇴치의 공로로 토지를 요구했다가 거절당하고 무역의 독점만 허용받았다. 오우치 요시나가 시기에 내분으로 가문이 망하면서 일부는 토요타(豊田)로 성씨를 바꾸었고, 방계인 야마구치(山口)씨는 이바라키현(茨城縣)의 후다이 다이묘(譜代大名)를 유지했다.

19세기 오우치 가문의 토대였던 조슈번(야마구치현)이 존왕양파를 주도하여 에도 막부의 양이를 약속받았다. 그러나 조슈번이 영국의 함대를 공격하여 실패하였고, 사쓰마번(가고시마현)도 영국에 사쓰에이 전쟁에서 패하였다. 조슈번과 사쓰마번은 영국군의 위력을 실감하면서 존왕양이를 철회하였다.

양 번은 서로 총 6개항의 밀약을 맺어서 에도 막부를 타도하고 천황의 실권을 인정는 삿초동맹(薩長同盟)을 맺었다(1866). 양 번 중심의 반막부 세력이 에도 막부를 타도하고, 15대 쇼군인 도쿠가와 요시노부가 메이지 천황에게 국가의 통치권을 반납하였다(대정봉환).

대정봉환을 이끈 조슈번과 사쓰마번은 임진왜란에 앞장섰고 19세기 정한론(征韓論)을 주도하였다. 이토 히로부미는 조슈번 출신의 무사계급으로 런던대학교(UCL)를 나왔다. 그는 메이지유신과 일본 헌법의 제정을 주도하였고, 초대 수상(총리대신)으로 조선 침략을 완성하였다.

막번체제의 붕괴와 내각제 도입

막번체제(幕藩體制)는 통치자인 쇼군(将軍)의 막부(幕府)와 지방 영주인 다이묘(大名)의 번(藩)으로 구분한다. 가마쿠라 막부의 미나모토 노요리토모가 '정이대장군'이 되면서 호칭을 '쇼군'으로 줄였다. 쇼군이 직할지와 다이묘를 통제하고 다이묘는 영지인 번을 다스렸다.

다이묘는 농공상(農工商)인을 피지배 계급으로 삼았고, 사무라이가 막부와 번에서 쇼군과 다이묘를 보좌했다. 영지는 세금 징수 단위인 묘(名)의 소농들에게 나누어 주어서 연공을 거두었다. 조선과 중국은 사대부와 문인 중심이었지만 일본은 무사 중심의 봉건제 사회를 메이지유신까지 이어왔다.

초기 일본의 율령제는 천황과 귀족의 권력을 분점하면서 태정관인 소가노우지(小我氏)와 후지와라우지(藤原氏)가 정권을 잡았다. 사무라이는 헤이안 시대(9~10세기)에 쇼군과 다이묘를 호위하고 행정을 담당하면서 명예를 걸고 정의를 실천했다.

미나모토 우지(源氏)가 가마쿠라 막부(鎌倉幕府)를 열면서 막부시대가 시작되었다(1185~1333). 고다이고 천황이 가마쿠라 막부 지배에 반발하고, 아시카가가 친위 쿠데타를 일으켜서 무로마치 막부(室町幕府)를 열었다(1333~1573). 고다이고 천황이 요시노에 남조를 수립하고, 아시카가가 고묘 천황의 북조를 수립하면서 남북조시대와 전국시대의 혼란이 발생했다.

무사계급과 일본도 무사계급은 막부에 충성하면서 지배계층을 형성했고, 일본도는 소유자의 사회적 지위와 권위를 상징하는 위세품이었다. 국립중앙박물관

남조의 고카메야마 천황이 삼종신기를 북조의 고코마츠 천황에게 물려주면서 서로 통합되었다. 북조와 남조가 서로 번갈아서 천황을 맡는 것으로 정했지만 북조에서 독점했다. 남조 세력이 난을 일으켰다가 실패하여 평민이 되거나 사찰에 의탁하였고, 이때 패배한 세력이 왜구가 되었다는 분석도 있다.

다이묘들간 전투인 전국시대는 오닌의 난 또는 메이오 정변에서 오다 노부나가에 의해 무로마치 막부가 무너질 때까지 계속되었다(1573). 오다 가문과 도요토미 가문이 전국시대를 정리하면서 쇼쿠호시대(織豊時代)를 열었다(1573~1603). 도요토미 히데요시는 임진왜란으로 전국시대의 전쟁터를 한반도로 바꾸었다. 그는 일본도(日本刀)의 소유를 무사계급으로 제한하였다. 우치가타나(打刀)는 칼날이 위로 향하는 길이 60cm 이상의 칼이고, 와키자시(脇差)는 우치가타나를 보조하는 길이 30~60cm의 칼이다.

임진왜란이 끝나자 다이묘들은 이시다미 츠나리의 서군과 도쿠가와 이에야스의 동군에 합류하여 세키가하라 전투(関ヶ原の戦い)를 벌였고, 동군이 승리하면서 전국시대를 마무리하였다. 에도 막부(江戸幕府)가 간토오로 이동하면서 간사이와 규슈 세력의 소외로 이어졌다. 막부는 전국

2,800만 석(石)의 토지 중에서 직할지 400만 석, 직속 무사인 하타모토(旗本)의 영지 300만 석, 다이묘의 영지로 구분했다.

조슈번과 사쓰마번이 에도 막부를 붕괴시키면서 북조 세력이 밀려나고, 남조 세력이 정통성을 인정받으면서 막부정치도 종료되었다. 미나모토 요리토모가 카마쿠라 막부를 설치하여 에도 막부의 15대 토쿠가와 요시노부까지 막부정치가 이어져 왔었다. 일본은 율령체제의 종료와 함께 천황 중심의 서구 내각제를 도입하였다.

메이지유신 직전의 생산량 10대 번(1868~1871)

명칭	가문	생산량	인구
카가번(加賀藩)	마에다(前田)	1,338,083석	1,065,910명
센다이번(仙台藩)	다테(伊達)	1,018,818석	204,964명
조슈번(長州藩)	모리(毛利)	978,004석	608,475명
오와리번(尾張藩)	도쿠가와(徳川)	913,827석	917,497명
사가번(佐賀藩)	나베시마(鍋島)	886,525석	425,762명
사쓰마번(薩摩藩)	시마즈(島津)	869,593석	896,808명
구마모토번(熊本藩)	호소카와(細川)	786,015석	719,990명
기슈번(紀州藩)	도쿠가와(徳川)	615,453석	528,408명
후쿠오카번(福岡藩)	구로다(黒田)	571,141석	388,409명
도사번(土佐藩)	야마우치(山内)	495,486석	516,867명

일본의 자본축적과 국학운동

일본은 가야의 토기 제작과 제철 기술을 받아들여서 고대국가로 발전하였고, 근대에 도자기와 제철 산업으로 자본주의 국가로 성장하였다. 나가사키와 히라도(平戸島)를 중심으로 도자기 무역을 하고, 베트남의 호이안을 왕래하면서 철과 총을 동남아시아에 공급하였다.

아리타 자기와 이마리 야키 조선의 도공들이 채색자기인 아리타 자기를 생산하였고, 아리타 자기가 이마리 자기로 발전하였다.

가야에서 전수된 고대 스에키(須惠器)는 도자기 발전의 토대가 되었고 임진왜란 때 끌려갔던 이삼평, 심당길 등의 조선도공들이 규슈의 아리타에서 1610년부터 채색 도자기를 생산하였다. 아리타 자기가 유럽에 수출되면서 도자기 선진국으로 인정받았고, 도자기가 '이마리 항구'에서 수출되면서 '이마리야키(伊万里焼)'로 인기를 얻었다.

일본은 수준 높은 채색 자기로 다이묘들과 유럽인들의 마음을 사로잡았다. 가키에몬(柿右衛門) 양식의 자기가 유럽에서 인기를 끌었고, 나베시마(鍋島) 양식은 쇼군이나 다이묘에게 바치는 최고급 도자기였다. 조선이 18세기에 일본의 도자기를 수입하면서 백자 문양에도 영향을 주었다.

에도 막부가 19세기 초 쇄국정책과 가톨릭을 박해하면서 정치적 혼란기에 들어서자 국학운동(國學運動)이 전개되었다. 모토오리 노리나가(1730~1801)가 고전을 연구하여 황국사관의 이념적 토대를 만들었다. 국학은 중국의 한학과 외래 중심의 학문 구조를 비판하면서 독자적인 문화·사상·정신 등을 고전 및 고대사에서 재발견하려고 했다.

후쿠자와 유키치는 서구 여행에서 얻은 견문을 '문명론의 개략'으로 발표하여 메이지유신에 큰 영향을 미쳤다. 그는 토마스 버클의 '영국문명사', 프랑소아 기조의 '유럽 문명사'를 기본으로 문명론을 제기하였다. 국가의 발전은 야만, 반개, 문명의 3단계로 구분하면서 서양 문명의 전수를 국가 독립의 수단이라고 했다.

일본은 국학과 문명론에 기초하여 청일전쟁에서 얻은 배상금으로 야하타제철소(八幡製鐵所)를 건설했다. 철강 수요가 러일전쟁으로 증가하면서 선철 생산에 주력하다가 1차 세계대전 시기에 설비를 확장하여 일본 철강 생산량의 50% 정도를 담당했다. 그리고 비철금속은 흥남제련소, 장항제련소, 원산제련소를 세워서 공급하였다.

노구치 시타가우는 규슈에 석회 비료를 생산하는 일본질소비료(日本窒素肥料)를 설립했다. 일본질소비료는 조선수전과 조선질소비료도 설립했다가 두 회사를 합병하여 황산암모늄(ammonium sulfate)비료를 생산했다. 한편, 조선질소비료는 화약의 원료인 글리세린 확보에 필요한 유지공장을 건설했다. 조선질소화약이 글리세린으로 일본 화약 제조의 50% 이상을 생산했다. 흥남 지역은 연관 산업인 유지, 화약, 석탄화학, 알루미늄(비철금속) 등의 복합단지를 형성했다.

일본은 중일전쟁이 발생하자 조선을 병참기지화하여 북부지방에서 폭탄을 제조했다. 도쿄대 이화학연구소도 '니고연구(二號硏究)'로 핵폭탄

장항제련소와 군산 부잔교 장항제련소 굴뚝은 210m로 근대화의 상징물이었고, 부잔교는 대형 선박의 접안시설이었다.

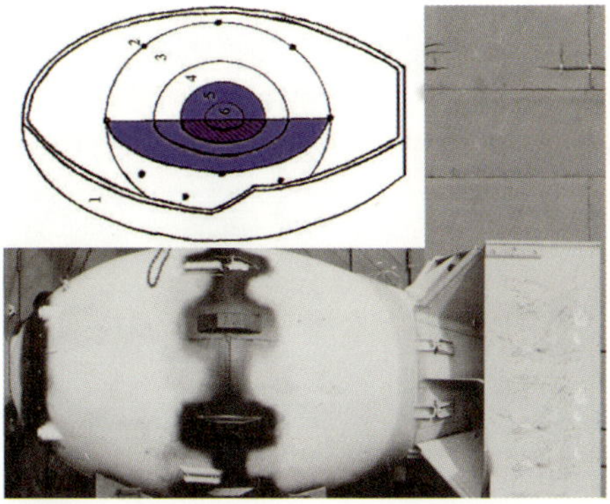

핵폭탄의 개략도 뇌관이 고성능 폭발물을 폭발시키고, 내부의 연쇄적인 핵분열로 에너지를 방출한다.

을 개발하다가 도쿄 공습 때 흥남으로 이동하였다. 일본은 개마고원 일대의 우라늄을 확인한 뒤에 비료생산에서 나오는 인산으로 우라늄 추출이 가능했었다.

일본군이 "바다에서 원폭과 비슷한 폭발 실험을 했다."는 보고서와 "1945년 8월12일, 함경남도 흥남 앞바다에서 원폭과 비슷한 폭발이 있었다."는 자료가 있다. 화학 시설이 밀집된 흥남 지역은 한국전쟁의 주요한 폭격 대상이었으며, 북한은 흥남의 시설을 일부 복구하여 가동을 재개했다.

청일전쟁, 자주권 상실의 분수령

일본은 미일수호통상조약을 맺고 개항한 후에 정한론을 내세우면서 한반도 지배의 야욕을 가졌다(1858). 다루이 도키치는 일본과 한국을 합방하여 '동국'을 세우고, 청나라와 삼국을 서로 연결하면 이득이 된다는 논리를 폈다(대동합방론, 1893). 청나라는 아편전쟁에 패하고 난징조약으

척화비 흥선대원군은 쇄국정책을 하면서 전국에 척화비를 세웠다.

로 영국에 홍콩을 할양했다(1842).

고종이 왕위에 오르자 흥선대원군은 토지제도를 개혁하여 백성의 삶을 안정시키고, 양반에게 군포를 징수하는 호포제를 실시했다. 서원은 만동묘 철폐와 47개로 축소하여 왕권을 강화하면서 경복궁을 재건했다. 흥선대원군은 병인양요와 신미양요에서 승리하자 쇄국정책(鎖國政策)을 더욱 강화하여 전국에 척화비를 세웠다.

洋夷侵犯 非戰則和 主和賣國

"서양 오랑캐가 침범하여 싸우지 않으면 즉 화친이요 화친을 주장하는 것은 매국이다(척화비문)."

일본은 조선 진출의 계기가 된 운요호사건을 일으켜서 전문과 12개 조관의 불평등한 강화도조약(朝日修好條規)을 맺었다. 주일 청국공사관 황준헌은 러시아를 견제하기 위하여 조선이 중국과 친밀함을 유지하면서 일본, 미국과도 연대할 것을 제안했다(조선책략). 김홍집이 일본 수신사로 가서 '조선책략'을 가져와 대외정책 수립에 활용했다. 갑신정변이

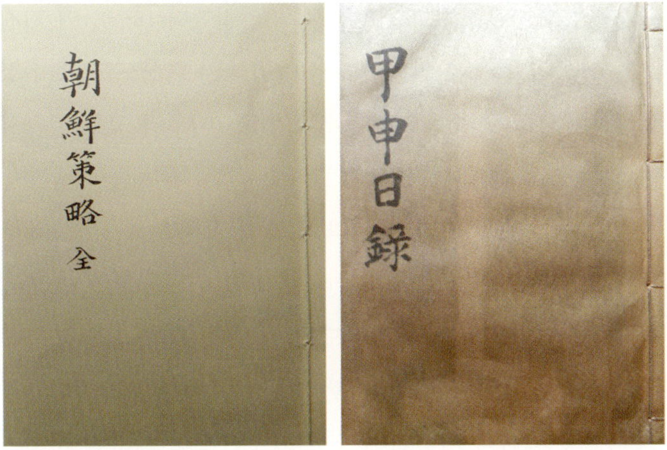

조선책략과 갑신일록 황준원은 조선책략에서 삼국 연대를 주장했고, 개화파 김옥균은 갑신정변을 정리한 갑신일록을 작성했다. 국립중앙박물관

실패하자 일본은 주일 공사관 방화와 희생자 배상을 위한 한성조약을 맺었다(1884).

조선은 개항 이후 청나라와 일본 상인의 횡포로 곡물 유출이 늘어나면서 식량난이 가중되었다. 조선이 청나라에 원병을 요청하자 일본군이 무단으로 인천에 상륙하여 청일전쟁이 발생했다(1894). 일본이 성환전투, 평양전투, 황해전투에서 승리하고 산동반도까지 진격했다. 청나라는 시모노세키조약으로 일본에 요동반도와 대만을 넘기고, 일본은 조선에 대한 내정 간섭을 시작했다.

외세의 자주권 박탈, 영일동맹과 미일각서

명성황후가 러시아를 끌어들여 일본을 견제하자 미우라 고로가 명성황후를 시해한 을미사변이 발생했다(1895). 고종이 러시아공사관에 피신한 아관파천(俄館播遷)으로 친러 정부가 집권했다(1896). 이 기간에 조선의 수많은 이권이 열강에 넘어가면서 독립국의 위상도 크게 손상되었다. 러시아는 압록강 하구의 용암포를 강점했고, 미우라 고로는 히로시마 형무소에서 무혐의로 풀려났다.

백성들은 국가의 권익과 위신의 추락에 국왕의 환궁과 자주 선양을 요구했다. 고종은 1897년 2월 환궁하여 10월 대한제국(大韓帝國)을 선포하고, 청나라와 가졌던 책봉 관계도 청산했다. 대한제국은 국방력의 강화와 산업의 발전, 토지 제도에 대한 광무개혁을 시도하였다.

고종은 중국 사신이 머물던 숙소에 환구단을 건립하여 천지의 신에게 제사하고 황제로 즉위하였다. 즉위식은 경운궁에서 대한제국을 상징하는 태극기를 앞세우고 황제의 상징인 황룡포(黃龍袍)로 그 위상을 선포하였다. 환구단은 황제국의 수립을 상징했으나 일제는 환구단 자리에 조선호텔을 짓고 황궁우와 석고만 남겼다.

고종 황제는 국호 '대한제국(大韓帝國)'과 연호 '광무(光武)'를 사용하면서 황후와 황태자를 책봉하였다. 대한제국은 한성전기, 대한천일은행(중앙은행), 경인선철도 등을 세워서 한성을 근대 도시로 변신시켰다. 대한제국은 파리만국박람회에 참가하여 선진문물의 변화를 확인하고 적극

장충단과 환구단 황궁우 고종은 을미사변의 희생자를 추모하는 장춘단을 설치하고 천제단인 환구단을 조성했다.

적으로 국가를 홍보하였다.

영일동맹은 한반도에 대한 일본의 대한제국 주도권을 부여하는 한일 의정서를 강제로 체결시켰다(1904). 일본은 러시아군함을 기습공격하여 러일전쟁을 일으키고 승리하여 '포츠머드강화조약'을 체결했다(1905). 일본은 가쓰라-테프트협약(Katsura-Taft)으로 조선에 대한 종주권을 인정받았는데, 미일 각서는 극비로 진행했기 때문에 1924년까지 알려지지 않았다. 영국과 일본이 '제2차 영일동맹'을 맺고 '제1차 한일협약'으로 대한제국의 재정권과 외교권을 박탈하였다.

일제의 강압에 의한 을사늑약이 박제순과 하야시 사이에 체결되었다(1905). 고종은 그 불법성을 알리기 위해 네덜란드 헤이그에 특사를 파견했다가 외교권을 행사했다는 이유로 강제로 퇴위하였다. 안중근 의사는 침략을 주도한 원흉인 이토 히로부미를 만주 하얼빈역에서 저격하였다(1909).

> "내가 한국 독립을 회복하고 동양평화를 유지하기 위하여 삼 년 동안을 해외에서 풍찬노숙하다가 마침내 그 목적을 도달치 못하고 이곳에서 죽노니, 우리들 이천만 형제자매는 각각 스스로 분발하여 학문을 힘쓰고 실업을 진흥하며 나의 끼친 뜻을 이어 자유독립을 회복하면 죽는 자 유한이 없겠노라." (안중근 의사의 유언 중에서)

군대가 해산되고 사법권이 일본에 넘어가면서 국권을 빼앗기면서, 대대적인 의병활동이 전국에서 일어났다. 주권상실은 일본의 야욕 속에서 주변국의 전쟁패배와 서구의 암묵적인 협조로 이루어졌다. 일본은 재정권·외교권·군대해산·사법권 박탈의 순으로 대한제국의 주권을 빼앗아 갔다.

파리만국박람회 참가와 효창공원 묘역 대한제국은 파리만국박람회에도 참여했지만 주권을 잃어버리고, 안중근 의사는 돌아오지 못하고 가묘로 조성되었다.

내선일체, 부여신궁과 삼충사

'민족협화(民族協和)'는 각 민족의 평등과 자결주의보다 동질성과 통합성을 강조하면서 형성되었다. 쑨원은 신해혁명에서 각 민족의 단일성보다 한족(漢族), 만주(滿洲), 몽고(蒙古), 회족(回族), 장족(裝族)에 의한 통합적인 공화체제를 주장했다.

일제도 조선인의 민족의식을 말살하기 위하여 조선과 일본의 일체성을 강조하는 황국신민화(皇國臣民化)정책을 추진했다. 내선일체는 두나라 국민이 동일한 조상으로 문화 양식과 가치 체계, 지리적 환경과 역사적 경험 등의 통합을 시도하였다. 일본은 내선일체를 강요하기 위해 잡지인 '내선일체'를 간행하였고, 일본인은 조선인의 지위 상승에 불만이 커졌다.

일본은 아키타견을 닮은 진돗개를 내선일체의 선전에 이용했다. 진돗개는 일본의 아키타견과 유전적으로 유사한 개로 잡종을 방지하기 위하여 천연기념물로도 지정했다. 아키타견은 두려움이 없고 충성심이 강한데 진돗개도 친근한 주인을 지키려는 본능을 가지고 있다.

또한 조선신궁과 부여신궁은 종교를 통하여 정신적인 지배를 위한 내선일체의 일환이었다. 조선신궁은 조선총독부 청사와 함께 정신 통제를 위하여 만든 상징적인 건물이었다(128,000평). 제신(祭神)은 시조 신인 아마테라스 오오카미와 메이지 천황으로 신사 중에서 가장 높은 등급이다. 조선신궁은 2차 세계대전에서 패배한 직후에 일본인들이 본전을 소각하였고, 이곳에 이승만 동상이 건립되었다(1956).

일본은 내선일체의 연결고리로 만주의 부여와 백제의 부여를 연결하면서 '부여신궁' 계획을 발표하고 '신도(神都)건설'을 추진하였다(1939). 제신(祭神)은 고대 야마토 왕조를 이룩한 진구 황후·오진 천황·고교쿠 천황·덴지 천황이었다. 이석훈은 부여신궁 조성의 근로 봉사를 하고 '부여기행'과 희곡 '사비루의 달밤'을 창작하였다.

조택원은 국민총력조선연맹과 조선총독부의 후원 속에서 예술인을 총동원하여 '부여회상곡(夫餘回想曲)'을 연출했다. 백제와 왜가 교류를 시작하던 시점부터 백제의 멸망까지 전체 12곡의 무용으로 회한의 정서와 낭만성을 표현했다.

조선신궁과 조선총독부 조선신궁과 조선총독부는 조선 지배의 상징물이다. 서울역사박물관

삼충사와 팔충사 부여신궁터에 삼충사를 세워서 성충·흥수·계백을 모시고, 팔충사는 삼충사의 옛건물을 옮겨서 지었다.

"백제 성명왕(성왕) 때 긴메이 천황의 칙사인 읍제장군이 백제 처녀와 사랑에 빠진다. 불도를 익히던 3명의 야마토 처녀가 나당연합군의 공격에 저항하다가 몸을 강에 던진다. 천년이 지나서 고대의 야마토 여인과 백제인 남자, 현세의 일본인 남자와 조선인 여자가 아름다운 사랑의 결실을 맺는다."

부여신궁은 공정률 70%에서 일본의 패망으로 건립이 중단되었고, 신궁터에 성충, 흥수, 계백을 기리는 '삼충사'를 건립했다. 삼충사가 새로 지어지면서 옛 건물은 계백장군이 오천결사대를 훈련하고 출전을 결의했던 충화에 팔충사(八忠祠)로 지었다. 팔충사는 계백·성충·흥수·복신·도침·곡나진수·억례복류·혜오화상의 신위를 두고 있다. 팔충제는 천등산 정상에서 고천제(告天祭)를 올리고, 칠선녀가 채화한 봉을 가져다가 성화단에 점화하여 제사를 지낸다.

근대문학과 친일문학의 대립

근대문학은 조선왕조의 몰락과 근대국가의 열망 속에서 태동하면서 문명개화와 자주독립의 열망을 노래했다. 식민지의 확장과 무단 통치의 강화 속에서 근대 문학이 시작되었다(1910~1919). 3·1운동은 무단통치에서 문화통치로 전환시키는 계기가 되었으며, 자유로운 리듬으로 현실의 감상적 비애와 좌절을 토로했다.

한용운은 '님의 침묵'에서 "님은 갔습니다. 아아, 사랑하는 나의 님은 갔습니다 (중략)…아 아, 님은 갔지마는 나는 님을 보내지 아니하였습니다."고 고백했다. 카프(KAPF)는 1930년대 농민의 애환과 현실을 표현했고, 모더니즘은 일제강점기의 부조리에 도전하였다.

김소월은 전통적인 정서를 계승하고 사랑의 윤리를 호소했다. 김소월은 백제의 노동요인 '산유화가'처럼 시 '산유화'에서 일제강점기의 고된 삶을 수동적 자세로 표현했다. 그리고 그는 '진달래'에서 한을 승화시켜서 사모했던 님과 화합하여 이별의 슬픔 없이 함께 살고자 했다.

근대 소설이 식민지 현실에 눈을 뜨면서 그 기틀이 마련되고 있었다. 민족문학 작가들은 일제의 파시즘에 맞서 생명의 추구와 조선적인 아

한용운 묘역과 만해기념관 한용운은 백담사에 머무르면서 민족의 저항정신을 일으켰다.

교토 윤동주와 정지용시비 일제강점기의 저항시인으로 민족의식을 전파하였다.

름다움을 재발견했다. 희망은 어두운 현실을 견디고 미래를 기다릴 줄 아는 믿음이었고, 내일은 때로 고통이었지만 희망으로 인내할 수 있었다.

박은식과 신채호는 역사의 중심인 만주를 수복하여 '대조선'을 건설하자고 주장했다. 사학자들은 만주족·거란족·몽골족이 한반도와 동일한 민족으로 원나라·요나라·금나라·청나라를 한국사에 편입시켰다. 조선어학회는 민족적 대사업이었던 '큰사전'을 편찬하여 한글의 보급에 힘썼다.

그렇지만 이광수는 동아일보 기고문인 '만주에서'에 "일본이 세운 만주 철도가 북경(北京)가는 불편함을 사라지게 만들었다."고 하였다. 그는 병자호란 때 끌려간 '삼학사의 충혼탑' 건립을 제안하며 만주의 옛 터전에 대한 향수를 표출하였다.

> '…오곡이 무성한 이 기름진 평야는 누가 보아도 욕심을 아니 낼 수 없겠지요…'

최남선은 만선일보(滿鮮日報)의 고문으로 만주국 건국대 교수가 되었다. 그는 한반도·만주·몽골의 샤머니즘 문화와 일본 신도를 동질적으

경부철도가와 이광수 기념비 최남선은 계몽주의를 추구하였고, 이광수는 근대문학을 개척하였다. 국립중앙박물관, 봉선사

로 해석하면서 단군신화를 동아시아의 공통적인 민족신화로 보았다. 불함문화의 백두산은 인도-유럽문화권과 중국문화권을 포함하는 세계 3대문화의 중심으로 설정했다. 불함문화론은 만주에 존재했던 고조선과 부여를 중시하면서 일본의 만주 지배를 합리화하였다(만주 건국의 역사적 유래). 그는 북방민족 활동을 흉노족 활동기 5호 16국시기, 요·금·원 교체기, 청나라 시기로 구분했다.

제3차 조선 교육령은 한글 말살정책으로 일본어가 필수과목이 되고, 한글을 선택과목으로 바꾸었다(1938). 제4차 조선 교육령에서 한글 교육이 학교에서 완전히 폐지되었다(1943). 창씨개명이 강요되면서 사회 지도층이 동참하고 이를 옹호하는 글들이 작성되었다. 해방 전후는 독립운동과 민족정신에 혼란을 주면서 모두에게 고통스럽 시기였다.

민족 수난의 일제강점기

3·1운동은 조선인의 독립 의지와 항일 저항운동을 대내외에 천명한

창사 임시정부청사와 마곡사 김구 동상 임시정부는 김구주석의 주도하에 일본군과 중국의 동향에 따라서 이동하였다.

민족의 울분이었다. 민족운동이 더 체계적이고 조직적으로 움직일 수 있도록 임시정부에서 국호를 대한민국(大韓民國)으로 선포하였다. 임시정부는 이동휘, 안창호, 이승만을 중심으로 안전한 상하이·항저우·전장·창사·광저우·류저우·치장·충칭 등을 이동하면서 활동하였다.

1920년대 만주와 연해주에서 독립군 부대가 일본군과 전투하면서 군자금 모금, 밀정 처단, 친일파 숙청 등을 벌였다. 홍범도의 대한독립군이 봉오동전투에서 승리하고, 김좌진의 북로군정서군이 청산리대첩으로 항일투쟁을 이어갔다. 공산주의자들은 '타도일체지주(打倒一切地主)와 타도일본제국주의(打倒日本帝國主義)'의 슬로건으로 무장봉기를 일으켰다. 일본은 만주사변(1931), 중일전쟁(1937), 태평양전쟁(1942)으로 전쟁을 확대하면서 노동력과 물자를 수탈해 갔다.

일제는 군인 보충을 위한 지원병제도(1938), 징병제도(1943), 학도지원병제도(1943)를 실시하여 수많은 사람을 모집, 알선, 징용으로 끌고 갔다. 여성들은 토목공사의 노동자, 전쟁 위안부의 희생을 감수해야 했다. 조선인이 병참 기지화 정책에 가혹한 노동 현장으로 끌려가서 혹사되었다. 모든 집회와 결사가 금지되면서 해방운동도 원천봉쇄되었다.

홍성 김좌진 장군 동상과 홍범도 장군묘 김좌진 장군은 청산리전투에서 승리하였고, 홍범도 장군의 유해는 카자흐스탄에서 국립현충원으로 이장했다(2021년).

제8장

자주국가와 신삼국시대

통합주의와 분열주의의 양립

한(韓)은 중국의 동쪽에 인접한 지역과 그곳에 거주한 역사 공동체들이 세운 '국' 을 가리킨다. 한민족은 북방계 이주민과 남방계 토착민의 오랜 동화 과정에서 이루어졌다. 부락연합이 부락연맹(部落聯盟)으로 발전하여 소민족을 이루고, 다시 연합하여 대민족을 형성했다. 고조선 이후 삼한이 출현하면서 신라는 삼한 계승 의식을 가지고 있었고, '대한제국(大韓帝國)'에서 다시 '한'이 등장했다(1897).

후삼국을 통일한 왕건은 화평 정책을 펼쳤지만 신라의 신분제도와 지방의 호족세력을 인정하였다. 그러나 후백제 출신과 북방민족은 지배층의 구성에서 배제했다. '고려사' 태조편이 거란의 침입으로 모두 소실되면서 최제안이 재편찬할 때 최항(崔沆)의 집에서 왕건의 유훈인 '훈요십조(訓要十條)'를 발견하여 삽입했다.

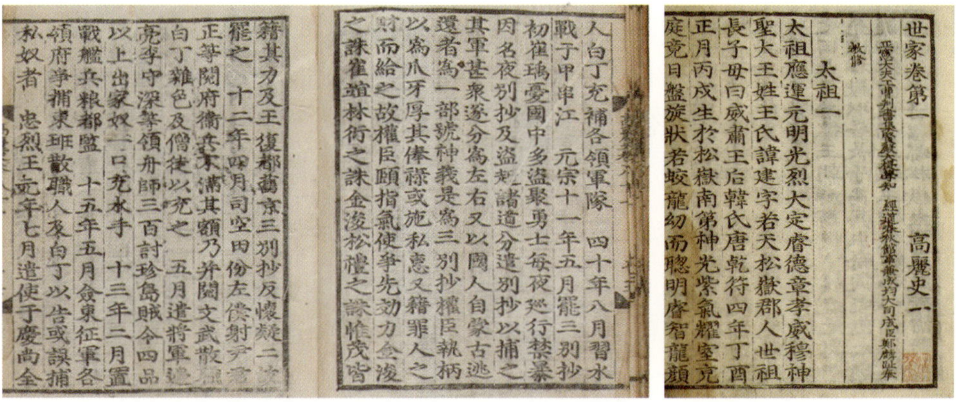

世家卷第一 高麗史一

太祖一

太祖應運元明光烈大定睿德章孝威穆神聖大王姓王氏諱建字若天松嶽郡人世祖長子母曰威肅王后韓氏唐乾符四年丁酉正月丙戌生於松嶽南第神光紫氣耀室充庭竟日盤旋狀若蛟龍幼而聰明睿智龍顔

고려사 기전체로 훈요십조를 포함한 고려 역사를 기록하고 있다. 한국학중앙연구원

> 八曰 車峴以南 公州江外 山形地勢 趨 背逆 人心亦然 … 不宜使在位用事
>
> "차현 이남, 공주강 밖은 산 모습과 땅 기운이 배역하고 사람도 그러하다 … 벼슬을 주지 마라." (훈요십조 8항)

신라가 삼국통일을 이루었지만 지역적인 분열 속에 서로 백제 의식과 고구려 의식이 존재하였다. 신라 6두품 출신의 최승로는 중국계 귀화인, 발해유민, 고구려계 인물, 백제계 호족들의 권력 승계를 비판하면서 신라계의 정치 주도를 주장했다. 묘청의 난은 고구려 계승의 서경 출신과 신라 계승의 경주 출신간 대결이었다. 이언년 형제는 담양에서 백제 부흥운동을 일으켰다. 신라 중심주의는 백제와 고구려에 대한 부정적 인식을 심화시키면서 조선 전기까지 사회적 갈등의 원인이 되었다.

고려는 여진족과 긴밀한 관계를 유지했고, 이성계도 여진족의 군사력으로 정계에 진출하였다. 그렇지만 이성계는 서북지방 사람에게 높은 벼슬에 임용하지 말라고 했다(택리지). 그는 여진족의 거주지인 철령에서 두만강 일대까지를 영토로 편입하면서 휘하에 많은 여진족 병사들을 두고 있었다. 그와 함께한 의동생인 퉁두란(이지란)도 여진족 완안부 출신이었다. 세종은 두 번에 걸쳐서 여진족을 정벌하고 4군과 6진을 설치했다. 일부 대신들이 점령지역을 포기하자고 했지만 '조상들의 강역을 줄일 수 없다.'고 국경선을 고수했다. 세종의 영토 확장은 오늘날 국경선의 토대가 되고 있다.

여진족의 거주지였던 평안도와 함경도 출신은 과거에 합격해도 수령 정도에 임명되었고, 이 지역 지방관들도 타 지역 출신들로 채워졌다. 사대부들은 이 지역 사람들과 혼인이나 친구로 삼지도 않았다. 이곳에서 사대부가 사라지고 주민들도 타 지역으로 이주하여 신분을 변경했다.

조선 중기에 호남 출신들이 정여립 사건의 누명을 쓰고 기축옥사(己丑獄事)에서 다수 처형되었다(1589). 이곳은 조선 왕조의 고향인 '풍패지향(豊沛之鄕)'으로 임진왜란, 병자호란, 구한말 의병 봉기에도 가장 적극적으로 나섰다. 수많은 인물들이 의병장이나 지도자로 활동하면서 다수의 인재가 희생되었다.

임진왜란 이후 영남 중심의 성리학이 득세하면서 호남과 서북에 대한 부정적인 인식을 고착화시켰다. 영남 출신의 김종직, 남인 계열의 이익, 이중환, 안정복 등이 훈요십조의 '차현'에 대한 차령이남설을 지속적으로 제기했다. 이익은 고려 때부터 차령이남과 공주강 밖은 배역의 형세

차령산맥과 공주강 석장리 동학군은 공주강을 건너서 차령을 넘고 한양에 도달하려고 했다.

라고 했다(성호사설). 그의 제자인 이중환도 "백제 땅으로 땅과 물이 모두 배역하고, 이곳 사람들은 등용되는 경우가 드물었다."고 했다(택리지).

정약용은 "서북은 황폐하며 춥고, 관동은 험하며 좁고, 영남은 궁벽하고 멀며, 한강 이북은 토지가 척박하여 백성이 가난하다. 그러나 한강 이남은 기후가 온화하고 토지가 비옥하여 이곳을 지배하는 국가가 강국이 되었다."고 했다(아방강역고). 이러한 지역주의는 통합을 방해하고 분열을 조장하기 때문에 고려는 단군신화로 정체성과 국민의식을 심어서 국가를 통합했다.

풍수경관 독점과 부동산 기득권

명당은 땅속의 정기(正氣)가 물에 방해되거나 바람에 흩어지지 않는 장소이다. 지형은 기운이 점점 없거나 왕성해지는 쇠왕(衰旺)과 물 흐르듯이 나가거나 순서가 뒤바뀌는 순역(順逆)으로 구분된다. 명당인 왕처나 순처의 양택에 주택을 짓고 음택에 묘역을 조성했다. 쇠처나 역처는 기를 제압하기 위하여 사찰을 세우거나 나무를 심어서 비보했다. 지세가 낮은 곳은 언덕을 쌓고 침수가 잦은 곳에 숲을 만들었다.

비보는 새로운 명당을 찾기보다 땅의 부족한 부분을 보완하는 방법이다. 경복궁이 삼각산을 배경으로 남쪽을 향하면서 동쪽 청련사, 서쪽 백련사, 북쪽 승가사, 남쪽 삼막사를 설치하여 비보하였다. 청련사(靑蓮寺)는 안정사(安靜寺 혹은 安定寺)로도 불렸는데 "백성을 편안히 하여 나라를 굳건히 한다."는 의미를 담고 있다.

세종의 영릉은 정면에 주산인 북성산을 바라보고, 앵봉의 산줄기가 주봉에서 청룡과 백호로 능역을 에워싼다. 남한강이 뒤편에서 서쪽으로

무학봉 청련사 무학대사는 무학봉 청련사에 머물면서 왕사의 역할을 수행했다.

회암사지와 영릉 회암사와 영릉은 천하의 명당으로 500년 조선왕조의 근간을 형성했다.

흘러가는 해자로 최고의 명당을 형성한다. 세조의 광릉은 유두혈(乳頭穴)의 종축지세(鍾蓄之勢)로 유두(乳頭)에서 시작하여 하부 끝에 혈(穴)을 이룬다. 흥선대원군은 2대에 걸쳐 왕위에 오를 수 있는 명당에 있던 '가야사'를 불지르고 그 터에 부친 남연군의 묘를 이장했다. 독일 상인 오페르트가 남연군묘를 도굴하려다가 실패하면서 국제적인 문제를 야기했다(1868).

조선 중기에 명당이 후손의 번영과 장수를 결정한다고 믿고 공동 묘지 중심에서 개인 묘지 중심으로 변했다. 일제가 "기운이 왕성한 주요 지역에 쇠말뚝을 박아서 한반도의 기를 죽였다."는 주장도 있다. 도시의 발전으로 실내 풍수가 가구 배치나 배색 등을 결정할 때 이용되고 있다.

광릉과 남연군묘 광릉은 유두혈로 합장하지 않았고, 남연군묘는 천년 고찰인 가야사에 조성했다.

부동산 환상 고가 부동산은 가격 장벽으로 거주나 보유만으로 특권 의식을 형성하고, 랜드마크 건축물은 지역 전체의 이미지를 상승시킨다.

좋은 풍수의 경관은 해당 지역이 타 지역과 비교될 수 있는 특성으로 풍수 독점의 문제를 야기한다. 특정 계층의 사람들이 고유한 자연, 역사, 문화 등에 의미를 부여하고, 계층 갈등의 불가피성에 대한 이데올로기로 경관을 이용한다. 좋은 풍수에 전체를 상징할 수 있는 기념비적 건축물(랜드마크)을 세우고, 이 건축물이 전체 이미지를 창출하면서 우월성과 기득권을 만든다.

골품제도와 친족혼의 신분세습

고대는 폐쇄된 씨족사회로 내부 혼인관계로 혈통을 보존하고 유지하였다. 골품제도(骨品制度)는 왕족이 성골과 진골, 귀족이 6두품에서 4두품, 평민층이 3두품을 형성했다. 관직은 귀족인 4두품 이상부터 가능했고, 골품은 벼슬, 혼인, 의복, 가옥 등의 생활양식도 규제했다.

성골(聖骨)은 성스러운(聖) 뼈(骨)로 부모가 모두 왕족이고, 진골(眞骨)은 진짜(眞) 뼈(骨)로 부모 중 어느 한쪽이 왕족에 해당된다. 진골의 무열왕계는 김유신의 군사력을 배경으로 진골 중에서 처음 왕위에 올랐고, 금관가야계 진골인 김유신은 김춘추의 후원으로 성장했다. 혜공왕이 암살되면서 무열왕 계열의 왕위 세습도 끝났다(780).

신라는 고구려 귀족에게 최고 6두품, 백제 귀족에게 최고 5두품을 주면서 옛 고구려인은 7관등 일길찬, 옛 백제인은 10관등 대내마까지 수여했다. 이들의 신분 상승이 제한되면서 사회 비판 세력으로 성장하였고, 6두품세력은 후고구려와 후백제를 세우는데 적극 협력하였다.

왕족이 낮은 신분 계급과 결혼(貴賤相婚)할 경우 신분이 하락하는 불이익을 받았다. 성골도 다른 계급의 배우자를 맞을 경우 자식의 왕위계승권을 박탈했다. 친족혼은 신분 하락을 방지하면서 권력의 누수를 막는 수단이었다. 왕족과 왕족, 귀족과 귀족, 평민과 평민이 결혼하는 현상이 만들어졌다.

법흥왕의 동생인 입종(갈문왕)은 법흥왕의 딸인 조카와 결혼하여 진흥왕을 낳았다. 김유신은 진덕여왕이 후사를 남기지 못하자 김용춘의 아들인 김춘추를 왕으로 추대했다. 김춘추의 제1왕후인 김문희는 김유신의 여동생으로 김법민과 지소를 낳았다. 김유신은 조카인 지소와도 혼인했다.

고려의 왕건은 17명 이상의 호족세력과 동맹결혼으로 친족혼 관계를 형성했다. 왕건과 아들인 혜종은 왕규의 두 딸을 왕비로 맞았고, 견훤의 사위인 박영규는 왕건과 정종에게 두 딸을 출가시켰다. 광종은 왕건의 딸인 누이동생(제1비)과 혜종의 딸인 조카(제2비)를 왕비로 맞았다. 성종은 광종의 딸인 사촌누나(제1비)와 결혼했고, 경종은 외삼촌의 두 딸과 결혼했다. 고려 중기에 유교가 들어오면서 왕실의 친족혼을 금지했고, 조선은 동성동본의 혼인을 형벌로 다스렸다.

일본도 가문(우지)정치가 초기에 정착되면서 소가노우지(小我氏)가 천황에게 딸들을 왕비로 보냈고, 100여 년간 야마토 왕조의 실권을 행사

괘릉(원성왕릉)과 무인석 괘릉은 38대 원성왕(김경신)의 능으로 서역인 모습의 무인석이 있다.

고후쿠지와 카스가대사 후지와라 가문은 씨사(氏寺)인 고후쿠지(興福寺)와 씨신사(氏神社)인 카스가대사(春日大社)를 세웠다.

했다. 후지와라우지(藤原氏)는 '을사의 변'에서 정권을 잡고(645), 텐지 천황, 텐무 천황과 고분 천황 시기에 왕비족으로 권력을 유지했다.

일본의 데릴사위제는 남자가 처가의 성씨를 따르는 제도로서 1940년 조선의 민법을 개정하면서 데릴사위제와 동성동본의 결혼을 허용했다. 일본의 민법은 삼촌 이내의 혈족만 친족혼을 금지하고, 아랍과 유럽은 친족혼의 사회적 제약이나 법률적 통제가 약하다. 중세 유럽의 왕가나 귀족은 친족혼으로 유전병에 의한 면역력과 생식력의 약화를 초래했다.

계층이동, 음서제도와 과거제도

계급은 정복 전쟁으로 부족이 통합되면서 위계 서열과 신분제도의 정착에 따라 나타났다. 지배계급은 율령을 만들어서 신분을 고착화하면서 세습하였고, 피지배계급은 능력보다 선조에 의하여 신분이 결정되었다. 신라 말기의 호족과 6두품, 개국 공신들이 고려 사회의 문벌 귀족으로 조선 말기 갑오개혁까지 지위를 세습하였다.

문벌 귀족의 자제는 5품 이상의 관리로 채용되는 음서제도와 토지를 받는 공음전(토지)의 특권을 누렸다. 이미 관직이 있으면 품계를 올렸고, 18세 이상이 대상이었지만 15세 무렵에도 임용되었다. 친아들이 없는 경우 조카, 사위, 손자, 양자 등으로 확대했다. 조선시대는 음서의 범위를 축소하여 관직의 진출을 어렵게 했다. 그러나 공신은 논밭과 노비, 작위를 받았고, 그 자손들은 과거를 보지 않고 벼슬에 올랐다.

과거제도는 개인의 능력에 따라서 관리로 등용되어 신분 상승이 가능한 제도였다. 당나라가 과거제도를 실시하면서 많은 신라인들이 당나라에서 관리로 등용되었다. 신라는 당나라의 과거제도를 모방한 독서삼품과를 실시하여 국학에서 학생들의 성취도에 따라 상품(上品)·중품(中品)·하품(下品)으로 관등을 부여했다.

시험 과목은 전체 학생들에게 윤리와 도덕을 기본으로 부여하고, 오경(주역, 시경, 서경, 예기, 춘추)과 삼사(사기, 한서, 후한서), 제자백가(諸子百家)의 문(책)을 대상으로 했다. 독서삼품과는 서민층에게 허용되지 않았고 고려의 과거제도에 영향을 미쳤다.

고려는 문벌 귀족과 권문세가의 힘이 커지자 왕권 강화를 위하여 과거제도를 도입하였다. 가장 낮은 계급의 잡과는 응시 제한이 적었지만 양인이나 지배세력은 응시하지 않았고, 일부 계층이 잡과를 독점하면서 중인층을 형성했다. 천인과 서얼은 잡과에도 응시할 수 없도록 제한을 받았다.

고려는 신분 계층의 이동이 원활하게 이루어지면서 능력 중심의 사회로 전환되었다. 사회가 왕족과 호족 중심에서 유학 사상의 관료제 중심으로 변화되었다. 개혁적인 신진사대부가 과거제도를 통하여 관료에 편입되면서 귀족 중심의 고려가 멸망하는 원인으로 작용했다. 조선시대는 성리학의 귀천 의식 및 계급 사상에 따라서 양인(良人)과 천인(賤人)으로 신분을 나누었다. 양인은 자유인으로 벼슬에 나갈 수 있었지만, 천인은 관청이나 지배계급에 속박되어 제한되었다.

과거 합격자는 장원 5품, 2등 6품, 3등 7품, 그 이하는 9품에 임명되었는데, 9품에서 5품까지 가려면 10년 이상이 소요되었다. 과거 시험은 성씨를 가진 사람들로 응시자격이 제한되어 일부 집안이 다수 합격자를 배출하면서 명문가를 형성했다. 조선시대 합격자는 전주 이씨, 파평 윤씨, 안동 권씨, 남양 홍씨, 밀양 박씨, 안동 김씨 등에서 많이 배출되었다.

조선 후기는 과거제도와 관계없이 돈이나 곡물을 바치면 그 대가로 벼슬을 주었다. 공명첩은 벼슬 받는 사람의 이름을 비워두고 스스로 작

품계석: 근정전, 중화전, 인정전 동편 문반과 서편 무반이 품계석 옆에 각각 2열로 정렬하여 의식을 행하였다.

성하여 명예 벼슬을 얻는 증서이며, 양반 행세는 하지만 관직이 없었기 때문에 한가롭게 살아서 한량(閑良)이라 불렀다. 벼슬은 없어도 재산, 학력과 품계를 갖출 경우 고을이나 마을의 유지(有志)로 행세하였다.

성씨제도, 관습적 특권의식의 표출

고대의 성씨는 작위처럼 신분의 표시로 '출신지+관등+이름'을 표시했다. 백제와 왜는 주로 지명을 사용하면서 복성을 사용했지만, 신라는 중국식 표기법으로 외성을 사용했다. 백제는 부여(扶餘), 흑치(黑齒), 사택(沙宅) 등처럼 복성 체계였고, 일본도 관직이나 지역 명칭을 붙여서 복성으로 작명하였다. 동성왕 때 기생반숙녜의 숙녜(쓰쿠네)는 고대 가야와 왜에서 인명 뒤에 붙인 칭호였다.

골품제도에서 출세에 한계를 가졌던 호족층이 지배계층으로 변화하는 과정에서 성씨가 등장하였다. 외성 체계는 신라가 당나라와 사대 관계를 이루면서 보편화되었고, 한자는 한국인과 중국인을 구별하기 어렵고 발음도 유사하다. 서양의 이름이 일반명사를 사용하여 이해하기 쉽지만, 한국과 중국은 일반명사를 사용하지 않기 때문에 그 의미를 알기 어렵다.

왕인유적지와 반남고분군 영암은 왕인의 출생지이고, 나주지역은 백제에서 왕후의 작위를 부여했다.

성씨의 시조가 주로 고려시대에 등장하는데 왕이 호족에게 성씨를 하사했거나 호족층이 지배계층으로 재편되면서 시작되었기 때문이다. 귀족과 호족들의 성이 서로 중복되면서 구별하기 힘들어지자 성 앞에 출신 지역을 붙였다. 본관은 시조가 나온 출신 지역이면서 그 사람의 신분을 상징하였다. 호족의 중심지였던 개성·청주·충주·안동·전주·경주·성주·나주 등에 많은 본관을 두었고, 북부지역은 고려 중·후기에 개척되면서 이 지역에 본관을 둔 성이 많지 않다.

지역 차별이 인구의 이동을 촉진하면서 본관과 거주지가 일치하지 않게 되었다. 본관이 출신 지역과 무관해지면서 같은 성도 지역이 다르고(동성이본), 성이 달라도 지역이 동일한 경우(이성동본)도 나타났다. 본관이 도성(개성, 한양)에서 멀수록 전국적으로 분포하고, 도성에 가까울수록 도성 주변에 위치하고 있다. 도성에서 먼 지역은 살기 어려웠기 때문에 일자리를 찾아서 도성으로 왔다가 다시 전국으로 흩어졌다.

거주자의 본관은 전국 거주형의 성씨와 지역 토착형의 성씨로 구분할 수 있다. 나주는 금성산을 등지고 영산강을 바라보는 형세로 한양과 유사하여 인구의 유출입이 많았다. 토착 성씨는 나주가 본관인 나주 임씨·나주 나씨·금성 나씨·나주 정씨·반남 박씨 등이다. 전기 유입 성씨는

서천 청덕사 본관제도가 정착되면서 시조와 분파를 중심으로 사당에서 제사를 지내고 있다.

나주에 본관을 두지 않은 토착 집단과 혼인이나 정치적 이유로 정착한 사람들이다. 후기 유입 성씨는 나주 지방에 본관을 두지 않고 생활을 영위하기 위하여 정착한 집단이다.

족보는 동일한 씨족의 계통과 행적을 정리하면서 순혈주의, 지역주의, 조상의 특권을 관리하는 수단이었다. 선조가 중앙정부의 문반(文班)과 무반(武班)인지에 따라서 신분을 결정하고 족보에 기록했다. 조선 후기에 양반층이 증가하여 권력을 가진 권세양반(權勢權班), 벼슬을 얻지 못한 향촌양반(鄕村鄕班), 그리고 이름뿐인 잔재양반(殘滓殘班)으로 구분되었다.

조선시대의 제사는 양반 이상의 계급에만 해당된 사항이었기 때문에 족보로 계급을 알 수 있었다. 양반으로 인정받으려는 족보 매매가 이루어지면서 조선 말기까지 양반은 10%도 안 되었는데 모든 사람들이 양반의 후손으로 제사를 지내고 있다. 일부 성씨는 가문의 위상을 과장하기 위하여 족보를 조작하거나 유력 가문간 혼인에 족보를 활용했다.

호적제도는 호주 기준으로 한 가(家)에 속하는 사람의 신분에 관한 사항을 기록하였다. 국가가 부역과 세금을 부과하기 위하여 호구조사를 실시하면서 시작되었다. 호적대장으로 여러 시대에 걸친 생활상의 변천과

정독도서관 족보열람실 우리나라 모든 성씨들의 족보를 열람할 수 있다.

지역별 차이를 기록하다가 호주제가 폐지되면서 가족관계등록부로 대체되었다.

불평등에 대한 사회 개혁의 요구는 높지만 개혁을 시도하면서 기득권 계층의 반발과 불만으로 실패하는 경우가 많다. 복고적인 개혁은 진보 세력의 반발을 불러일으켰고, 혁명적인 개혁은 모든 사람들을 피곤하게 만들었다. 신분 기득권이 사라지고 직업 기득권이 형성되면서 사회적 불안정 요인으로 작용하고 있다.

자연사상, 화랑도와 풍류도의 유행

도교는 무위자연을 지향하지만 사회 변화를 지향하는 진보적인 사상이다. 신라 말기에 6두품 출신의 자혜, 최승우와 김가기가 당나라 장안(長安)에서 종리권에게 도교를 배웠다. 종리권은 신선 세계의 음악이 울려 퍼지는 가운데 천사와 함께 하늘로 올라갔다.

자혜는 귀국한 후에 오대산에서 명법(明法)에게 도요(道要)를 전수받았다. 김가기는 과거에 급제하고 신선에 이르는 복기법(服氣法)을 수련하여 많은 사람들이 지켜보는 가운데 천상의 선계로 올라갔다(종남산신라김가기석각). 최승우는 최치원과 이청에게 구결을 전수하였고, 견훤과 함께 새로운 세상을 꿈꾸었다.

최치원은 당나라에서 토황소격문(討黃巢檄文)으로 황소의 난을 진압하여 이름을 떨치며 돌아왔지만, 아찬(阿飡)으로 개혁을 시도했다가 귀족들의 반대로 뜻을 이루지 못했다. 그는 현실과 이상 사이에서 갈등하면서 전국을 떠돌며 풍류생활(風流生活)을 했다.

무속기반의 화랑도(花郎道)는 토착 종교집단으로 팔관회(八關會)를 주관하고, 신라 하대에 정치세력화하여 경문왕을 배출했다. 최치원은 화랑도가 근본적인 정신에서 이탈하자 그 대안으로 '난랑비서문'에서 유불선을 포괄하는 풍류도(風流道)를 제시했다.

> 國有玄妙之道, 曰風流, 設敎之源, 備詳仙史, 實乃包含三敎, 接化羣生, 且如入則孝於家, 出則忠於國, 魯司寇之旨也, 處無爲之事, 行不言之敎, 周柱史之宗也, 諸惡莫作, 諸善奉行, 竺乾太子之化也. (三國史記)

풍류는 번잡한 일상을 떠나서 마음 맞는 사람과 담소하거나 좋은 차

낭혜화상탑비와 지증대사탑비 최치원은 신라 최대의 금석문인 성주사 낭혜화상탑비와 봉암사 지증대사탑비를 썼다.

를 음미하는 것이다. 그 정신은 하늘과 인간의 합일사상, 조상에 대한 신성사상, 접화군생의 생명주의, 평화적인 원융사상, 어디에 구속되지 않는 자유무애의 길이었다. 고려시대부터 풍류도는 풍류로 불리면서 조선시대까지 이어졌고, 진보적인 사고로 사회 변혁을 꿈꾸는 사람들의 사상적 기반이 되었다.

개혁적 사고의 방외문학가들

김시습은 권청과 설현에게 도교를 배우고 홍유손, 정희량, 윤군평 등에게 전했다. 그는 태어난 지 8개월 만에 글을 알았고 이름도 '논어'의 '學而時習之 不亦說乎'에서 따왔다. 단종이 계유정난(1453)으로 폐위되자 북한산 중흥사에 머물렀고, 아무도 돌보지 않던 사육신(死六臣)의 시신을 노량진에 묻었다. 21세에 출가하여 도인들의 거점이었던 춘천 청평사 서향원과 설악산 오세암에서 도교사상을 전수받았고, 수락산 동쪽에 폭천정사를 짓고 10여 년간 생활했다.

김시습은 오세암에서 '십현담(十玄談)'의 주석서인 '십현담요해(十玄談

오세암과 김시습 부도 김시습은 오세암에서 십현담 주석서를 썼고, 부여 무량사에서 마지막 여생을 보냈다.

要解)'를 썼다. 중국의 상찰(常察)이 10개의 주제어를 제시하고 그 의미를 시(詩)로 적었는데 송나라 문익의 십현담 주석서가 조선에 전래되었다. 그는 다른 입장에서 주석을 붙였는데 훈민정음(訓民正音)으로 번역될 정도로 인기가 있었다. 한용운도 오세암에서 김시습의 '십현담요해'를 읽고 '십현담주해(十玄談註解)'를 출판했다.

김시습은 불자와 불교, 유생과 유학, 도인과 도학을 나누었기 때문에 그의 삶을 이해할 수 없지만, 많은 사람들이 그의 죽음을 서러워한다. 그는 환경이나 주변에 휘둘리지 않고 언제나 처음과 끝이 똑같은 참마음을 추구했다. 최초의 한문 소설인 '금오신화'에서 그는 속세의 명리를 좇지 않는 인간의 순수한 고뇌와 내면의 충동을 순수하게 표현했다.

서경덕은 김시습과 중국 장재의 영향으로 평생 처사로 살면서 영원 불멸의 생명인 기(氣)를 중시했다. 이이는 "매월당은 일월과 그 빛을 다투고 그의 품성은 겁쟁이도 요동하게 하는 백세의 스승이었다."고 평했다.

사대부들은 고상하고 우아한 풍류적인 생활을 추구하며, 산수가 좋은 곳에서 시를 읊거나 바둑을 두었다. 일부 지식인들은 성리학의 권력에서 밀려나면 개인 수련으로 풍류를 즐겼다. 개혁적인 방외문학가들은 전국에 기이한 행적을 남기면서 체제 비판적인 시나 소설을 쓰기도 했다.

김홍도는 꽃피고 달 밝은 밤에 거문고를 연주하고 그림으로 풍류를 즐겼다. 그의 '포의풍류도(布衣風流圖)'는 서책·청동기·문방구 등을 배경으로 선비가 당비파를 연주하면서 삶을 관조하고 있다. 선비들은 와유의 매개물로 화분, 분재 또는 수석(假山)을 이용하여 풍류를 대신하였다.

紙窓土壁 終身布衣 嘯詠其中

"종이창 흙벽에 살면서 평생 베옷을 입어도 휘파람을 불며 살아가네."

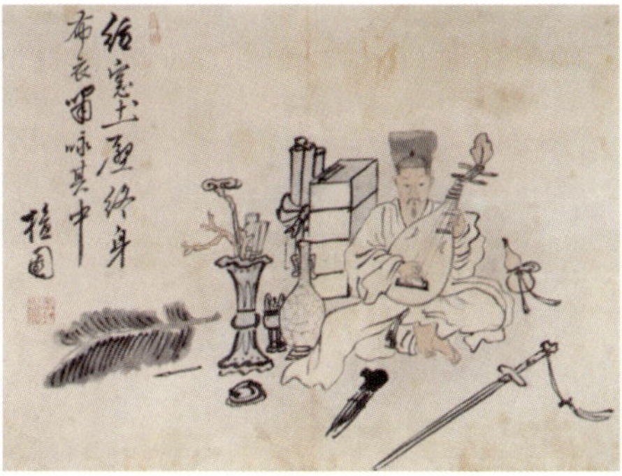

포의풍류도와 화순 김삿갓비 김홍도와 김삿갓은 일상 생활에서 해학과 즐거움을 얻었다.

조선 말기 김삿갓은 19세기 중반 이우준의 '몽유야담(夢遊夜談)'에 최초로 소개된 방외문학가로 전국 각지에 이름을 남겼다. 그의 할아버지가 홍경래에게 항복하여 반란 진압 후에 사형당한 것을 알고, 그는 대나무 삿갓에 누더기 차림으로 언제나 술에 취해 있었다. 그는 정처없이 떠돌아다니면서 좋은 시로 자연의 체험을 노래하였다. 화순군은 김삿갓의 집을 복원하여 '난고 김병연 선생 운명하신 집'이라는 비석을 세웠다.

성리학의 사대주의와 파벌형성

유교는 자기수양을 바탕으로 모든 사람이 평안한 수기치인(修己治人)의 도를 이상으로 삼았다. 그 기반인 유학(儒學)은 사서삼경(四書三經)을 경전으로 선진(先秦)의 본원학(本源學), 한·당의 훈고학(訓詁學), 송의 성리학(性理學), 명의 양명학(陽明學), 청의 고증학(考證學)으로 발전하였다. 내용이 우주론, 존재론, 인성론 등을 포함하면서 개혁적인 성격을 가지게 되었다.

유교 사상이 '성리(性理)·의리(義理)·이기(理氣)' 등의 형이상학적 체

성균관 사찰처럼 앞에 위패를 두는 대성전을 두고, 유생들이 학습하는 명륜당을 배치했다.

계로 확립되었다. 주희가 이(理)를 강조하여 이학(理學)이라 불렀고, 육구연·왕수인이 마음을 강조하여 심학(心學)이라 불렀다. 주희는 천지 만물의 질서와 인간의 윤리를 설명하면서, 도교와 불교가 실질이 없는 공허한 교설이라고 배척하였다. 반대로 심학은 이가 곧 마음이기 때문에 사물이 마음 밖에 존재할 수 없다면서 지행합일(知行合一)을 주장하였다.

안향과 그의 제자 백이정 등이 원나라에서 성리학을 도입하고, 공민왕이 사대부 중심의 개혁으로 과거시험에 성리학을 포함시켰다. 이색은 고려의 향시와 원나라의 과거에 모두 합격하면서 성균관 대사성으로 제자들을 양성했다. 제자들은 정몽주·길재·이숭인 등의 고려 왕조파와 정도전·하륜·권근 등의 조선 창업파로 활동하였다.

조선 창업파는 이성계의 참모인 조민수, 재상을 지낸 이색, 긴밀한 협력자 심덕부를 제거했다. 이방원은 선죽교(善竹橋)에서 왕조파의 정몽주를 암살하고 이성계를 왕으로 추대했다. 공양왕이 왕위를 선양하고 도읍을 한양으로 옮길 때 왕조파는 개성에 머물렀으며, 그들이 살던 지역을 두문동(杜門洞)이라고 불렀다.

성리학자들은 조선의 개국에 참여한 개혁파와 학문 연구와 후진 양성에 힘썼던 온건파로 분리되었다. 개혁파 중심의 훈구(勳舊)세력이 세조의

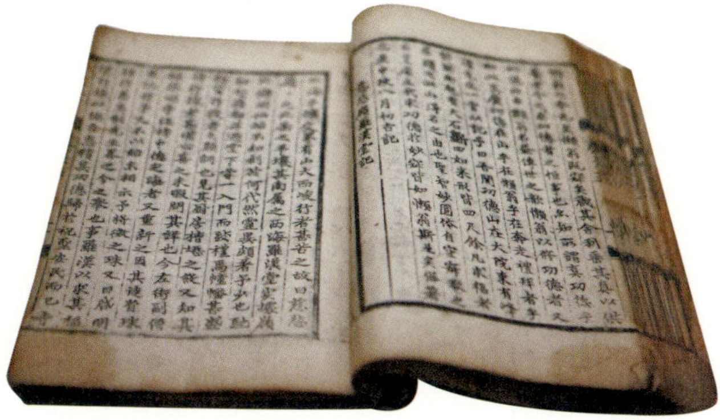

안향동상과 목은문고 안향이 성리학을 도입하고, 이색이 후학을 양성하였다.

왕위계승에 공을 세우고 파벌을 만들면서 왕권이 취약해졌다. 온건파 중심의 사림(士林)세력이 집권 세력인 훈구세력에 대항하면서 세력 다툼이 시작되었다. 중종 때 사림이 군주의 절대권을 부정하면서 무오사화(戊午士禍, 1498), 갑자사화(甲子士禍, 1504), 기묘사화(己卯士禍, 1519), 을사사화(乙巳士禍, 1545)가 일어났다.

사화로 집권한 사림은 서원과 향약을 통하여 세력을 확대하면서 내부 정파간 싸움도 일어났다. 일부 학자들은 벼슬을 버리고 서원(書院)을 세워서 학문 연마와 제자 양성에 힘썼다. 각 서원이 파벌을 형성하여 정계에 진출하면서 사림간 다툼이 당파싸움으로 확대되었다. 선조 때 심의겸과 김효원의 개인적 충돌로 동인(東人)과 서인(西人)이 나누어지고, 붕당정치(朋黨政治)가 시작되었다.

당파싸움으로 나라가 어수선해지자 숙종은 당파간 권력을 교체하면서 정국을 주도하는 환국정치(換局政治)를 하였다. 영조와 정조는 정치세력의 균형을 유지하는 탕평책으로 국정을 안정화시켰다. 정조는 규장각(奎章閣)을 설치하여 인재 선발에 중인 계층까지 등용하였다. 조선 후기 사회는 당파싸움과 세도정치 속에서 개혁을 추진하다가 사회적 불만과 핵심 계층의 몰락으로 혼란에 빠졌다.

당파싸움의 근원지인 서원은 학문 연구와 선현(先賢)에게 제사하는 사설 교육기관이었다. 주희가 백록동서원(白鹿洞書院)을 열면서 시작되었고, 사림 출신의 주세붕이 안향을 배향하고 유생을 가르치는 백운동서원(白雲洞書院)을 세웠다. 서원의 교육과 제사는 나라의 인재 양성과 교화 정책에 관련되어 있어서 국가가 서원에 현판(사액)과 서적·노비 등을 제공하였다.

서원은 설립의 취지와 달리 사림의 정치적 결사체와 집합소로 변질되었다. 화양서원은 유생들의 행패로 여러 차례 단속을 받았다. 흥선대원

단종과 연산군 왕들이 희생되면서 그 무덤도 왕릉보다 격이 낮고 작게 조성되었다.

옥산서원과 노강서원 옥산서원은 이언적을 배향하고, 노강서원은 박태보의 사당이다.

군이 학문과 충절이 뛰어난 인물에 대하여 1인 1서원의 서원철폐령으로 전국에 47개 소만 남기고 폐쇄하였다(1868).

파벌싸움과 붕당정치

당파싸움이 심해지면서 동인은 남인과 북인, 서인은 노론과 소론으로 분열되었다. 각 파벌이 정권을 잡으려고 싸우면서 관리들도 부패해져서 국론의 분열, 민생의 파탄과 사회적 혼란을 초래했다. 서인의 정철이 정여립 사건에서 동인을 처형하고, 서인들이 호서와 경기 지방을 기반으로 권력을 장악하였다. 광해군은 역적 토벌 등의 명분으로 남인과 서인을 중앙에서 축출하고 대북파를 중용하였다. 서인은 인조반정(仁祖反正, 癸亥反正)으로 광해군과 대북파를 몰아내고 실권을 재장악하였다.

각 파벌이 3년 탈상에 누가 적장자로 3년 복을 입어야 하는지 예송논쟁을 벌렸다. 효종(1659)과 효종 왕비(1674)의 죽음에서 인조의 계비인 자의대비 조씨의 복상 기간을 둘러싸고, 서인의 송시열과 남인의 허목이 대립하였다. 서인이 남인을 몰아낸 경신환국(庚申換局, 1680), 서인이 실각하고 남인이 장악한 기사환국(己巳換局, 1689)과 남인이 축출되고 서인을 등용한 갑술환국(甲戌換局, 1689)이 발생하였다.

서인도 대의명분과 민생 안정을 중시했던 노론과 실리·북벌을 주장했던 소론으로 나뉘었다. 노론과 소론이 갑술환국에서 실권을 장악하면서 조선 말기까지 정권을 서로 번갈아 차지하였다. 노론은 이론 중심으로 실용적인 양명학과 북학파를 배척했다. 일본은 실천적인 양명학으로 사회를 안정시키고 사회 변화의 토대를 마련하였다.

당파싸움에서 유학자들이 정파의 대표자들로 권력 다툼의 정점에 있었다. 노론의 송시열은 유교 교리를 해석하는 방법이 다르다는 명분으로 남인인 윤선도와 소론인 박세당을 추방했다. 송시열이 최종 승리자가 되어 영조 때 문묘에 배향되었고, 정조는 그를 송자(宋子)로 선포하였다.

윤선도는 18세에 진사초시(進士初試)에 합격하고, 성균관 유생으로 이이첨을 규탄했다가 함경도 경원에 유배되었다(1616). 그는 인조반정(仁祖反正)으로 이이첨 일파가 처형되고 풀려나서 해남으로 내려갔다. 다시 봉림대군과 인평대군의 스승이 되었지만 강석기의 모함으로 파직당했다.

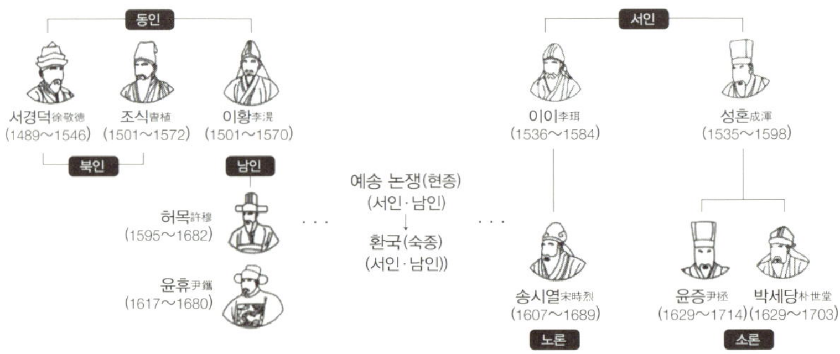

붕당계보와 이이 초상화 성리학에 대한 해석의 차이로 파벌이 형성되고 노론이 주도세력을 형성하였다. 국립중앙박물관, 율곡기념관

세연정과 암서재 윤선도는 보길도 세연정에서 은거했고, 송시열은 암서재에서 제자들을 가르쳤다.

윤선도는 또다시 복귀했다가 서인의 모함으로 사직하고 양주 고산(孤山)에 은거했었고, 동부승지 시절에 송시열과 맞서다가 쫓겨났다. 예론 문제로 서인과 대립하다가 함경도 삼수에 유배되었다가 보길도 낙서재에서 85세로 일생을 마감했다.

春춘

압개예안개것고뒨뫼희ᄒᆡ비췬다
ᄇᆡ떠라ᄇᆡ떠라
밤믈은거의디고낟믈이미러온다
至지匊국悤총至지匊국悤총於어思ᄉᆞ臥와
江강村촌온갓고지먼빗치더옥됴타
날이덥도다믈우희고기떠다
닫드러라닫드러라
ᄀᆞᆯ며기둘식세식오락가락ᄒᆞᄂᆞ고야
至지匊국悤총至지匊국悤총於어思ᄉᆞ臥와
낫대ᄂᆞᆫ쥐여잇다濁탁酒쥬ㅅ甁병시럿ᄂᆞ냐

송시열은 조선왕조실록에서 3천 번 이상 거론되었다. 그는 주자가례에 대한 예송논쟁으로 남인의 윤선도와 적대적인 관계에 있었다. 고조선의 '기자(箕子)' 때문에 조선이 예의 나라가 되었다면서 기자를 숭상했다. 단군은 동방에 처음 천명을 받은 임금이었고, 기자는 처음 교화를 일으킨 임금으로 추앙했다. 송시열이 제주도로 귀향가는 도중에 보길도 바위에 '글씐바위'를 남겼다.

김시습 영정과 청풍정터 박세당은 의정부 장암에 청절사와 청풍정을 지어서 김시습을 추모하였다.

八十三歲翁 蒼波萬里中 83세 늙은 나이에 거칠고 먼 바다를 가는데
一言胡大罪 三黜亦云窮 한마디 말이 큰 죄로 3번이나 쫓기니 궁하네
北極空瞻日 南溟但信風 북극 하늘의 해보며 남쪽으로 바람믿고 가는데
貂裘舊恩在 感激泣孤衷 초구에 은혜가 있어 감격한 외로움에 눈물나네

소론의 박세당은 송시열에게 당파싸움에서 패하고 수락산으로 들어왔다. 그는 노자의 도덕경(道德經)과 장자(莊子)를 공부하면서 김시습의 사당인 청절사(淸節祠)를 짓고, 부여 무량사의 김시습 영정을 모사하여 봉안했다. 그가 이경석의 신도비명을 작성하면서 송시열을 낮추었다고 노론의 공격으로 유배되었다가 병환에 생을 마감했다. 박세당은 고금을 통하는 착한 선비에게 주는 교훈을 남겼다.

"글을 소리 내어 읽되 그 뜻과 이치를 함께 익혀서 배우고 물으며,
분별함과 행동함에 독실하라."

소수의 선주민, 류큐·대만·제주

선주민은 타 지역 사람들이 이주해 오기 전부터 그 땅에 살던 사람들이다. 이들은 1960년대 인권에 대한 관심이 증가하면서 주목을 받기 시작했다. 근대 이전의 국가는 자치권이 가능한 범위에서 영토를 지배하였기 때문에 본토에서 떨어진 산간과 도서지역들은 통치력이 미치지 못했다.

류큐국(琉球國)은 여러 세력에 의하여 분열되었다가 중산국(中山國)이 통일하였다. 일본이 류큐국을 공격하여 왕이 포로로 잡히자 류큐 세자가 왕을 찾기 위하여 떠났다가 제주에 표류하였고, 제주 목사가 물건을 몰수하고 곤장을 쳐서 세자를 죽였다. 사쓰마번이 침공하여 '류큐처분'으로 멸망하고, 류큐어 사용이 금지되면서 사멸의 길을 걸었다.

일본은 아이누족을 1871년 호적법으로 편입하고 고유한 언어와 전통을 금지했다. 홋카이도 구토인 보호법은 선주민의 토지를 빼앗고 물고기 사냥과 동물 수렵권을 박탈했다. 구토인보호법이 '아이누문화진흥법'으로 대체되면서 아이누족의 문화와 풍습의 계승·발전이 가능해졌다.

대만은 약 4백 년 전까지 남방계 원주민들이 이주하여 형성한 부족국가였다. 네덜란드인이 먼저 대만에 거점을 확보하고 포교, 무역 및 생산

아이누족의 전통가옥과 전통춤 아이누족은 홋카이도와 사할린 등에 정착하여 마쓰마에번에 귀속되었다.

일본의 이민족 언어정책

활동을 하였다. 한족이 들어와 토지를 개간하면서 정씨(鄭氏)정권기 및 청나라 통치의 한족 사회로 변화되었다. 일본의 식민통치를 받다가 국민당이 정부를 이전하면서 대륙 중심의 보수세력과 토착민 중심의 진보세력이 경쟁하고 있다.

탐라는 오랜 기간 한반도에서 분리되었던 부족국가로서 자체 독자 문화를 창조하였다. 삼국시대에 강력한 지배층인 '주호(州胡)'가 부족국가, 고대국가, 그리고 성주시대로 발전했다(삼국지). 초기 탐라인은 백제·신라·왜·당 등과 교류하면서 해상활동으로 성장하였다. 백제 문주왕은 탐라국이 조공하자 탐라국왕에게 은솔의 관등을 내렸고, 지운왕은 백제에 사신을 보내서 화해했다. 다명왕은 성왕의 신라 공격에 협조했으며, 처량왕은 백제 부흥운동에도 참여했다.

탐라는 조공을 바치던 국가에서 왕건의 복속으로 나라(國)의 지위를 잃었다(938). 대몽항쟁에서 삼별초가 패하면서 원나라 탐라총관부로 통치를 받았다. 조선 태종 때 왕족인 고씨(高氏)와 양씨(梁氏)가 좌도지관(左都知管)과 우도지관(右都知管)의 벼슬을 받으면서 완전히 복속되었다. 탐라는 조선 중기에 중앙에 귀속된 번속(藩屬)으로 대동법에서도 제외되었다.

많은 다민족 국가들이 선주민과 소수 민족 정책에서 뚜렷한 해법을 찾지 못하고 있다. 미국은 민족의식보다 국민의식으로 국가를 통합하면서 해외 인재를 유인하여 과학기술의 수준을 높였다. 페르미와 텔러는 이민자 출신으로 '맨해튼 계획'에서 원자폭탄의 설계와 수소폭탄의 개념을 제시했다.

역사전쟁, 만주역사와 동북공정

중국은 '중화민국'의 성립으로 처음 사용되었는데 유럽제국의 무력 정책과 차별화하려는 논리였다. 중화는 광대한 영토와 인구를 관리하는데 필요한 단일성을 유지하는 내속의 원동력이었다. 조공과 책봉은 여러 소수 민족을 통합하고 통치하는 근간이었다.

만주는 중국사의 일부로 인식되기도 하였고 한국사의 일부로 인식되기도 했다. 북방민족이 요동공동체를 형성하면서 동북 3성지역은 오랜 기간 중국사에서 제외되었다. 전국시대까지 고조선이 지배하다가 후에 고조선과 연나라가 분점을 했다. 고구려가 한사군을 물리치고 4세기 말부터 완전히 지배하였다. 수와 당이 고구려의 요동을 공격했지만 번번히 실패하다가 고구려의 멸망으로 당나라에 넘어갔다(668).

발해가 당나라를 몰아내고 거란의 요(遙)와 여진의 금(金)이 차례로 지배했다. 몽골이 지배하면서 고려의 충선왕에게 요동의 심양왕을 책봉했다(1308). 청나라 강희제는 여진의 발상지인 만주를 지키기 위하여 한·인의 출입을 금지하는 봉금정책(封禁政策)을 실시했다(1677). 청나라가 1875년부터 순차적으로 봉금 지역을 해제하다가 1880년대 '이민실변(移民實邊)'으로 봉금령을 폐지했다.

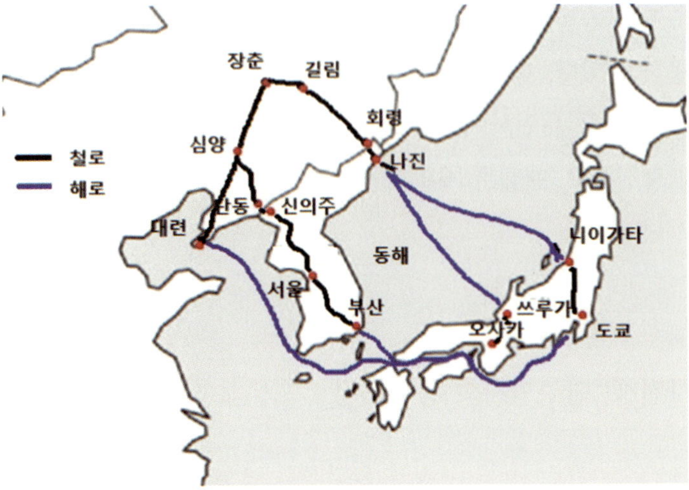

철도노선과 해로 일본은 동아시아의 지배를 위하여 해로와 철도를 연결하였다. 월간중앙

일본이 19세기 초부터 일본열도·한반도·만주를 연결하는 제국주의 정책을 추진했다. 한반도와 만주가 압록강 철교의 개통으로 연결되고, 부산에서 봉천(심양)까지 직통 열차를 운행했다. 신의주에서 출발하는 만주 봉천행 열차가 하루 6편, 봉천에서 출발하는 신의주행 열차가 하루 5편씩 운행되었다.

만주는 일제강점기에 신개척의 탈출구였지만 일본에 조선 통치의 위협이었다. 1910년대부터 한민족의 항일운동과 중국 공산주의 운동의 거점이었다. 조선공산당은 만주총국을 조직하여 중국 공산당의 만주성 집행위원회에 합류했다. 조선인들이 1926년에서 1940년까지 이주자의 70%를 차지했다.

일본은 만주사변을 계기로 관동군 사령부를 설치하고 만주국(滿洲國)을 세웠다(1931). 만주국은 동양 중심의 '동아시아 신질서'의 구현을 목표로 했다. 만주국은 독립국가를 설립하려는 만주족과 목초지를 확보하려는 몽골족의 실리적인 목적으로 건국되었다. 조선 강점의 이데올로기였

일제의 한반도 통치 일제강점기에 일본열도, 한반도, 만주를 잇는 정책이 추진되었다.

던 정한론이 "서구의 근대적 모순을 동아시아적 가치로 극복하겠다."는 대동아공영권으로 확대되어 만주국 건설에 활용되었다.

초대 강덕제는 청나라의 마지막 황제였던 선통제(푸이)로 수도 100리 밖에서 천제인 고천례(告天禮)와 순천(順天)광장의 제천 의식을 행했다. 일본이 2차 세계대전에서 패하면서 만주국도 강덕제의 퇴위와 일본군 철수로 소멸되었다(1948). 중국의 공산당과 국민당이 1945년에서 1949년까지 전투를 치루면서 중국의 영역에서도 벗어나 있었다.

중원은 특정한 민족의 통치 지역이 아니라 누구든지 주인이 될 수 있다. 중국은 각 민족들의 정체성과 민족간 동질성과 역사성을 내세워 통합해 오고 있다. 다양한 민족의 차이보다 동질성을 찾고, 현재의 영토를 고대사 해석의 기준으로 삼았다. 동북공정(東北工程)은 동북지역의 역사와 현실에 대하여 강역이론·동북지방사·동북민족사·중조관계사·동북변방과 극동지역 관계사로 구분하여 역사를 다루고 있다.

우리나라는 처음 동북공정에 대응하기 위하여 '고구려연구재단'을 발족하였다. 일본의 역사 왜곡도 커다란 문제였기 때문에 '동북아역사재단'으로 확대하면서 역사적 대응 방안을 모색하고 있다. 역사는 추상적인 민족을 중심으로 증명하기 어렵기 때문에 사료, 유물과 유적, 영토에 근거하여 판단하거나 해석하게 된다.

민족분열, 일제청산과 신탁통치

일제의 강점은 한반도 역사에 커다란 상처와 남북분단의 원인을 제공했다. 1943년 3월 미국의 루즈벨트와 영국의 이든이 한반도의 신탁통치를 합의하고, 1943년 12월 1일 루즈벨트, 장개석, 처칠이 카이로 회담에서 인정했다. 타스(TASS)통신은 1945년 12월 모스크바 삼상회의에서 최장 5년의 신탁통치가 결정되었다는 소식을 알렸다.

세계 2차대전 이후 냉전이 본격화하고 중국의 공산화로 미국은 동아시아 정책을 바꾸었다. 미국은 1946년 5월부터 시작된 전후 재판에서 히로히토 천황과 관료, 재벌의 전쟁 책임을 묻지 않았다. 미국은 대일평화조약으로 연합국과 피해국에 대한 일본의 보상을 무효화하면서 일본 중심의 동아시아 정책을 드러냈다.

당사국인 대한민국이 신탁통치에 따른 남한의 단독 선거 반대와 미군 철수를 주장하는 제주 4·3항쟁으로 시끄러웠다. 대한민국 정부가 수립되고(1948년 8월 15일), 조선민주주의 인민 공화국이 세워졌다(1948년 9월 9일). 신탁통치가 종료되기 전에 38도선을 중심으로 남북에 자치정부가 수립되면서 남북분단이 이루어졌다.

포천 38도선 조형물과 고석정 한국전쟁 전적비 남북이 38도선을 경계로 한국전쟁을 치르는 아픔을 겪었다.

신탁통치의 방안

구분	미국	소련
실행 방법	미영중소가 권한을 행사하고 1회 연장이 가능한 5년간 신탁 통치 실시	조선 임시 민주 정부를 수립하고, 신탁 통치도 이 정부와 협의하여 결정
여론 반영	반탁 운동단체도 미소공동위원회 참여시킴	반탁 운동단체는 미소공동위원회 참여배제

이병희 외(2013)

베트남도 열강의 이해관계로 2차 세계대전 후에 완전히 독립하지 못했다. 연합국은 테헤란과 포츠담회담에서 베트남을 북위 17도선을 경계로 중국 국민당 군대와 영연방 군대의 분할 점령을 합의하였다. 신탁통치는 제네바협상에 따라 분할하여 통치하다가 1956년 7월 이전 보통선거로 종식할 것을 규정하였다.

호치민은 제1차 인도차이나전쟁(프랑스, 1954), 제2차 인도차이나전쟁(연합국, 1964), 그리고 제3차 인도차이나전쟁(중국, 1979)으로 신탁통치에 맞서 자주권을 확보했다. 대한민국은 제2차 인도차이나 전쟁에 연합군의 일원으로 연인원 30만 명의 군대를 파견하였다.

친일세력이 우익 세력화하여 신탁통치를 반대하는 운동을 주도하자 미군정은 조선총독부 출신의 관료와 경찰을 고용했고, 이승만 정부도 친일 관료들을 등용하였다. '반민족 행위자 처벌법(反民族行爲者處罰法)'과 '반민족행위특별조사위원회'가 반민족 행위자를 체포했으나 친일 세력의 거센 저항으로 실패하고, 신탁통치가 종료되는 시점에서 한국전쟁이 발생했다.

한일협정이 1952년부터 한국, 일본과 미국의 이해관계로 진행되었다. 한국은 경제개발에 필요한 자본이 필요했고, 일본의 소비시장 확보와 미국의 군사 블록화도 현안이었다. 한일국교정상화는 일본의 공식 사과와 친일청산이 이루어지지 않는 상태에서 거센 반대와 6·3사태의 계엄령

독립문과 독립기념관 사대주의에 대한 교훈으로 독립문을 세우고, 주권 상실을 잊지 않기 위하여 독립기념관을 세웠다.

속에 이루어졌다(1965). 청구권 문제는 무상 3억 달러, 유상 2억 달러, 상업 차관 1억 달러 이상으로 합의했다.

각계 사회 지도자들이 일제강점기의 아픔에 대한 반성 속에 천도교 회관에서 독립기념관 건설준비위원회를 결성했었다. 독립기념관은 오랜 기간 표류하다가 일본의 역사교과서 왜곡에 대한 국민운동으로 완성하였다. 독립기념관은 민족문화의 정체성을 확립하고 올바른 국가관을 정립하는데 기여하고 있다. 옛 조선총독부 청사는 철거하여 일제 잔재의 상징물을 제거했다.

새로운 사회를 위한 고뇌와 저항

신탁통치(信託統治)가 시작되고, 38도선을 기준으로 국가가 세워지면서 남북분단이 이루어졌다. 제주도에서 5·10총선 반대와 남북통일정부 수립을 주장하는 4·3항쟁이 발생했다(1948). 제주 4·3항쟁은 1947년 3월 1일부터 1954년 9월 21일까지 7년 7개월에 걸쳐서 한국전쟁 다음으로 인명 피해가 큰 사건이었다.

삼성혈과 4·3항쟁 동백꽃 삼신인이 태어난 하늘과 땅을 연결하는 옴팔로스였지만, 4·3항쟁에서 무고한 주민들이 동백꽃처럼 떨어졌다.

1947년 3·1절 발포사건이 일어나고 1948년 4·3무장봉기로 무장대와 토벌대 간 무력 충돌이 발생하였다. 군과 경찰, 우익 청년 단체들이 한라산 300여 산간 마을을 불태우고, 2만 5,000~3만여 명의 주민들이 목숨을 잃었다. 정부는 진압 과정의 과오를 인정하는 4·3특별법과 4·3사건진상조사보고서를 채택했다(2003).

한국전쟁 이후 정치 세력은 양당 체제에서 개인의 정치 의식을 표출하였다. 조봉암은 사회주의 독립운동가에서 해방 이후 '중도 통합노선'으로 전향하고, 초대 농림부장관과 국회부의장을 역임하면서 이승만 정부에 위협적 인물이었다. 그는 북한 간첩들과 접선하고 적화통일을 주장했다는 조작된 '진보당 사건'으로 체포되어 사형당했다. 대법원은 조봉암의 국가변란 및 간첩행위에 대해 무죄를 선고했다.

자유당 정권은 1960년 3월 공무원과 경찰의 공권력, 불법적인 반공청년단을 동원하여 투표결과를 조작하였다. 이승만과 이기붕이 정·부통령으로 당선되자 수많은 시민들과 학생들이 부정선거에 항의하다가 경찰의 총에 쓰러졌다. 경찰이 경무대로 걸어가는 학생들에게 발포하여 약 130명의 사망자와 1,000여 명의 부상자가 발생하였다. 장면이 부통령직을 사퇴하면서 이승만도 사임을 발표하고 종료되었다.

망우리 조봉암 묘역과 덕수상고 4·19 추모비 해방 이후 민주주의를 수호하기 위한 싸움은 순환적으로 반복되고 있다.

국민들이 군대 내 부패의 해소와 부정선거 주동자의 처벌을 요구하면서 전직 각료와 자유당 간부·은행장·고위경찰관리·고문에 가담한 하급 경찰요원·정치깡패 두목들을 체포했다. 4·19혁명은 시위를 주동했던 학생과 시위군중들의 지도력 부재, 민주당의 수권 능력 부족에 미완으로 끝났다.

"우리들은 하늘을 봤다
1960년 4월
역사를 짓눌던, 검은 구름장을 찢고 영원의 얼굴을 보았다.
잠깐 빛났던, 당신의 얼굴은 우리들의 깊은 가슴이었다."
(신동엽의 '금강'중에서)

5·16군사정변으로 장면 정부가 무너지고, 박정희 군사정권은 장기 집권을 위한 유신헌법을 제정하였다. 유신헌법은 대통령 직선제 폐지, 긴급 조치권, 국회 해산권과 법관 임명권, 대통령 6년 임기와 연임 제한 폐지를 부여하고, 국회의원 1/3은 대통령 추천으로 통일주체국민회의에서 선출하도록 규정하였다.

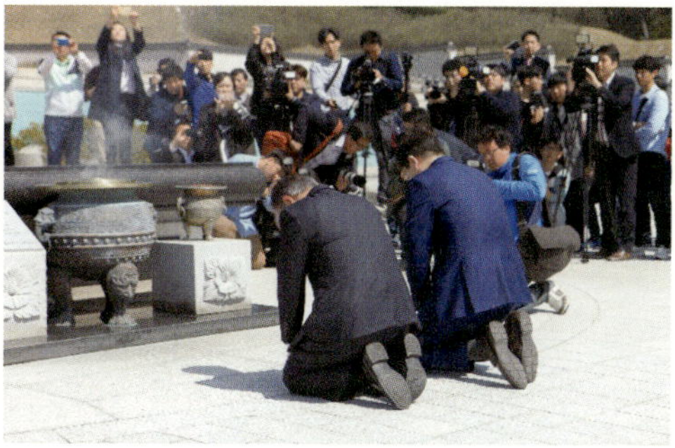

이수병 추모제와 국립 5·18 민주묘지 인혁당 사건과 광주민주화운동에서 무고한 사람들이 희생되었다.

유신헌법에 반대하는 민청학련 사건과 인혁당 재건위 사건이 일어났다. 인혁당 사건으로 대법원이 8명에게 사형을 선고하고, 9명에게 무기 징역을 판결하였다(1975). 이 사건도 재심 판결에서 무죄로 판결되었다(2007).

유신독재 반대운동을 주도하던 장준하 선생이 의문의 등산 사고로 사망했다(1975). 그는 한국광복군 제2지대에서 활동한 독립운동가로 민주화운동에도 앞장섰으며 독재에 항의하고 민주화를 요구하는 부마항쟁의 초석이 되었다. 부마항쟁이 진압된 후 집권 세력내 내부적인 대립으로 10·26사태가 발생하였다.

서울의 봄을 기대하던 1980년에 신군부가 계엄 해제와 군부 퇴진을 요구하는 전국 55개 대학의 학생대표 95명을 연행하고, 비상계엄령을 전국으로 확대하였다(1980). 계엄령 확대는 민주화에 대한 국민의 기대와 요구, 반대파에 대한 탄압으로 이어졌다. 신군부가 대도시에 군대를 투입하고 대학에서 감시활동을 벌였다.

5월 18일 전남대학교에서 계엄군이 학생들의 시위에 무차별로 폭력을 가하고 발포하면서 무고한 시민들이 금남로에 쓰러졌다. 시민군과 계엄군의 대치가 이루어지다가 5월 27일 새벽 계엄군이 도청의 시민군에게 발포하면서 항쟁을 종료시켰다. 민주화운동은 '6월 민주 항쟁'에서 대통령 직선제 개헌, 김대중의 사면복권, 지방자치 등을 담은 6·29선언으로 결실을 맺었다(1987).

왕조의 멸망과 마지막 왕들의 무상

백제(해씨와 부여씨)의 건국 세력은 그 흔적을 찾기 어렵다. 의자왕은 마지막 모습이 방탕하거나 비겁한 모습으로 백성들의 동정심을 얻지 못하였다. 신라는 정복지에 타 지역의 신라인을 이주시켜서 역사를 지우려 하였다. 신흥세력인 궁예와 견훤은 미륵불을 표방하면서 억압받던 사람들에게 민심을 얻었지만 왕건에 패하면서 폭군이나 독재자의 이미지만 남아있다.

고려의 광종은 후고구려(태봉)와 후백제의 유산을 철저히 말살하였다. 신흥무관과 개혁적인 신진사대부는 조선에서 고려의 흔적을 지웠다. 조선은 개혁정책의 실패와 당파싸움으로 국권을 상실했다. 대한민국은 조선과 대한제국의 자주적 역사나 일제강점기의 항일운동보다 해방 이후의 산업화 과정만 미화하고 있다.

의자왕은 용감하고 사려 깊은 왕이었을 뿐만 아니라 친위정변(親衛政變)으로 왕권을 강화하고 영토도 확장하였다(640). 그는 고구려·말갈과 연합하여 655년까지 신라의 100여 개 성을 차지했다. 이 시기에 전통 음악의 백미인 정읍사(수제천)를 노래하였고, 최고의 예술품인 백제금동대향로를 만들었다.

그러나 소정방의 13만 대군과 김유신(金庾信)의 5만 군사의 협공에 수적으로 열세였다. 나당연합군의 양면 작전은 사방에서 오는 적을 방어하

능사지와 견훤왕릉 의자왕릉은 능산리 왕릉원에 가묘로 만들었고, 견훤왕릉은 후백제 최후의 전투를 벌인 황산에 있다.

기 힘들었고, 동맹국이던 대가야의 멸망과 국력의 일본 분산으로 연합군을 대적하기 어려웠다. 백제는 의자왕의 왕권강화에 불만이었던 귀족세력, 백제의 세력 확장에 불안했던 신라, 고구려를 견제하기 위한 당나라의 이해관계가 얽히면서 멸망했다.

이승휴는 '幾多紅粉魔淸流(기다홍분마청류)'로 궁녀를 표현했다(제왕운기). 일제강점기였던 1925년 9월 9일 동아일보는 '삼천궁녀가 함몰했다는 낙화암을…'이라는 기사를 게재하였다. 미군정 시절의 역사 교과서와 이홍직의 '국사대사전'이 낙화암을 언급했다. 노래 '백마강'은 의자왕이 마치 삼천궁녀를 거느린 한량의 방탕 군주로 표현했고, 이규환이 백마강을 소재로 '낙화암과 삼천궁녀'라는 영화를 개봉했다. 삼천궁녀는 마치 역사적 사실로 사람들의 인식에 자리 잡히면서 의자왕의 상징이 되었다.

견훤은 지역의 민심을 얻어 승승장구하다가 호족세력의 지원을 받은 왕건에 패하였다(936). 그도 화병으로 '황산불사(黃山佛舍)'에서 일생을 마쳤다. 궁예는 왕도의 정치를 펼칠 능력을 갖지 못했고, 견훤은 통찰력이 부족했다(삼국사기).

그렇지만 신라의 경순왕이 회의를 벌여서 항복하는 국서를 바치자 왕건은 큰 딸과 아홉째 딸을 경순왕과 혼인시켜서 결혼동맹을 맺었다. 경순왕은 상주국 낙랑왕으로 작위를 받고 금성의 사심관에 임명되었다. 경순왕은 다른 마지막 왕들에 비하여 최후가 비참하게 그려지지 않고 미화되어 있다.

공양왕은 인자하고 부드러웠으나 행동은 우유부단했고(고려사), 왕씨는 권력다툼으로 13세기 이후 공민왕부터 국왕과 가까운 종친들이 거의 없었다. 이성계는 위화도회군 후에 '왕우'를 우왕을 앉혔다가 신돈의 자식이라고 폐위하고 그의 아들인 창왕(昌王)을 왕위에 앉혔다. 우왕은 처형 당시 신돈의 아들이 아닌 왕씨임을 입증하기 위하여 겨드랑이에서 왕씨의 용비늘을 보여줬다고 한다.

제비뽑기로 '왕요(王瑤)'가 공양왕이 되었지만 공양군(恭讓君)으로 강등시켜서 간성군(杆城郡)에 유폐시켰다. 이성계는 "왕씨를 제거하라"는 신하들의 청을 수락하면서 그를 처형했다(1394). 공양왕릉은 고양에 있지만 처형당한 삼척에도 또 다른 왕릉이 있다.

고종은 새로운 문물을 받아들이고 개혁을 추진하였지만, 서구 열강과 일본의 침략에 적절히 대응하지 못했다. 황제릉인 홍릉(洪陵)은 일반 왕릉과 달리 향로를 중심으로 좌우에 어로가 있고, 정자각에서 월대로 올

경순왕릉과 공양왕릉 경순왕릉비는 한국전쟁의 총탄 흔적이 있고, 공양왕릉은 규모가 작고 초라하다.

홍릉과 유릉 유일한 황제 능으로 역대 선왕들의 무덤보다 화려하다.

라가는 계단이 홍살문과 직선으로 연결되어 있다. 석물이 향·어로에서 침전 사이의 좌우에 배치되어 있고, 비각이 침전과 수평을 이룬다.

의자왕은 어리석고 방탕한 군주이며, 궁예는 무능하고 포악한 지도자였고, 견훤은 통찰력이 부족했으나 경순왕은 연민이 느껴지도록 가슴 아프게 서술하였다(삼국사기). 공양왕은 타의로 왕에 오른 후에 신진 사대부에 휘둘리면서 왕조를 바친 비운의 왕이 되었다(고려사). 고종은 외세에 대항하고 갑오경장과 대한제국을 선포했지만 열강에 무기력하였다. 마지막 왕들은 모두 초라한 모습 속에서 역사적인 평가는 서로 다르게 서술되어 있다. 성공한 개혁가도 그 배경이나 의미보다 상대의 상처만 더욱 크게 그리면서 역사의 진실을 숨긴다.

백제계 도성들의 변화, 역사는 흐른다

500년 한성백제는 삼신산인 검단산(崇山)·금암산(釜山)·청량산(漢山)을 중심으로 왕성인 위례성, 방어성인 한산성, 왕릉인 석촌동고분군을 구축하였다. 한강(한수)은 상류에서 내려오다가 잠실도에 한성의 해자로 교류와 수송의 기능을 담당했다. 고려는 한수 북쪽에 남경(南京)을 설치하였고 한양(漢陽)으로 확대되었다. 한성은 백제 500년, 고려의 남경 500년, 조선의 한양 500년, 광복 후 80년의 왕도로 유구한 역사를 자랑

한성과 직산 위례성은 큰 한산과 넓은 한수에 기름진 평야를 가진 도성이었다.

하남과 공주 산으로 둘러 쌓인 분지에 북쪽으로 큰 강을 이루는 구조이다.

한다.

백제는 고구려 장수왕의 침입으로 한성에서 웅진으로 천도했지만 협소하여 성왕은 사비천도로 중흥을 이루었다. 사비는 삼신산인 금성산(日山)·부소산(吳山)·부산(浮山)을 중심으로 금강을 해자로 삼았으면서 동남쪽의 넓은 평지에 나성을 축조하였다. 사비는 금강 반대편에 금천을 두고 금천평야가 직할 평야를 이루면서 논산과 익산을 지나 호남벌판을 배경으로 성장했다. 웅진은 고려와 조선에서 행정중심지로 자리하였고, 사비는 한동안 잊혀졌다가 일제강점기에 부여신궁을 세우면서 만주, 한반도, 일본열도를 연결하는 통일 수도로 부각되었다.

백제인들이 건설한 아스카도 사비의 도성 체계를 반영하여 삼신산인 우네비산(畝傍山)·미미나시산(耳成山)·아메카쿠산(香久山)을 중심으로 경관을 구성하였다. 중앙에 아스카천이 흐르면서 넓은 들녘을 가지고, 모든 방면에서 접근이 쉬운 곳이다.

백제인이 이룩한 아스카문화는 규슈의 토기와 철기문화와 함께 고대 일본 문화의 핵심이었다. 백제인이 만든 수많은 문화재가 아스카와 나라를 중심으로 전해오면서 백제에 대한 인식을 새롭게 만들고 있다. 백제는 한류의 원조로 찬란한 문화를 창조한 문화강국이었다.

금강은 화해와 협력의 미소길이다

뫼비우스는 앞면이 뒷면 되고 뒷면이 앞면 되는 구조를 발표했다(1858). 종이를 잘라서 띠를 만든 후 그 띠를 한 번 꼬아서 붙이면 꼭짓점 A와 꼭짓점 C, 꼭짓점 D는 꼭짓점 B가 일치한다. 그 띠의 가운데를 따라 자르면 네 번 꼬인 하나의 띠가 된다. 뫼비우스의 띠는 안과 밖의 구분을 없애서 가해자도 피해자가 될 수 있는 중층적 구조를 가진다.

백제는 멸망과 함께 역사에서 잊혀지고, 그 문화와 유물은 왜곡의 과정을 거쳤다. 조선시대 홍춘경은 이러한 안타까움을 '낙화암(落花巖)'의 시로 표현했다. 낙화암 절벽의 꽃처럼 백제의 혼은 이어지는데 나당연합군의 공격에 왜곡된 역사는 고쳐지지 않았음을 한탄하였다.

國破山河異昔時 獨留江月幾盈虧. 落花巖畔花猶在 風雨當年不盡吹.

"나라가 망하자 산하도 변하였는데, 홀로 강과 달만이 변함이 없구나.

낙화암에 꽃은 새롭게 피어나는데, 바람과 비는 끊임없이 여전히 불어오네."

금강은 구드래나루에서 떠나가던 의자왕을 배웅하고 유민들이 일본열도로 가던 길이었다. 고려시대에 세워진 고란사는 삼천궁녀를 추모하기 위해 건립된 것으로 잘못 알려져 있다. 백화정은 부여고적보존회(부풍시사)가 삼천궁녀와 관계없이 건립했고, 궁녀사는 역사적 근거도 없이 세워져 그 서러움을 더하고 있다. 기벌포는 일제강점기에 물자 수탈의 장항선이 개통되었고, 조선제련주식회사의 설립으로 일제의 상징이 되었다.

동아시아 역사는 거북이와 아킬레스처럼 서로 동행할 수 없고, 뫼비

낙화암과 궁녀사 낙화암은 삼국유사에 '타사암'이고, 궁녀사는 역사적 근거가 없다.

장항역과 아사카와 다쿠미묘 지난 30여 년간 기벌포를 지킨 시문중학교 선생님과 조선민족미술관을 건립한 아사카와 다쿠미 선생의 얼굴에서 백제의 미소를 본다.

우스적 구조에서 공존을 찾고 있다. 약자가 강자가 되고 강자가 약자가 되는 순환적인 반복 속에서 고대에 한반도는 일본열도에 대륙문화를 전달하였고, 근대에 일본열도는 한반도에 서구문명을 전파하였다.

한반도와 일본열도는 서로 사신을 파견하면서 공존의 대상이었지만 나당연합군의 백제침략과 여몽연합군의 일본정벌, 일본의 임진왜란과 일제강점에 서로 분노의 시대를 초래했다. 서로 협력할 때 동아시아는 안정과 번영을 이루었지만 침략과 반목은 혼란을 초래했다.

고대 국가 형성의 분수령에서 각 국가는 서로 불교를 전해주면서 역사 발전의 토대를 마련했다. 백제 장인은 세계에서 가장 오래된 회사였던 시텐노지를 관리하는 곤고구미를 설립하였다. 애틀란타 올림픽에서 한국과 일본의 합의로 김치의 국제 규격이 영문명 'kimchi'로 통일되었다.

일제강점기는 해결할 많은 문제들과 역사적인 감정의 대립으로 상호불신이 내재되어 있다. 창씨 개명, 언어 박살, 역사 박탈 등으로 민족혼을 빼앗고, 무자비한 수탈은 경제적으로 궁핍하게 만들었다. 강제로 동원된 노동자와 위안부, 문화재 반환 등의 과거사 문제는 도덕적인 감정과 상호주의 원칙에 기초하여 해결해야 한다.

강제동원과 문화재 반출 한국과 일본은 과거사 해결과 반출된 문화재 반환의 과제를 가지고 있다.

북관대첩비(北關大捷碑)는 정문부의 의병이 왜병들을 격파한 승전비이다(1708). 러일전쟁 시기에 이케다 마사스케가 이 비석에서 일본군의 패전 기록을 확인하고 일본에 비석을 보내서 야스쿠니신사(靖國神社)에 놓았다가 오랜 기간 정부와 민간단체들의 노력으로 반환을 받았다(2005). 또한 프랑스군이 병인양요 시기에 강화도에서 가져갔던 조선왕실의 외규장각 의궤도 양국간 오랜 노력 끝에 영구 임대형식으로 결실을 맺었다.

제논의 역설은 출발점에서 목적지까지 갈 때 중간 지점에 이르면 출발지와 중간 지점 사이에 또 다시 중간 지점이 생성된다. 이러한 중간 지점이 무수히 존재하기 때문에 목적지에 수렴할 뿐 결코 목표에 영원히 도달할 수 없다. 다문화 사회는 동아시아로 한정된 인식의 체계를 더 확대하고 적극적인 사고의 체계로 변화하도록 요구하고 있다. 그렇지만, 동아시아 사회는 백제의 미소 속에서 화해와 협력으로 공존도 모색해야 한다.

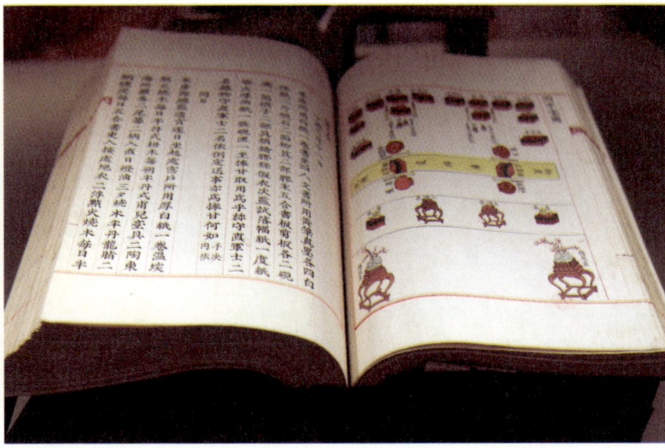

북관대첩비와 외규장각 의궤 북관대첩비는 오랜 노력으로 반환되었고, 외규장각 의궤는 프랑스와 영구 임대 형식으로 결실을 맺었다.

참고문헌

참고문헌

감한규(2004), 요동사, 문학과지성사.

강병륜(1990), 충청북도의 지명어 연구, 인하대학교 대학원 박사학위논문.

강인욱(2015), 유라시아 역사기행, 민음사.

강종원(2012), 백제 국가 권력의 확산과 지방, 서경문화사.

강현모(2007), 은산별신제 배경설화의 전승양상, 한국언어문학, 제6집, 139~159.

강현모(2007), 은산별신제의 배경설화와 무가의 의미 연구, 한민족문화연구, 21권, 219~247.

건설부 국립 지리원(1987), 지명 유래집.

고구려연구재단(2005), 만주.

고구려연구재단(2005), 위성사진으로 보는 고구려 도성.

고구려연구재단(2015), 고조선, 단군, 부여.

고령군 대가야박물관, 계명대학교 한국학연구원(2018), 가야사의 공간적 범위.

고병익(1996), 동아시아사의 전통과 변용, 문학과지성사.

고병익(1997), 동아시아문화사 논고, 서울대학교출판부.

고석규(1998), 지방사연구의 새로운 모색, 지방사와 지방문화, 1호, 역사문화학회.

국립나주문화재연구소(2010), 한국의 옹관, 학연문화사.

국립문화재연구소(2000), 산간신앙, 예능민속연구실.

국립민속박물관(2006), 국립민속박물관 소장품 도록

국립민속박물관, 충청남도 역사문화연구원(2010), 백제관련설화 자료집.

국립중앙박물관·(재)백제세계유산센터(2016), 세계유산 백제.

국사편찬위원회(1997), 한국사 4, 초기국가 – 고조선·부여·삼한.

국사편찬위원회(1997), 한국사 6, 삼국의 정치와 사회 Ⅱ – 백제.

권덕영(2005), 제당 신라인 사회 연구, 일조각.

권오영(2018), 백제와 부여의 계승성 여부에 대한 검토, 동북아역사논총, 61호.

김문길(1999), 일본문화의 이해, 부산외국어대학교출판부.

김병모(1985), 한국인의 발자취, 정음사.

김보한(2009), 근대 이후 일본의'해양세력권'과 동아시아 해야 인식의 전개, 동북아역사논총, 26호, 35~64.

김성남(2005), 전쟁으로 보는 한국사, 수막새.

김세기(2003), 대가야 연구, 학연문화사.

김수태(2000), 견훤정권과 불교, 서경문화사.

김순배, 류제헌(2008), 한국 지명의 문화정치적 연구를 위한 이론의 구성, 대한지리학회지, 제43권 제4호, 599~619.

김양동(2004), 북소리, 그 신명(神明)의 세계, 한국학논집, 제31집, 123~131.

김영관(2018), 백제 무령왕릉 출토 지석과 매지권 판독 재고, 한국고대사탐구, 30, 287~318.

김용운(2009), 천황은 백제어로 말한다, 한얼사.

김원용(1977), 한국문화의 기원, 서울대.

김재희(2013), 백제결사단, 제이미스터리.

김종래(2002), 유목민 이야기, 자우출판.

김주성(1998), 미륵사, 문연출판사.

김주원(1982), 백제 지명어 '기, 지'에 대하여, 민족문화논총 2, 3권.

김현구(2002), 백제는 일본의 기원인가, 창작과비평사.

김호연(2004), 신명, 몸짓 그리고 어우러짐의 한 판, 한국학논집, 제31집, 85~102.

김호연(2014), 정치적 격변과 한국 근현대 무용의 상관관계 연구, 무용예술학연구, 제50집 5호, 60~78.

나희라(2005), 신라의 국가제사, 지식산업사.

남근우(2018), 한국의 새마을운동과 생활변화, 일상과 문화, 5, 153~166.

노의근(2019), 기후와 문명, 연세대학교 대학출판문화원.

노중국(2003), 백제부흥운동사, 일조각.

노중외(2015), 금석문으로 백제를 읽다, 학연문화사.

도수희(2004), 백제의 언어와 문학, 주류성.

도수희(2010), 한국 지명 신 연구, 제이앤씨.

류제헌(2002), 한국문화지리, 살림.

문재현, 문환뫼(2017), 별자리, 인류의 이야기 주머니, 살림터.

민현구(1989), 고려중기 삼국부흥운동의 역사적 의미, 한국사 시민강좌, 5집.

박노자(2010), 거꾸로 보는 고대사, 한겨레출판.

박만규·나경수(1999), 호남전통문화론, 전남대출판부.

박원길(2018), 고대 유라시아 알타이의 종교사상－샤머니즘의 기원과 변천, 민속원.

박병채(1968), 고대 삼국의 지명 어휘고: 삼국사기 지리지의 복수 지명을 중심으로, 백산학보 5.

박상현 외(2003), 벽골제의 방조제 가능성에 관한 연구, 한국관개배수, 제10권 제1호, 64~72.

박찬홍(1998), 삼국간에 말이 통했을까, 삼국시대 사람들은 어떻게 살았을까, 청년사.

박해옥(1997), 백제와 비조(아스카)의 도성경관 비교, 문화역사지리, 제9호, 45~59.

방동인(2001), 한국지도의 역사, 신구문화사.

백제연구소(2000), 후백제와 견훤, 서경문화사.

변태섭(1989), 삼국의 정립과 신라통일의 민족사적 의의, 한국사 시민강좌, 5집.

불교문화연구소(1976), 한국불교찬술문헌총록, 동국대학교출판부.

서정석(2002), 백제의 성곽, 학연문화사.

서정석(2004), 백제 사비도성의 구조, 국사관논총, 104집, 1~24.

성정용(2000), 후백제 도성과 방어체계, 서경문화사.

성주탁(1983), 한강유역 백제초기 성지연구, 백제연구, 14집, 충남대학교 백제연구소.

세키유지(2005), 일본의 뿌리는 한국, 관정교육재단.

손영달(2014), 별자리 서당, 북드라망.

손진기(1987), 동북민족원류, 흑룡강인민출판사.

송정현(1971), 호남지방의 역사적 낙후 요인, 지역개발연구, 6집.

송형섭(1988), 일본 속의 백제문화, 한겨레.

승천석(2011), 고대 동북아시아와 예맥한의 이동, 책사랑.

승천석(2015), 대백제의 꿈, 국학자료원.

신경순(1978), 충남 지명의 유형 고찰, 청주교대논문집, 15.

신동엽(2018), 단순한 얽힘 아니 효율적 연결 관계 중심 사고로 전환하는게 경쟁력, 동아비지니스리뷰, 8월호, 40~47.

신채호(1969), 조선상고사, 일신서적.

신태현(1958), 삼국사기지리지의 연구, 경희대논문집, 1.

신형식외(2002), 신라인의 실크로드, 백산자료원.

안대회, 이승용외(2018), 완역 정본 택리지, 휴머니스트.

야마무로 신이치(윤대석 역)(2009), 키메라 만주국의 초상, 소명출판.

양승윤, 최영수, 이희수외(2003), 바다의 실크로드, 청아출판사.

여호규(2015), 고구려 초기 정치사 연구, 신서원.

역사문화콘텐츠연구원(2015), 우리나라 말문화 향토자원 발굴에 대한 연구, 한국마사회 말산업연구소.

연민수(2003), 고대한일교류사, 혜안.

오강원(2009), 서단산문화와 길림 지역의 청동기문화, 학연문화사.

오상학(2015), 한국전통지리학사, 들녘

오성남, 김정우, 이태영, 신임철, 이규석, 안순일(2011), 기후와 문화, (주)시그마프레스.

오순제(1995), 한성백제사, 집문당.

오순제(2005), 한성백제의 도성체제 연구, 학연문화사.

유재영(1982), 전래 지명의 연구, 원광대출판부.

유홍준(1993), 나의 문화유산답사기, 창작과 비평사.

유홍준(2013), 나의 문화유산답사기 – 일본편 각권, 창작과 비평사.

윤명철(2001), 시베리아 샤머니즘의 원류를 찾아서, 문화탐험가 윤명철의 바이칼 기행, 신동아, 11월호.

윤성노(2012), 굿판의 의미 생성 및 주술치료에 대한 기호 – 인식론적 소고, 인문논총, 제67집, 115~147.

윤용구, 김김섭, 이성제, 임기환, 정재윤, 김성숙(2008), 부여사와 그 주변, 동북아역사재단.

윤은숙, 연규동, 장준희, 최준, 김선자(2013), 만주이야기, 동북아역사재단.

이강환(2014), 우주의 끝을 찾아서, 현암사.

이근규(1976), 충남 지방 지명의 접미사고, 한국언어문학, 14.

이기동(2006), 백제의 역사, 주류성.

이기백(1969), 한국사상의 지방대립, 정경연구 1집.

이기백(1971), 민족과 역사, 일조각.

이기백·이기동(1982), 한국사강좌(고대편), 일조각.

이기석·노희방(1994), 지도로 본 서울, 서울 시정개발연구원, 성지문화사.

이덕일, 비운의 명장 흑치상지, 한겨레21, 2010.09.13.

이도학(1995), 백제 고대국가 연구, 일지사.

이도학(1997), 새로 읽는 백제사, 푸른역사.

이병건(2011), 동북아시아에서 발해 전탑의 건축적 의미 연구, 동북아역사논총, 21호, 135~184.

이병선(1982), 한국 고대 지명 국명 연구, 형설출판사.

이병호(2014), 백제 불교 사원의 성립과 전개, 사회평론.

이병호(2017), 내가 사랑한 백제, 다산초당.

이병희 외(2013), 역사부도, 금성출판사.

이복규(1990), "동명신화와 주몽신화의 개별성," 어문연구, 제68호, 441~449.

이비에스(EBS)(2017), 통찰, 베가북스.

이부식(2013), 한국해양사 3 고려시대, 한국해양재단.

이세연(2014), 사무라이의 정신세계와 불교, 혜안.

이솔, 지명순, 김향숙(2014), "「반찬등속」에 기록된 김치의 식문화적 고찰," 한국식품조리과학회지, 제30권 제4호, 486~497.

이숙자(1985), 일본어, 경희대학교출판국.

이시우(2002), 우주의 신비, 신구문화사.

이어령(2008), 축소지향의 일본인, 문학사상.

이용빈(2002), 백제 지방통치제도 연구, 서경출판사.

이인숙(2015), 한국사 속의 백제와 왜, 한성백제박물관.

이정면(2014), 고대 한일관계사의 진실, 이지출판.

이종하(2003), 우리 민중의 생활사, 쥬류성.

안대회, 이승용 외 역(2018), 택리지, 휴머니스트.

이창섭(1981), "공주군 자연 부락의 현대 지명을 통한 북방계와 남방계어 및 기타 고어의 유추 분석," 공주교대논문집, 19.

이택직(2010), 국내인구이동 추계모형 개선방안 연구, 통계청.

이해준(1995), 다시 쓰는 전라도 역사, 금호문화.

이희승(1932), 지명 연구의 필요, 한글, 1권 2호.

이희진(2009), 백제사미로찾기, 소나무.

임지현(1999), 민족주의는 반역이다, 소나무.

임찬경(2015), 고구려 첫 도읍 위치 비정에 관한 검토, 선도문화, 제20권, 303~335.

장석호(1995), 몽골의 바위그림, 혜안.

장영수(1982), 한국의 미륵사상, 한국미륵사상연구회.

장인성(2001), 백제의 종교와 사회, 서경출판사.

전영우(1998), 신들이 노닐던 신라의 옛 숲－계림, 나정, 그리고 여근곡, 과학동아, 7월호.

전종환(1993), 촌락의 공간적 확대과정에 관한 연구－20세기 이전의 나주지방을 중심으로－, 문화역사지리, 제5호, 53~63.

전호태(2004), 고구려 고분벽화의 세계, 서울대학교출판부.

정기진(2014), 전남 서부지역 전방후원분 축조세력 검토, 야외고고학, 제10호, 49~83.

정덕기(2008), 백제사자료역주집(한국편Ⅱ), 충청남도역사문화연구원.

정동화(1981), 한국민요의 사적연구, 일조각.

정수일(2001), 고대문명교류사, 사계절.

정승모(2010), 호서지역 보부상단의 조직과 활동, 국립민속박물관·충청남도역사문화연구원.

정승철(2018), 방언의 발견, 창비.

정인철(2015), 한반도, 서양고지도로 만나다, 푸른꿈.

정재서(2007), 한국 도교의 기원과 역사, 이화여자대학교출판부.

정재정(2011), 역사 속에서 본 한일의 문명교류, 지식의 지평, 제11호, 20~44.

정진술(2009), 한국의 고대 해상교통로, KIMS.

정치영(2007), 문화·역사지리학에서 지역문화 연구의 동향과 과제, 정신문화연구, 제30권 3호, 63~89.

정한덕(2003), 일본의 고고학, 학연문화사.

정효운(2007), 한국 고대 문화의 일본전파와 대마도, 한국고대사연구, 제48호, 335~368.

조동걸·한영우·박찬승(1994), 한국의 역사가와 역사학(상), 창작과비평사.

조성래(2006), 소금사랑2, 한소리국악원.

조성욱(2003), 백제 '탄현'의 지형 조건과 관계적 위치, 문화역사지리, 제15권 3호, 69~85.

조용수(2006), 총림방장의 역할과 위상, 현대불교, 3월호.

조항범(1994), 부여지방의 지명, 새국어생활 제4권 1호, 국립국어연구원.

조흥윤, 김열규, 김택규, 성백인(1996), 한국 민족의 기원과 형성(下), 소화.

존 카터 코벨(2006), 부여기마민족과 왜, 글을 읽다.

차준완(2014), 백제의 길 위에 서서, 문예바다.

차현숙(2008), 일본의 "아이누문화진흥법"에 대한 고찰, 최신외국법제정보, 84~94.

최몽룡(1993), 한국 철기시대의 시대구분, 국사관논총, 50집, 24~62.

최원경(2006), 은산별신제 에코뮤지엄 설립·운영 방안연구, 문화재학, 통권 제3호, 317~364.

최장일(1986), 불교사의 새로운 이해 – 백제의 미륵신앙, 월간해인 50호.

최협(1996), 호남과 지역갈등: 원인분석과 대책, 호남사회의 이해, 풀빛.

케비에스(KBS)(2007), 역사스페셜 1권~6권, 효형출판.

하일식(1998), 신라 관등제의 기원과 성격, 연세대 박사학위논문.

한국문화연구소(2010), 제국의 지리학, 만주라는 경계, 동국대학교출판부.

한국역사연구회(2017), 한국의 고대사 산책, 역사비평사.

한국외대 외국학종합연구센터(2006), 세계의 민간신앙, 한국외국어대학교출판부.

한글학회(1970), 한국 지명 총람, 4(충남편 상).

한영우(1997), 다시 찾는 우리 역사, 경세원.

한일관계사학회(2006), 한일관계 2천년 보이는 역사, 보이지 않는 역사(고중세), 경인문화사.

황태연(1997), 지역패권의 나라, 무당미디어.

白石太一郎(2002), 古墳, 古墳時代, 日本考古學事典, 三省堂.

吉川真司(2011). 飛鳥の都, 岩波新書.

吉村武彦(2010), ヤマト王権, 岩波新書.

小川三夫(2010), 宮大工と歩く千年の古寺, 文春新書.

児玉幸多 編(2018), 日本史年表·地圖, 吉川弘文館.

佐藤信(2018), 古代史講義, ちくま新書.

長金奎(2007), 匈奴帝國傳奇, 中國國際廣播出版社.

川尻秋生(2011), 平安京遷都〈シリーズ 日本古代史 4〉, 岩波新書.

石川日出志(2010), 農耕社会の成立〈シリーズ 日本古代史 1〉, 岩波新書.

槇野修(2010), 奈良の寺社150を歩く, PHP研究所.

奈良まほろばソムリエの会(2014), 奈良「地理·地名·地図」の謎, 実業之日本社.

Brian Pagan (2004), The Long Summer: How Climate Changed Civilization, Basic Books.

Hubert H. Lamb (1982), Climate, History and the Modern World, 2nd, Routeldge.

Jared Diamond (1997), Guns, Germs, and Steel, W. W. Norton & Company.

John B. Duncan(2000), Origins of the Chosun Dynasty, University of Washington Press.

Martin Jacques(2009), When China Rules The World, Allen Lane.

Raymond John Howgego, Robert Clancy (2011), The Illustrated Atlas of Exploration, Weldon Owen.

Richard Overy (2010), The Times Complete History of the World, Collins Bartholomew.

Yuval Noah Harari(2015), Sapiens: A Brief History of Humankind, Harper.

인문학 사진여행
백제의 미소를 찾아서

초판 1쇄 발행 2024년 5월 30일

지은이 구기동
펴낸이 김길준
펴낸곳 (학)신구학원신구문화사
디자인 은디자인

등록 1968년 6월 10일 제1－205호
주소 경기도 성남시 중원구 광명로 377 신구대학교 우촌학사 1층
전화 031－741－3055~6
팩스 031－741－3054
이메일 shingupub@naver.com
홈페이지 www.shingubook.com

ISBN 978－89－7668－280－2 03910